오늘도 묵묵히

오늘도 묵묵히_여성 선교사들의 삶과 신앙 일기

초판1쇄발행 2025년 6월 3일

지은이	김혜진, 안은향, 김원희, 양성금, 원로이스, 박혜정
펴낸이	우지연
펴낸 곳	한사람
등록일	2020년 1월 30일
주소	경기도 의왕시 안양판교로 221, 403호
홈페이지	https://hansarambook.modoo.at
블로그	https://blog.naver.com/pleasure20
ISBN	979-11-92451-44-2 (03230)

값 18,000원

≣ 저자와의 협약으로 인지는 생략했습니다.
이 책의 저작권은 저자와 독점계약한 한사람 출판사에 있습니다.
무단전재와 무단복제를 금합니다.
잘못 만들어진 책은 구입하신 서점에서 바꿔드립니다.

오늘도 묵묵히
여성 선교사들의 삶과 신앙 일기

김혜진, 안은향, 김원희, 양성금, 원로이스, 박혜정

오늘도 묵묵히 :

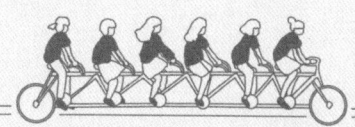

여성 선교사들의 삶과 신앙 일기

한사람

저자 소개   10
프롤로그   14

1장
김혜진 선교사
#튀르키예#기회#선택#일상#소망#두려움#강박

1. 기회, 불확실성에 인생을 걸다   18
2. 선택, 별일 아니라 하네   23
3. 일상, 상상을 초월하는 모험   30
4. 소망, 충격에도 끄떡없다   36
5. 두려움, 믿음을 저울질하다   42
6. 강박, 나는 달콤함을 버리기로 했다   47

2장

안은향 선교사

#캄보디아 #그리움 #통증 #아버지 #묵상 #고난 #회복 #사랑

1. 그리움, 마중 나온 소망   52
2. 통증, 사랑 수업   57
3. 아버지, 따사로운 추억 소풍   63
4. 묵상, 종착지를 아는 나그네   67
5. 고난, 주님과 오붓한 산책   74
6. 회복, 보물찾기   80
7. 사랑, 그리운 이야기를 담은 밥상   85

3장

김원희 선교사

#인도 #헤리티지스쿨 #몬순 #숙제 #잠김 #협업 #소원

1. 헤리티지 스쿨, 하나님이 주신 땅과 사람은 아름다웠다   90
2. 몬순, 우르두어 교사 화라나 선생님   99
3. 숙제, 트라우마에서 회복으로   101
4. 잠김, 복음 전도는 언제나 열림   106
5. 협업, 감당할 수 없는 은혜   113
6. 소원, 나는 너를 믿는다   127

4장
양성금 선교사
#세네갈 #회상 #아쉬움 #분노 #용기 #초점 #재난 #사명

1. 회상, 시리도록 아픈 이별 — 136
2. 아쉬움, 때를 얻든지 못 얻든지 — 142
3. 분노, 인샬라 문화 속에 산다는 것 — 146
4. 용기, 지독한 향수병 — 152
5. 초점, 주가 쓰시겠다 하라 — 158
6. 재난, 모래땅에 이런 일이! — 164
7. 사명, 소름 끼치는 악몽 — 169

5장
원로이스 선교사
#러시아 #뜻하지 않은 사건 #관계 #공동체 #정체성 #시험

1. 뜻하지 않은 사건, '손'에 붙들려 — 176
2. 관계, 동시성 운명 — 182
3. 공동체, 하나님 나라와 의 — 194
4. 정체성, '나는 누구인가' — 204
5. 시험, 내가 하는 것이 아니라는 고백 — 206

6장

박혜정 선교사
#알바니아 #부르심 #오해 #기회 #고독 #노트 #분노 #두려움 #위로

1. 부르심, 언제나 대기 상태	212
2. 오해, 피겨 스케이트	221
3. 기회, 엉망의 다른 말	225
4. 고독, 나를 성장하는 시간	229
5. 노트, 새롭게 쓰이는 주님의 은혜	234
6. 분노, 나는 엄마다	238
7. 두려움, 정체성의 야성을 찾아서	243
8. 위로, 나를 찾아가는 여행	247

에필로그   251

김혜진 선교사

1995년, GMP 개척선교회 소속 선교사로 튀르키예에서 사역을 시작했습니다. 흩어져 있는 소수의 현지 성도들이 날마다 말씀을 묵상하며 자라날 수 있도록 묵상 교재를 출간하고 있으며, 이 사역을 함께 감당할 팀을 조직해 섬기고 있습니다.

　19세에 가족과 함께 독일로 이주해 학업과 직장 생활을 거쳐 정착하였고, 독일 내 한인교회를 통해 튀르키예로 파송받았습니다. 이슬람 문화의 특수성을 이해하려 애쓰는 과정속에서, 예수 그리스도의 성육신이 지닌 깊은 의미를 더욱 마음에 새기게 되었습니다.

　독서와 글쓰기는 삶의 정서적 쉼터가 되어 주었고, 최근에는 노후를 준비하는 마음으로 다시금 글을 쓰고 있습니다. 공저로 『오늘도 삶의 노래를 쓴다』(2023)가 있습니다.

안은향 선교사

모태신앙으로 교회 울타리 안에서 자랐지만, 청소년 시절에야 비로소 예수님을 인격적으로 만나 그 기쁨을 누렸습니다. 그때 제 삶을 주님께 드리고 싶었고, 선교사의 꿈을 품게 되었습니다. 이후 간호사와 선교단체 간사로 섬기며 선교적 삶을 이어갔고, 하나님의 때에 남편 김영진 선교사와 함께 나가는 선교사로 부름을 받았습니다.

　2006년 필리핀에서의 훈련과 GMTC 33기 과정을 마친 뒤, 2007년 GMP 소속 선교사로 캄보디아에 파송되었습니다. 오랜 꿈이 이루어졌지만, 기쁨만큼이나 눈물의 골짜기를 지나야 했습니다. 그 길 위에서 아픈 가슴을 움켜쥔 적도 있었지만, 돌아보면 모든 여정이 하나님의 은혜로 써 내려간 감사의 일기입니다.

　현재는 캄보디아 꺼꽁 주에서 거룩한 빛 교회를 포함한 8곳의 마을에서 남편과 현지 사역자들과 함께 교회를 개척하며, 예수님의 제자를 세우는 기쁨을 누리고 있습니다. 공저로는 『오늘도 삶의 노래를 쓴다』(2023)가 있습니다.

김원희 선교사

화가이자 신학자, 교육자이며 선교사로 살아온 독특한 이력을 지닌 작가는 공주에서 태어나 공주사범대학(BFA)과 홍익대학교 대학원(MFA)을 졸업했습니다. 이후 미국 미드웨스턴 침례신학교(MBTS, Kansas City)에서 목회학 석사(M.Div.)를 마치고 목사 안수를 받았으며, 같은 대학 박사과정에서 신학박사(Th.D.)와 성경철학박사(Ph.D.) 학위를 취득했습니다. 관훈미술관에서의 첫 개인전을 시작으로 국내외에서 30여 회의 개인전과 160여 회의 그룹 초대전에 참여했고, 리히텐슈타인의 작품을 차용한 전시 '예술가의 아뜰리에'(N갤러리 & 소울아트스페이스)를 통해 Art Now(Florida)에서 선정한 아시아 영향력 있는 100인의 작가에 이름을 올렸습니다. 그녀는 미술교사 및 수석교사, 성경 헬라어 교수(인도 침례신학교), 인도 한국문화원과 주인도 한인회 미술 강사로 활동했으며, 현재는 지구촌교회와 한국 개척선교회(GMP) 소속 인도 선교사로, GMP 개발연구원 전략연구팀장으로 섬기고 있습니다.

저서로는 『예술, 영혼을 담다: 쉐퍼와 로크마커의 신앙과 예술』(2025), 편저 『보화를 발견한 개척자들』(2023), 공저 『오늘도 삶의 노래를 쓴다』(2023)가 있습니다.

양성금 선교사

청년 시절부터 선교에 대한 마음을 품고 카자흐스탄, 필리핀, 캄보디아로 비전트립을 다녀왔습니다. GMP 개척선교회 대구지부에서 훈련생으로 시작해 리더와 간사로 섬겼고, 결혼 후에는 신혼의 시간을 서부 아프리카 세네갈에서 단기선교사로 보내며, 코리안 돔 페어런츠(Korean Dorm Parents) 사역을 통해 MK들을 섬겼습니다. 2012년 선교사 훈련원(GMTC)에서 공동체 훈련을 받은 뒤, GMP 장기 선교사로 허입되어 세네갈로 다시 파송되었습니다. 무슬림 인구가 97%에 이르는 세네갈 종족 마을에 와할잠, 엔게레, 음부마 교회와 주룹 예배 공동체를 개척했습니다. 현재는 세워진 교회를 중심으로 인근 로컬 교회들과 연합하여 동역 사역을 이어가고 있고, 거점 지역인 은게코에 현지 어린이를 위한 도서관과 사역자 훈련을 위한 센터를 건축중에 있습니다.

언제나 주 안에서 성실하게 걸어가는 남편 전재범 선교사와 함께, 두 딸 하연, 하린이를 키우며 사명의 길을 걸어가고 있습니다. 공저로는 『오늘도 삶의 노래를 쓴다』(2023)가 있으며, 오늘도 사명을 품은 항해자로 세네갈을 품고 믿음의 항해를 이어가고 있습니다.

원로이스 선교사

정규대학을 졸업한 후 중매로 결혼해 두 딸과 한 아들을 낳았습니다. 남편이 퇴직한 뒤, 부모 상담과 함께하는 하바놀이학교 목동점을 열어 5년간 운영했고, 이후 부부가 함께 GPTI 훈련을 수료했습니다. 그러나 사업의 어려움 속에 하나님의 뜻을 구하게 되었고, 큰딸이 외고에 입학한 후, 나머지 두 자녀와 함께 태백예수원에서 3개월간 가족지원생으로 훈련을 받았습니다. 그 시간을 시작으로 만 3년간 태백에 머물며 교회를 섬기고, 주님만 의지하는 삶을 살았습니다. 광야와 같은 시간 속에서도 매일 만나를 공급하신 주님을 경험했고, 남편은 신학의 길을, 저는 생활의 현장으로 인도되었습니다. 생명의 전화 간사, 학교 상담사, 바리스타로 일하며 남편의 학업을 도왔고, 자연농업에도 도전했습니다.

선교를 준비하며 요리와 미용을 배울 수 있는 기회도 주어져 자격을 갖추었고, 기도 모임을 통해 북녘땅을 위해 기도하며 섬겼습니다. 이후 하나님의 인도하심에 따라 연해주 우수리스크로 향했고, 어느덧 9년이 지났습니다. 지금은 길을 닦는 자로서 두 가정이 함께 <연해주 아둘람 공동체>를 세워가고 있으며, 공저로 『오늘도 삶의 노래를 쓴다』(2023)가 있습니다.

박혜정 선교사

2009년 GMP 개척선교회 소속 선교사로 허입되어, 검도를 사랑하는 남편과 개성 넘치는 두 아들과 한 딸과 함께 알바니아 티라나에서 살아가고 있습니다. 한국에서 태국어를 전공하다 중국 상하이로 건너가 중어중문학을 졸업했습니다. 대학 시절 예수님을 인격적으로 만난 후 여덟 차례의 태국 단기선교를 통해 장기 선교사로 헌신하게 되었고, 이후 중국과 태국, 한국, 알바니아까지 주님의 부르심에 따라 순종의 길을 걸어오고 있습니다.

현재 알바니아에서는 현지인을 위한 한국어와 글쓰기 교육, 집시 여성 문해력 향상 사역, 현지 교회 협력 사역 등으로 섬기고 있으며, GMP 개발연구위원으로도 활동하고 있습니다. 읽고 쓰며 삶으로 행동하는 것을 꿈꾸며, 그 여정 속에서 주님이 이끄시는 종착지를 향해 나아가고 있습니다.

공저로는 『누구나 갈 수 있는 아무나 갈 수 없는 중국유학』(2009), 『다음세대 셧다운』(2023), 『오늘도 삶의 노래를 쓴다』(2023), 『목회트렌드 2023』, 『목회트렌드 2024』, 『목회트렌드 2025』, 『살리는 설교』(2025), 『비록 존재감은 없지만 행복해』(출간예정) 등이 있습니다.

프롤로그

    삶의 한순간도 놓치기 싫은 여섯 명의 여성 사역자가 모였다. 나이 들어 외모도 볼품없고, 세상적으로도 내세울 것 없어 보인다. 그러나 우리는 이런 우리를 여섯 개의 보석이라 부르기로 했다. 가공되지 않은 원석과 같지만 주님이 주신 삶의 자리에서 우리의 이야기는 더욱 단단하게 다듬어져 누군가를 살리는 이야기가 되기를 소원한다.

    우리는 낸시 슬러님 애러니의 책 『내 삶의 이야기를 쓰는 법』에서 제시한 길잡이대로 8개월간 글을 썼다. 자신에 대해서 더 깊이 들여다보는 귀한 시간이었다. 한 명 한 명의 삶 속에서 역사하신 하나님을 만나게 되었고, 지나온 삶의 모든 순간에 의미가 있었음을 알게 되었다. 그 모든 순간이 아름다웠다. 그것이 기쁨이든 슬픔이든 분노이든 상실이든 간에 살아서 그 생의 한순간을 지나쳐왔다는 것에 소중하고 감사할 뿐이다. 8개월이라는 긴 시간 동안 함께 글을 쓰고 나누면서 잘 해낼 수 있을까, 과연 완주할 수 있을지 떨림과 두려움이 앞섰다. 갱년기로, 때때로 찾아오는 우울감으로, 갑작스레 일어난 사고로 글쓰기를 그만하고 싶은 순간들도 있었다. 그때마다 우리는 서로를 응원했다. 누군가 뒤처지면 뒤처지는 그 사람의 발에 우리의 속도를 맞추었다. 함께 가자고 다독였고 회복되기를 기다려 주었다.

특별히 우리는 글을 쓰면서 개신교의 여성 사역자로 선교지에서 겪는 여러 가지 정체성과 관련된 어려움에 대해 돌아보게 되었다. 우리는 누군가의 딸로, 아내로, 엄마로, 선생님으로 다양한 역할을 하면서도 또 자기 자신이기도 했다. 자기 자신이라는 고유한 정체성을 바탕으로 여러 가지 다양한 역할을 감당할 때 일어나는 도전과 책임 앞에 우리 자신은 내던져졌다. 그때는 깊은 수렁에 빠진 것처럼 아무것도 할 수 없다고 느꼈다.

'선교사', '사역자'라는 명찰의 무게로 인해 혼자서만 삭히고 있었던 마음들이 있었다. 주님께서는 멍들고 무거웠던 마음들을 오랜 시간과 인내라는 발효 과정을 거치게 하셨다. 이제는 밝고 따뜻해진 마음으로 웃으면서 말할 수 있는 이야깃거리가 되었다. '여성 선교사들'의 말 못 할 속마음에 늘 함께하셨던 주님께서 어떻게 일하셨는지 보게 될 것이다. 제일 친한 친구, 가족에게도 말하기 어려웠던 그때의 그 마음들을 이제는 글을 통해 슬며시 내어놓는다.

글을 쓰면서 우리는 서로에게 세상 어디에서도 찾을 수 없는 진실한 팬이 되었다. 이제 우리는 여섯 명의 이야기를 통해 독자 여러분을 우리의 팬이 되어 주길 바라는 마음으로 초대한다.

1장

김혜진 선교사

1. 기회, 불확실성에 인생을 걸다

불안정함을 택하기

 안정적인 일이 아니면 움직이지 않는 성격임에도 불구하고 내가 인생의 중요한 시점에서 한 선택들을 돌아보면 자주 그 성패가 불확실하기 짝이 없던 것들이었다. 선교사가 되겠다는 결정을 어떻게 할 수 있었냐는 질문을 받는다. 말씀을 통해 하나님의 부르심은 확인했지만, 첫 부르심 이후 나는 10여 년을 기다렸다. 이유는 내가 하나님의 부르심을 받았다고 하는데도 부모님이나 담임 목사님이 서두르지 않았기 때문이다. 정확하게 말하자면 "아, 그래? 결혼부터 해서, 남편하고 같이 가면 되겠네."와 같은 미지근한 반응이었다.
 안정적인 파송을 받기 위해 나는 조금 기다리는 쪽을 선택했다. 직장에 계속 다니며, 일 년에 6주까지 받을 수 있던 휴가와 그동안 저금했던 돈을 각종 선교 훈련을 위해 사용했다. 엄마는 내게 "무슨 돈으로 시집을 가려는 지 쯧쯧…"하시며 혀를 차셨다. 결국 선교지로 나간 후 결혼을 하지 않았으니 엄마의 염려는 기우임이 드러났다. 시집갈 돈은 필요하지 않았으니 말이다.
 한국 교회가 한창 선교에 대한 붐이 일어나던 1990년대는 부흥회에 오는 강사마다 선교를 언급했다. 부모님은 어느 날 "간다더니 언제 가냐?"라는 질문을 했고, 나는 드디어 때가 되었음을 깨닫고 구체적인 준비에 돌입했다. 구체적인 걸음을 떼니 일사천리로 파송이 결정되었다. 짧은 시간 내에 전에 알지 못하던 교회와 사람들을 연결하는 하나님의 엄청난 순발력을 경험할 수 있었다.

튀르키예에서 선교사로 살기

그렇게 '선교사의 무덤'이라 불리던 땅, 튀르키예에 입국했다. 평생 한 사람도 전도하지 못하는 일이 거의 일반적이라는 현실 속으로 들어갔다. 지금까지 사람들이 인정할 만한 번듯한 계획을 세우고 그대로 이루는 패턴으로 살아온 나는 그때부터는 하나님이 열어주실 기회를 기다리는 모드로 전환해야 했다. 불확실성의 늪에서 헤엄치며 때로 낙심하며 몸부림쳐야 했다.

복음에는 근접하지 못하고, 겨우 일상을 나누며 내가 그리스도인이라고 알리는 일조차 엄청난 무게로 다가오는 나날을 견뎌내야 했다. 자주 공허하고 무력하다고 느끼며 매일, 매달, 매년의 불확실성과 씨름하는 일이 일상이 되었다. "넌 누구냐?", "여긴 뭐 하러 왔어?", "결혼도 안 한 사람이 왜 부모 형제를 떠나 혼자 살아?", "혹시 우리나라를 망하게 하려는 선교사? 그도 아니면 창녀?" 안 들어본 말이 없는 우울한 나날들이 계속됐다. 그렇다고 한들 나는 손 놓고 있지는 않았다. 현지 병원에 취직해 파트타임으로 일하면서 거주 비자를 받았기에, 현지 사람들을 만날 때 문제가 되는 신분의 문제가 해결되었다.

현지인 교회에 가보니 소수의 성도가 있었다. 대부분의 사람은 '무슬림'을 버리고 '그리스도인'이 되었음을 주장하는 일에 심취되어 있었다. 그들은 그리스도가 누구인지 알기 시작했으나 되도록 이 사실을 가족에게도 비밀에 부치고 싶어 했다. 하나님을 알아가며 예수 그리스도의 발자취를 따르는 일보다는, 자신이 무슬림이기를 거절한 일을 자랑스럽게 여기는 사람들이 그들만의 '색다른 모임'을 이어가는 듯 보였다. 주일만 잠시 서로 만나 설교를 듣고 이웃이나 동료들이 모르게 한 주를 무사히 보낸 후, 다시 스파이 접선 같은 비밀스러운 모임들을 이어갔다. 모든 게 베일에 싸여 있었다. 들키면 죽음이나 감옥이 기다리는 듯한 모습. 이들이 하나님을 제대로 만나고 성령의 은혜 가운데 신앙이 자라나야 한다는 생각에 내 마음은 무거웠다.

매일 성경을 읽고 묵상하도록 하여 하나님을 알아가도록 돕는 사역의 필요를 강력하게 느꼈다. 한국어 묵상 교재를 현지어로 번역할 생각을 하고 있던 한 동역자와 의기투합해서 팀을 이루고 조금씩 일을 진행했다. 교재를 정식으로 출판할 계획도 없이 출석교회에서만 사용하려고 했었다. 그러다 생각지 못한 곳에서 재정 지원이 필요하냐는 질문이 왔고, 그 이후 23년간 분기별로 묵상 교재를 출판하고 있다.

교재를 만들어 보급하는 사역에서 한 걸음 나아가 더 많은 사람에게 전도하고 양육하는 일을 위해 다음 단계의 모험을 강행해야 했다. 살고 있던 국가의 가장 큰 도시를 뒤로하고 중형의 A시로 옮겼다. 거의 6개월간 30도, 40도의 기온을 자랑하는 여름의 열기와 쉬지 않고 비가 오는 습도 높은 겨울을 지내면서 이곳저곳 몸이 아파왔다. 그러나 이 나라에 와서 처음 정착했던 메가 도시에서 경험하지 못했던 소중한 만남은 물론, 때로 거절하고 싶었던 인연들과 함께 10년을 보냈다.

온라인 모임의 기적

마치 10년 단위로 변화를 갖는 게 나를 부르신 분의 뜻인 듯했다. 9년을 넘어섰을 때 이제 떠나라는 말씀이 반복적으로 주어졌고, 감정적으로는 떠나기 싫었던 A시를 뒤로 두고 10년을 채우고 떠났다. 다시 메가 도시로 돌아온 후 얼마 지나지 않아, 그 누구도 예상치 못한 팬데믹이 찾아왔다. 놀랍게도 가장 힘든 상황에서 가장 활발한 복음의 진보를 만났다.

 힘겹게 집에 갇혀 지내던 사람들에게 온라인으로 만나자고 제안했을 때 열광하던 모습을 잊을 수 없다. 말씀 공부도 하고 묵상 나눔도 시작했다. 팬데믹이 끝나면 사라질지 모르지만 일단 사람들이 모이기 시작했다. 공부와 나눔 모임은 아름답게 계속되었다. 팬데믹이 끝나 수년이 흘렀지만, 우리의 온라인 공부팀이나 묵상 나눔 모임은 이어지고 있다.

 이유는 의외로 간단하다. 우리 모임은 원거리에 떨어져 있던 소수의 성도가 만날 수 있는 플랫폼을 제공했기 때문이다. 메가 도시에서 물리적인 장소를 정해 만나려면 이동시간도 고려해야 한다. 직장이나 학교에 다니는 사람들이 한 장소에서 만나기는 너무 어렵고, 지방에 있는 소수 형제자매의 필요를 채우기는 더욱 어려웠기에 온라인 모임이 그들의 소중한 만남의 장소가 되었다.

 팬데믹이 아니면 시작될 수 없었던 온라인 만남의 장이 열리고, 그 움직임은 팬데믹 이후에도 끊임없이 이어지며 열매를 보여주고 있다. 누군가는 모임이 온라인상에 머물면 사람을 제대로 양육할 수 없어서 위험하다거나 하나님을 따르는 일에 한계가 있으니 바람직하지 못하다고 한다. 분명히 그런 면도 있다. 하지만 그래도 만날 기회, 배울 기회가 주어지는 일은 긍정적이라 할 수 있다. 성도들도 온라인 공부에 매주 참여하는 일이 결코 쉬운 일이 아니다. 우리는 어디선가 시작해야 한다. 하나님과 만남을 돕는 일에 이제는 온오프라인을 가릴 수 없는 시대라고 본다.

#튀르키예#기회#선택#일상#소망#두려움#강박

불확실이라는 호수로 뛰어들기

수년을 쉬지 않고 매주 정진하는 소수의 사람의 모습을 바라보고 있다. 나는 사역자이지만 매주 정해진 시간에 뭔가를 꾸준히 하는 일이 쉽지 않다. 하지만 따라오는 사람들이 꾸준히 계속 변화하는 모습을 보면서 진심으로 감사를 느낀다. 성령의 역사하심이 아니면 결코 불가능한 일이라 믿는다. 이들은 전에 교회에 나가면서도 복음을 잘 이해하지 못하던 사람들이다. 그들이 이토록 진솔하게 하나님을 만나고 일상을 고심하며 주님의 제자요, 증인으로 살아가기 위해 애쓰는 모습을 보는 일은 나에게도 위로와 기쁨을 준다. 최선을 다해 기회를 만들어 각 지방을 방문하여 온라인 모임에 참여하는 사람들의 일상을 만나본다. 때로는 듣던 것보다 훌륭한 그들의 일상을 발견한다.

미래는 언제나 불확실하다. 그러니 어떤 기회가 주어지면 뛰어들지 않을 이유가 없다. 나를 이끄는 분은 본래 멋지고, 나도 이제 조금은 단단해졌다. 이제는 불확실성을 보면 기대감이 먼저 생긴다. 에크하르트 톨레는 『삶으로 다시 떠오르기』에서 "불확실성에 편안해지면 당신 삶에 무한한 가능성이 열린다. 불확실성이야말로 마법이 일어나는 곳이다. 받아들일 수 없는 불확실성은 두려움이 된다. 온전히 받아들인 불확실성은 더 강한 활력, 더 예리한 감각, 더 큰 창의성이 된다."라고 했다.

나는 앞으로도 이런 불확실성의 호수에 기꺼이 뛰어들기로 했다. 예상치 못한 마법이 나를 기다리고 있을지도 모르니까!

2. 선택, 별일 아니라 하네

독일에서 9년간 직장생활을 하다가 선교사로 파송 받아 튀르키예로 건너갔다. 집은 함께 거주할 선배 사역자가 구해 놓았기에, 내가 가장 처음에 할 일은 사용할 가구 몇 점을 준비하는 일이었다.

1995년 11월 진눈깨비가 오던 어느 날, 나는 문 두 개 달린 작은 옷장을 사서 집으로 배달했다. 몇 시간 후 집으로 배달을 온 두 사람이 물건을 내리는 중에 어딘 가에 부딪혀서 방금 산 가구에 깊은 상처가 나는 것을 보고 깜짝 놀랐는데, 운반을 하던 한 사람이 손을 저으며 말했다.

"Bir şey olmaz!" (비르 쉐이 올마쓰! 별일 아니야. 어쩔 수 없지!)

나는 어이가 없었지만 아직 현지어도 할 줄 모르는지라 선배 선교사의 얼굴을 빤히 쳐다보았다. 하지만 이미 엎질러진 물이었다. 그렇게 새 가구는 내 방으로 들어오기도 전에 헌 가구가 되어 버렸다. 배달원이 나에게 해준 이 말은 일상을 살며 자주 듣게 된 말이 되었다. 수십 년이 지나도 이 말은 한숨을 내쉬게 하고 적응하기가 쉽지 않다는 걸 느끼게 한다.

"Bir şey olmaz!" (어쩔 수 없지!)

<A 자매 이야기>

저녁에 예상치 못한 손님들이 찾아왔다. 그들과 대화를 나누다가 늦게 잠자리에 든다. 이튿날 아침잠에서 겨우 깨어났고 출근하기 전에 말씀을 읽는 일도 할 수 없었다. 다음 날 아침에는 갑자기 어린 아들이 아프다고 울어 댄다. 출근하기 전에 병원에 데리고 가기 위해 더 일찍 집을 나선다. 성경을 읽는 것은 오늘도 물 건너간다. 퇴근해서 집에 오니 집안이 엉망이다. 청소하고 밥 짓고, 식사하고 치우고 보니 시간이 너무 늦었다. 잠이 쏟아진다. 다음 날 아침에도 챙기고 출근하기 바쁘다.

그다음 날은 토요일이다. 오랜만에 느긋하게 늦잠을 즐기고 일어나서 온 가족이 함께 식사하고 산책하러 나간다. 말씀 읽는 일은 오늘도 염두에 두지 못한다. 이제는 묵상을 하겠다는 생각 자체가 서서히 사라진다.

주일 아침 남편과 큰아들 먹을 식사를 준비해 두고 교회에 가기 위해 어린 아들을 준비시켜 막 집을 나서는데, 오랫동안 얼굴을 보지 못한 친척에게 전화가 온다. 벼르고 벼르다가 오늘은 마침 시간을 내어 방문하러 오는 중이라며 곧 도착한다고 알려준다.

"아이고, 오늘은 교회 못 가겠네…, 어쩔 수 없지("Bir şey olmaz!"), 다음 주에 가지 뭐."

B 형제 이야기

오랜 소원대로 드디어 좀 넓은 집을 구해 이사했다. 젊은 친구들이 자주 와서 쉬었다 가곤 한다. 난방비와 식대로 생활비가 제법 많이 지출된다. 그래도 손님으로 오는 친구들에게 복음을 나눌 수 있으니 기쁘다.

매주 참여하기로 약속한 온라인 성경공부 시간은 아침 9시. 어젯밤에 새벽 3시까지 손님들과 대화한 탓에 그들에게 잠자리 챙겨 주고 잠이 들었는데 일어나 보니 10시가 넘었다. 아침에 말씀을 읽고 기도하는 습관은 손님들을 챙기느라 벌써 며칠째 지키지 못했다.

"Bir şey olmaz! 거의 매일 손님이 오니 어쩔 수 없지."

마침 문자가 와서 보니 기도편지를 언제 보내주냐고 묻는다. 2개월에 한 번 후원자들에게 소식을 꼭 전하기로 약속했는데 이번에도 하는 수 없이 미루어야겠다. 2년째 편지를 쓰는데 쓸 때만 되면 뭘 써야 할지 모르겠다. 지난주에 멘토 김 선생이 조언하기를, 전에 쓴 편지들을 다시 잘 읽어보고 당시 언급했던 일들 관련해서 알려주는 내용으로 써보라 했다. 하지만 전에 쓴 편지들을 컴퓨터에서 다 지워 버려 남은 게 없다. 매번 즉흥적으로 생각나는 일들을 써서 보내니 이전에 무슨 말을 썼는지 기억이 나지 않는다.

오후에 전화가 왔다. 어머니가 큰누나 결혼식 비용을 위해 은행에서 대출을 받아 보내라는 소식이다. 36개월 동안 갚을 대출액이 상당히 많다. 다른 누나들 결혼할 때마다 비용을 도왔으니 이번에도 내 몫을 감당해야 한다.

오늘따라 친구 한 명이 전화해서는 돈을 조금 빌려달라고 한다. 딸이 아파서 병원에 가야 되어 급하다고 한다. 나도 재정이 어렵지만 차마 거절하지 못하고 적은 돈이라도 보낸다. 가끔 빌려 썼으니 도와주지 않을 수 없다.

"Bir şey olmaz!" "어쩔 수 없지 뭐, 어떻게 되겠지…"

"어쩔 수 없지 뭐"는 이제 그만! 이 이야기는 성도들의 이야기다. 나는 성도들과 일상을 나누며 우리에게 말씀을 통한 하나님과의 만남이 필요하다고 강조한다. 하나님을 잘 알아야 신앙생활을 바르게 할 수 있다. 내 죄를 사해 준다는 '하나님'을 만난 후, 교회에 나가는 순간 '구원'을 받았다고 믿는 사람들이 많은데, 자신이 믿고 의지하는 분은 잘 모르고 있다. 믿는다고 생각하는 하나님과 성경의 하나님이 때로는 한 참 달라 보인다.

상당수의 튀르키예 성도들은 직장에서 6, 7일을 일하기 때문에 매주 공예배조차 참여하기 어려운 상황에 부닥친다. 바른 신앙이 자리 잡기 쉽지 않은 상황이다. 그래도 수년간 교회 공동체에 속해 있다 보면 이 사람들은 주님이 아니라 '슬기로운 교회 생활'에 적응해 간다. 교회 밖과 크게 다르지 않은 관습에 의한 결정들과 바깥에서 사용하는 언어와 약간 다른 용어들을 사용하며 일종의 클럽활동을 하는 것처럼 익숙해져 버린다.

이런 사람들의 인생은 자신의 주인이 하나님이 아니고, 가족과 친구와 직장과 이웃이다. 대부분 자신이 그런 상태에 놓여있음을 잘 자각하지도 못한다. 일상의 통제권이 하나님이나 본인이 아니라 타인과 상황에 주어져 있다. 대가족제도에 익숙한 튀르키예의 많은 사람은 이렇게 자기 주도적이지 못한 삶에 얽매여 살아가기 쉽다.

그러나 이런 상황 가운데서도 각 사람의 마음에 찾아오시는 하나님의 은혜로 문화와 관습의 거대한 벽에 역행하는 의지를 가지고 조금씩 변화 하고 있는 영혼이 없는 것은 아니다. 매일 시간을 내어 말씀을 읽을 의지와 환경을 허락해 주시는 하나님의 놀랍고 기묘한 방법을 구하는 자에게 주어진다.

C자매 이야기

하루 12시간 작은 공방에서 재봉틀로 옷 만드는 일을 한다. 좁은 공간이라 공기도 별로 좋지 않다. 그녀가 맡은 일은 점심시간을 제외한 대부분의 시간을 재봉틀 앞에 앉아 부지런히 주어진 분량의 옷을 만들어 내는 것이다. 손과 발을 계속 사용해야 하는 그녀는 휴대전화로 성경 강해를 듣거나 아침에 묵상한 본문을 반복해서 들으며 외우기도 한다.

그녀는 매일 밤 잠자리에 들기 전에 다음 날 눈을 뜨면 바로 읽을 수 있도록 묵상집을 베개 아래에 넣어 둔다. 아침에 잠을 깨우는 알람을 끄고 손을 베게 아래에 넣어 묵상집을 꺼낸다. 10분 정도 본문을 읽고 하나님과 대화를 나누며 말씀 묵상을 한다.

일어나서 세수하고 부모님의 아침상을 차린다. 수년간 하던 일이라 익숙하게 부모님을 챙긴 후 재빨리 준비를 마치고 출근한다. 주 6일 하루 12시간씩 일을 하다 보니 개인 시간이란 거의 없는 생활이지만 멘토 김 선생이 격려하는 대로 매일 성경을 묵상하며 보낸 지난 수년이 그녀의 인생에서는 너무 값지고 행복하다.

피우던 담배도 끊었고, 결코 예수님에게 관심을 보이지 않는 남자 친구와는 단호하게 헤어졌다. 빚을 지지 않는 경제생활을 해야 한다고 배웠기에 친척들이나 친구들과 서로 빌려주고 빌리는 방식의 거래도 대부분 끊었다. 혹시 빌려주어야 한다면 못 돌려받아도 좋다고 생각되는 정도의 금액만 빌려준다.

독신으로 사는 일이 힘든 사회 구조이지만 그래도 주님을 모르는 사람과는 절대 결혼하지 않을 생각이다. 김 선생이 독신으로 잘사는 것을 보니 나도 그렇게 살면 되겠지 생각한다.

D자매 이야기

겨울 아침 6시 알람이 울린다. 방 공기가 싸늘해서 이불 밖으로 나가기가 정말 싫다. 난방비를 아끼기 위해 잠자리에 들기 전에 방을 좀 데운 후 난방을 끄고 잠자리에 들기에 이른 아침의 방 공기는 예외 없이 싸늘하다. 곧 자녀들 학교 갈 준비를 도와주어야 하니 지금 일어나야 먼저 성경을 읽고 기도할 수 있다.

지난 17년 동안 겨울이 우기인 이 땅에서 변변한 겨울 신발도 없이 양말을 여러 켤레 껴 신으며 남편이 벌어오는 적은 월급으로 아들과 딸을 공부시키며 살림하는 일에 전념했다. 사춘기 자녀들이 원하는 먹거리가 적어 불만을 표할 때도 있지만, 다행히 엄마의 원칙을 잘 따라 준다. 공부도 곧잘 해서 아들은 특목고에 당당히 입학했고 중학생인 딸도 반에서 1등을 놓치지 않고 있으니 하나님께 감사할 뿐이다.

십 수년간 교회에 다니며 성경을 간간이 읽어보았지만, 팬데믹 기간에 터키 SU에서 제공하는 온라인 성경공부에 참여하면서, 처음으로 성경의 하나님이 원하시는 의미와 연결점들을 깨닫게 되었다. 무엇보다 성경을 묵상하는 방법을 배운 후에는 매일 말씀을 통해 하나님을 뵙고 대화를 하게 되어 세상과 인생을 보는 눈이 바뀌고 있다.

이제 아무리 추워도 가족들보다 일찍 일어나 성경 말씀을 묵상하고 기도한다. 식구들이 일어나고 주부의 집안일이 시작되면 조용히 말씀을 볼 시간은 거의 없다. 매주 한 번 말씀 묵상 나눔 모임에 참여하는 일이 그녀는 가장 기다려진다. 자신처럼 열심히 하나님께 순종하기 위해 애쓰는 사람들을 만나면 때로 약해지던 마음이 다시 용기를 얻게 된다.

튀르키예뿐 아니라 세계 어느 곳이든 교회에 '다니는' 사람과 하나님과 '동행하는' 사람의 차이는 분명하다. 누구나 추구하는 안락한 삶을 산다고 주님께 잘 순종하는 것은 더욱 아니다. 우리의 일상에서 무엇이 우선순위를 차지하고 있는가? 튀르키예의 여인들은 결정권이 없어서 신앙생활을 하지 못하는 일도 있다. 하지만 대부분은 하나님을 가까이 따르는 일이 삶의 우선순위가 아니어서 영적인 성장이 불가능하거나 느린 것도 사실이다.

오늘날을 사는 성도에게 물리적 핍박은 많이 줄었지만, 불순종의 삶을 살도록 얼마나 다양하고 은밀한 유혹이 넘쳐나고 있는지 모른다. 남이 보지 않는 시간을 나는 어떻게 사용하는지 물어보고 싶다. 귀중한 시간이 주님보다는 다른 일에 주어지지 않는지 나 자신에게 자주 질문한다. 적절히 "Bir şey olmaz!"를 중얼거리지 않기 위해 매일 나를 돌아본다.

3. 일상, 상상을 초월하는 모험

한밤중에 걸려 온 전화

선교지에 들어간 초창기 일이다. 오전에 언어학교에 갔다가 집에 돌아와 열쇠로 문을 열려고 하는데, 문이 잠겨 있지 않았다. 순간 무슨 상황인지 몰라 깜짝 놀라 집 안으로 들어서니 난장판이 따로 없었다. 뭘 찾았는지 모르지만, 샅샅이 뒤진 것만은 틀림없었고, 바닥에는 담배꽁초가 떨어져 있고 신발 자국도 여기저기 찍혀 있었다.

거실은 물론 함께 거주하던 S 선교사와 내 방의 침대 매트리스까지 뒤집어 놓았다. 그들은 금붙이나 현금을 찾았던 것 같았다. 바닥에는 S 선교사의 한국 여권이 떨어져 있었는데 내 독일 여권은 사라지고 없었.

우리 두 사람 다 소유하고 있던 노트북은 각자의 책상 위에 그대로 있었다. 나는 현금으로 가지고 있던 생활비가 있던 곳을 열어보았는데 책갈피에 꽂아 두어서 찾아내지 못한 듯했다. 다행이었다. 나중에 알게 된 일이지만 당시 노트북은 터키에 아직 알려지지 않은 새로운 물건이었다. 노트북이 무엇인지 몰랐던 도둑이 가져갈 생각을 못 한 것이다. 훔쳐 간 물건은 카메라와 워크맨 정도였다.

나는 당장 경찰서에 가서 여권을 도둑맞은 사실을 알리고, 경찰에서 발급하는 도난 신고 접수 서류를 받아 대사관에 가서 새 여권을 신청했다. 선교지에 와서 처음 해 보는 일들이라 긴장한 가운데 분주한 며칠을 보냈다. 이제 신청한 여권이 속히 발급되기만 기다리면 되었다. 현지 경찰에 도난 사건을 알린 것은 여권을 발급받기 위한 절차였을 뿐 딱히 내키지 않은 걸음이었다. 우리는 이 나라에서 공식적이지 않은 일을 하기에 경찰과 가깝게 지내고픈 마음은 없었다.

며칠 후 잠자리에 들 시간인 밤 11시쯤 전화가 걸려 왔다. 이 시간에 누가 전화를 할지 생각하며 받았더니 자신은 경찰관이라며 이야기를 시작한다. '왜 경찰관이 이런 시간에 전화를 하지?' 순간적으로 긴장이 됐다. 친절하지만 상당히 불필요한 말을 늘어놓더니 나더러 지금 지서로 놀러 오라는 것이다. 밤 11시가 넘은 시간에 경찰서로 놀러 오라니 두려운 마음이 들었다.

당시 터키는 '선교사의 무덤'이라는 별명을 가진 거친 지역이었고 그 땅에서 '선교'와 '선교사'는 그야말로 '공공의 적'이기에 내 본래 신분이 드러나면 곤란했다. 이 백성을 위해 최고의 선물을 준비해 들어왔지만, 그들이 대놓고 거부를 하니까 우리는 본래 신분을 지혜롭게 숨기고 사람들에게 접근한다. 이를테면 학생이나 직장인 같은 신분을 사용한다. 나는 현지 직장에 다니고 있었기에 신분은 분명했다. 그래도 경찰과 대적할 수는 없는 일이기에 조심스럽게 거절 의사를 밝히고 전화를 끊었다. 살짝 식은땀이 났다.

며칠 후 같은 시간에 또 전화가 왔다. 이번에는 심각성을 느끼고 이리저리 대화를 돌리다가 끊었다. 본래 성격대로라면 아주 따끔하게 몇 마디 하겠지만 공무상 받은 개인 전화로 한밤중에 전화를 거는 경찰관이 무슨 짓을 할지 모르는 일이라 그를 화나게 하기가 주저되었다. 뭔가 대책 마련이 시급했다. 문득 튀르키예 사람들이 가지고 있는 고정관념이 떠올랐다. 하루 종일 텔레비전을 시청하는 그들은 할리우드 영화나 드라마를 보면서 무슬림이 아닌 여인들은 지극히 문란하다고 믿는다. 실제로 이 나라에 관광객으로 오는 외국 여인들 중에는 그런 환상에 걸맞은 행동을 하기도 한다. 생각이 여기까지 미치자 나는 불편한 마음에 잠을 이룰 수 없었다.

현지인 친구의 도움

가까운 곳에 현지인 변호사 한 사람 살고 있었다. 그의 아내와 교제를 하고 있던 터라 나는 다음날 그녀에게 이 사실을 털어놓았다. 그녀가 남편에게 내 사정을 알렸고 변호사는 곧 경찰서에 전화했다. 우리 가족의 가까운 친구에게 밤늦은 시간에 전화했다는 말을 들었다면서 이는 튀르키예인으로서 외국인에게 큰 실례를 저지르는 일이라 했다. 만약 다시 전화한다면 반드시 법적 조치를 취하겠다는 경고도 했다. 변호사의 전화에 그 경찰관은 내가 튀르키예어가 부족해 자신의 친절을 오해한 것이라며 자신의 의도를 극구 부인했다. 그날 이후 다시는 전화가 걸려 오지 않았다. 겉으로는 아무렇지 않은 척했지만 나는 여전히 두려웠다. 그가 혹시 다른 방법으로 해코지할지 알 수 없었다. 다행히 다른 일은 없었고 그 사건은 서서히 기억 속에서 잊어갔다.

한국인 아닌 한국인

2000년도 당시 초기 선교사들은 큰 어려움 없이 3개월 단위의 비자 여행을 했다. 당시의 비자 여행은 주로 국경을 넘어 이웃 나라로 나갔다가 하루 이상 시간을 보내고 돌아오는 짧은 여정이었다. 튀르키예 체류 기간 90일을 넘기기 전에 나갔다 오는 비자 여행이 처음에는 할 만한 여행이었다. 하지만 시간이 갈수록 고생스러운 행사가 되었다. 90일의 기한은 생각보다 빨리 돌아왔다. 다른 나라 도장만 받아오면 되는 간단한 여행이었지만, 가족이 있는 사람들에게는 어린 자녀들까지 고생해야 하는 장거리 여행이었다. 그나마 다녀오기만 하면 또 90일의 시간이 주어지니 다들 별말 없이 다녀오곤 하던 비자 여행이다.

나는 사역 초반부터 직장이 있어서 공식적인 비자가 있었다. 비자 여행을 할 필요가 없었지만 때로 동료 선교사들과 함께 여행 삼아 그녀들의 비자 여행에 따라나서곤 했다. 보통 우리는 그리스 국경도시로 여행을 다녀왔다. 한 번은 5명의 싱글 선교사가 시리아 안티옥에 모여 다마스쿠스로 비자 여행을 가기로 했다. 국경만 넘으면 그곳까지 4시간 정도 걸린다는 말을 들은 우리는 버스표를 구입해 여행길에 올랐다. 비자 여행만이 목적이면 국경을 지나서 두 시간만 가면 있는 H 도시에서 하루를 보내면 되었지만, 두 시간 더 가면 되니 다마스쿠스까지 다녀오자고 의견을 모았다.

우리는 여러 명이 함께 간다는 생각에 아무런 걱정 없이 장거리 버스에 올랐다. 국경까지는 약 1시간 정도밖에 걸리지 않았다. 국경에 도착한 우리는 서둘러 튀르키예 국경을 통해 출국 수속을 밟았다. 조금 걸어서 시리아 국경을 통해 입국할 준비를 했다. 그런데 경찰관에게 여권을 주고 기다리는데 경찰관이 내 여권을 들고 물었다.

"당신, 비자를 안 받고 왔네요?"

"비자를 미리 받아야 하나요? 국경에서 주는 것으로 알았는데요?"

"한국 국적자는 그렇지만, 독일 국적자는 미리 비자를 받아와야 합니다."

"네?"

나는 깜짝 놀라서 할 말을 잃었다. 난감한 상황이었다. 평소에 나는 자신을 스스로 한국인이라고 믿고 있었다. 지금까지 한국 여권으로 못 가는 곳에도 독일 여권으로는 통과하던 경험이 있었다. 우리가 함께 시리아에 가자고 결정하면서도 내게 비자가 필요하리라는 사실은 고려하지 못했다.

순간 동료들에게 상황을 알리고 그들만 다녀오라고 했다. 나는 그냥 돌아가면 그만이라 생각했다. 하지만 자매들은 안된다며 돌아가도 함께 가야 한다고 우겼다. 나는 너무 미안했다. 모처럼 여행을 떠났는데 나 때문에 함께 돌아가야 한다니 어떻게 해야 할지 몰랐다.

결국 우리는 함께 돌아가기로 합의했고 하는 수 없이 시리아 국경에서 돌아섰다. 화려하지는 않아도 면세점이 있었기에 당시 터키에서 구하기 어려운 물품을 조금 구입한 후 다시 튀르키예 국경을 통해 입국 절차를 밟았다. 여권에는 출국했다가 입국한 도장이 찍혔고 사실상 비자 여행이 완료되었다. 우리는 함께 웃었다. 다마스쿠스는 못 갔지만 비자 여행은 했으니 되었다고 말이다.

괜히 긴장되던 버스

돌아갈 장거리 버스 찾기가 무척 어려웠다. 우리가 산 티켓은 다마스쿠스 왕복이고, 그 버스는 그날 없었다. 여기서 만나는 대부분의 버스는 사우디 아라비아에서부터 이스탄불로 가는 엄청나게 먼 거리를 오가는 장거리 버스였다. 돌아가는 길은 공항이 있는 이웃 도시까지 4시간은 가야 해서 버스를 타야 하지만 예약된 버스가 없으니 좌석이 남아있는 버스를 찾기가 더 어려웠다.

겨우 허락을 받아 올라탄 버스에는 사람은 별로 없고 짐만 가득했다. 좌석마다 짐이 가득했는데 대부분 아랍 지역에서 튀르키예보다 훨씬 저렴하게 물건을 사서 국내에 들여와 파는 장사꾼들이었다. 여행 가듯 길을 떠나서 집으로 돌아갈 때는 바리바리 물건을 구입해서 돌아오기에 사람은 별로 없고 물건만 가득했다.

아저씨들은 웃옷을 벗고 편안하게 있다가 동양 소녀들이 여럿 타니까 옷을 주섬주섬 입었다. 어렵게 구한 버스라 긴장은 되고 마음은 편하지 않았다. 하지만 그 아저씨들도 무례한 일을 벌이지는 않았고 우리에게 버스 비용도 받지 않았다. 생각보다 착한 분들이었다.

그 후 몇 년 되지 않아 시리아에는 정치적 문제들이 과열되었고 내전이 일어났다. 우리에게 다마스쿠스에 갈 기회는 다시없었다. 지금도 그때 이야기가 나오면 다소 아쉽다. 당시 함께 했던 경애는 이미 주님 곁으로 갔다.

선교지에는 크고 작은 위험 요인이 존재한다. 수십 년 후에 되돌아보니 당시 우리가 안전했던 일은 분명 주님의 보호하심 때문이었다. 그날 얼마나 많은 천사가 그 버스에 동석했을지 궁금하다. 언제나 우리를 보호하시는 하나님의 날개 아래 젊은 우리는 수시로 위험을 무릅쓸 수 있었다.

4. 소망, 충격에도 끄떡없다

E 형제와의 만남

어느 부활절 연합 예배에서 19세의 E 형제를 처음 보았다. 대중 앞에서 어떻게 주님을 만나게 되었는지 간증하고 있었다. 몇 개월이 지난 후 나는 R 시에 있는 한 교회에 묵상 강의를 위해 방문했다. 주 1회 4주간 말씀을 어떻게 묵상하는지 가르치고 실습을 했다. E가 그 교회에 출석하고 있었고 그 세미나에 참석하였기에 개인적인 대화를 나눌 기회가 있었다.

다음 해에는 내가 살고 있던 D 시에서 전국 여러 곳에 있는 성도들을 초대해서 묵상 세미나를 열었다. E도 참석했다. 매년 이런저런 모임이나 지역 교회 연합 수련회 등 만날 기회가 있을 때마다 E 형제는 나와 대화를 나누고, 무엇이든 배우고 싶어 했다. 그의 열심에 부응해서 나도 기회가 되면 그를 도우면서 여러 해가 지나갔다.

그의 가족은 평범한 무슬림 배경을 가지고 있었다. 대부분의 튀르키예인들처럼 종교적 명절이나 관습을 지키는 정도의 생활 방식을 하고 있었다. 튀르키예에는 두건을 쓰지 않는 무슬림 여성들도 많다. E는 청소년기를 지나면서 종교에 점점 심취했다. 특별히 열정적인 한 무슬림 종파에 속해서 활동했다. 문화적 수준의 무슬림으로 살던 누나들을 독려해서 두건을 쓰게 하고 헌신적인 신앙심을 요구하기도 했다.

E 형제의 변화

어느 날 E는 자신의 친구 중에 그리스도인들과 교제하는 사람들이 생겼고 급기야 그들이 교회에 나간다는 말을 듣게 됐다. E는 친구들을 지옥 불에서 구해야 한다는 일념으로 그들을 되찾아 오기 위해 교회에 나갔다. 교회에서 듣게 된 이야기들은 당시 그의 상식으로는 말도 안 되는 내용이었지만, 집에 돌아오면 자꾸 그 내용이 떠올랐다.

비슷한 상황이 반복되자 그는 '변질된' 것으로 확신하고 있던 기독교인들의 '성경'을 구해 읽었다. 읽으면 읽을수록 자기 내면에 엄청난 갈등과 영적 싸움이 일어나는 것을 느끼며 괴로워했다. 수년 동안 그렇게 시간이 흘렀고 결국 그는 예수님과 복음을 받아들이게 되었다.

이슬람의 가르침에 깊이 심취했던 그는 코란을 잘 알았고, 그들의 경전과 종교가 어떻게 사람을 얽매는지도 잘 알기에 오히려 효과적인 전도를 하기 시작했다. 물론 그로 인한 분란도 많이 생기고, 때로는 몰매를 맞거나 직장에서 쫓겨 나는 등의 불이익도 당하곤 했다. 하지만 그런 일들을 겪을수록 그는 서서히 주님의 제자로 우뚝 서가게 되었다.

같은 교회에 속하지는 않았지만, 그는 내게 꾸준히 연락하며 관계를 이어 갔다. 자연스럽게 그는 나를 한 사람의 영적 멘토로 의지했다. 가족 문제나 개인 신앙이나 진로 등 많은 부분을 나누는 동안 나는 그가 지극히 성실하며 하나님께 순수한 열정을 가지고 있음을 인정하게 되었다.

어려운 고백

이런 젊은이가 많지 않기에 나는 E를 점점 더 귀하게 여겼고, 그의 미래에 대해 선한 기대를 하게 되었는데 형제도 그런 나의 마음을 분명히 알고 있었다. 그러던 어느 날, E 형제와 통화하는 중에 평소와 달리 머뭇거리며 내게 꼭 할 말이 있다고 했다. 무엇이냐고 물었더니 자신에게 많은 기대를 하는 것을 알기에 그동안 숨겨온 사실이 있다고 했다. 이제는 말하지 않을 수 없다며, 한참을 더 머뭇거리더니 용기를 내서 말했다.

"사실은 내가 동성애자입니다. 선생님이 저를 귀하게 여기고 사역자로도 세우고 싶어 하는 마음을 잘 알기에 그동안 부담이 되었습니다. 그래서 이 사실을 꼭 알려드려야 한다고 생각했습니다."

순간 나는 아무 생각도 나지 않을 만큼 충격을 받았다. 동시에 어떻게 반응해야 E 형제가 상처를 받지 않을까 생각하느라 짧은 시간이 아주 길게 느껴졌다. 힘들게 용기를 내어 자신의 깊은 비밀을 드러낸 그에게 내가 어떤 반응을 해야 하는 것일지 고민스러웠다.

나는 먼저 조금 놀랐다고 솔직하게 말했다. 그가 동성애자라는 사실을 겉으로 알아차리는 일은 불가능했다. 나는 용기를 내어 말해 주어서 고맙다고 하고, 몇 마디를 더 나눈 후 나에게 시간을 조금 달라고 하고 전화를 끊었다. 머릿속이 하얘지고 아무 생각도 나지 않았음에도 불구하고 놀라울 만큼 차분하게 지난 수년간 그에게 쏟은 나의 관심을 추억했다. 그토록 하나님 앞에 순수하게 헌신 된 아이가 동성애적 성향을 가지고 있었다는 사실에 놀라지 않을 수 없었다.

나는 그가 앞으로 훌륭한 그리스도인으로, 모범적인 삶으로 하나님께 영광을 돌리게 될 것이라 확신했다. 그가 잘 성장하도록 돕기 위해 내가 할 수 있는 일이 있다면 최선을 다할 생각이었다. 그는 그런 나의 소망을 느끼며 오히려 불안하고 괴로웠을 것이다. 그날 나는 하나님께 부르짖었다. 왜, 이런 아이를 만나게 하셨는지, E를 내게 보내신 이유가 무엇인지 묻고 또 물었다. 하루 이틀 시간이 지났지만 나는 아무것도 먹을 수 없을 뿐 아니라 마구 토하기까지 했다. 결국 서서히 기진해서 쓰러졌다.

또 다른 제자인 S 자매로부터 전화가 왔다. 나와 연락이 안 된다며 무슨 일인지 물었다. 나는 E 이야기를 할 수 없어서 그냥 좀 아프다고 했다. 바로 나를 찾아온 그녀가 택시를 불러 나를 태우고 응급실로 향했다. 몇 가지 검사 후 링거를 맞고 기운을 좀 차린 후 집에 돌아왔다.

나는 그때부터 동성애에 대해 알아보기 시작했다. 남녀가 이토록 유별한 무슬림 사회에 왜 그렇게 많은 동성애자가 존재하는지, 그들은 어떻게 동성애자가 되는지, 동성애자가 된 것이 누구의 잘못인지 마구 알고 싶었다. 평소에는 전혀 관심 없던 일을 계속 파기 시작했다. 그러나 아무리 봐도 E를 향한 하나님의 생각이나 계획은 여전히 알 수 없었다.

차마 얼굴을 보면서 이야기를 꺼내지 못했던 그의 아픈 마음을 위로해야 했기에 얼마 지나지 않아 다시 그를 만났다. 그는 내게 자신이 동성애자로 태어났다고 주장했다. 상당히 어려서부터 그런 성향을 느꼈다며 뭔가 유전적인 문제일 것이라 믿는다고 했다. 그에게 상처 주기 싫어서 그럴 수 있겠다고 하면서 지나가는 말로 내가 가진 일반적인 지식을 나누었다. 사람들은 본인의 의사와 상관없이 너무 충격적인 경험을 하게 되면 그 일을 기억하지 못하는 경우가 있다고 하면서 어쩌면 E도 그런 경험이 있을지 모른다고 했다.

수년 후에 그는 여러 번의 심리 상담을 통해 아주 어린 시절 가까운 친척에게 성폭행을 당했다는 것을 기억해 냈다. 당시 그와 나는 대화 가운데 정말 중요한 일은 그의 성향이 아니라 결단일 수 있다는 말을 했었다. 그는 나의 말에 전적으로 동의했지만 20대 중반의 건강한 청년이 감당하기에 쉬운 일은 아니었을 것 같다.

#튀르키예#기회#선택#일상#소망#두려움#강박

서로에게 손 내밀기

나와 서른 살이나 나이 차이가 나기에 나를 어머니처럼 느끼는 그는 그 후에도 내게 가끔 고통스러움을 토로했다. 평범하게 누군가를 좋아하고 결혼해서 가정을 이루는 삶이 왜 자신에게는 주어질 수 없는 지를 한탄했다. 이성에게는 여전히 관심이 없고, 동성을 좋아하는 일은 하나님이 기뻐하지 않는다는 것을 알기에 자신의 상황이 너무 고통스럽다고 호소했다.

나는 내가 하나님께 기도하는 중에 깨달은 내용을 말해 주었다. "하나님은 나를 지극히 정상적인 여자로 창조하셨다. 당연히 나도 때로 이성에 대한 욕구를 느낀다. 하지만 하나님은 내게 남편을 허락하지 않으셨다. 만약 내가 욕구에 따라 행동한다면 하나님이 기뻐하지 않으실 것이다. 나는 평생 주어진 환경 내에서 적절하게 절제하면서 살아왔고 앞으로도 그럴 것이다. 왜냐하면, 나는 하나님의 거룩함을 본받아 사는 그분의 딸이니까! 너도 나처럼 충분히 경건하게 살아갈 수 있다."

나는 하나님께 결혼도 하지 않은 내게 보내진 동성애 성향의 아들을 어떻게 도와줄지 모르겠다고 항의했다. 하나님의 대답은, 독신으로 사는 나야말로 그에게 진정한 공감대를 줄 수 있다고 일러주셨다. 깜짝 놀랄 답변이었다.

E는 이제 30대 중반이 되었다. 사정을 모르는 주위 사람들은 그에게 결혼을 독촉하기도 한다. 그는 독신으로 복음 전하는 일을 하며 아주 잘살고 있다. 자신을 사랑하고 받아주신 주님의 손을 굳게 잡고 나아가는 그를 볼 때마다 나는 엄청난 존경심을 느낀다. 그의 안에서 역사하시는 성령님을 무한 찬양한다.

응급실에 갔던 그날 이후에도 나는 가끔 울 수밖에 없었다. E와 비슷한 경우의 형제들을 몇 번 더 목격했기 때문이다. 극심한 남녀유별 문화 가운데 사는 사람들은 그들의 필요를 해결하기 위해 지극히 손쉬운 방법을 찾게 된다. 결국, 자신들의 어린 자녀와 조카들의 삶을 끔찍하게 망쳐버리곤 한다. 드러나는 상황을 쉬쉬할 뿐 양심의 가책을 기만하고 살게 하는 사단의 속임수는 지금도 끈질기게 이어진다. 복음의 능력이 아니고는 결코 헤어날 수 없는 깊은 어둠에 갇힌 사람들에게 어찌 손을 내밀지 않을 수 있겠는가!

5. 두려움, 믿음을 저울질하다

동료와의 영원한 헤어짐

동료였던 경애가 치료받던 모습을 자주 지켜보았다. 항암치료를 위해 정기적으로 병원에 가서 몇 시간씩 링거를 맞던 모습, 윤기 나고 아름답던 머리카락을 다 잃어버리고 가발을 쓴 모습, 항암제가 너무 버거워 상한 신장 때문에 몸에 물이 차서 날씬하던 몸이 퉁퉁 부었던 모습. 그 후 항암제에 더해 신장 보호를 위한 약을 추가해야 한다는 의사의 처방에 우리는 모두 망연자실하고 말았다. 경애 자신과 가족들은 도저히 그렇게 계속하는 것이 소용없다고 했다. 그녀는 항암치료 대신 식이요법을 하기 위해 깊은 산 속에 있는 요양원을 선택했다. 무농약 식품과 꾸준한 운동으로 치료하던 모습을 나도 간간이 방문해서 지켜보았다.

강한 항암치료는 그만두었지만, 암세포를 제거할 다른 방법을 찾아야 했다. 아직 일반적이지 않았지만, 지푸라기를 잡는 심정으로 새로운 치료를 시도했다. 이 새로운 방법이 때로는 경애의 통증을 더 심하게 했다. 많이 아파하던 치료 과정도 지켜보았다. 그렇게 1년여를 보냈을 때 그녀의 몸에서 암세포가 사라지는 것 같았다. 최소한 검사 결과에 그렇게 드러났다.

하지만 활동적인 성격의 그녀에게 산속에서 조용하고 단조롭게 지내는 일은 너무 버거웠을 것이다. 그때 경애는 산에서 나와 서울에서 휴양하기로 했다. 여전히 식생활에 신경을 많이 썼으며 매일 운동과 함께 건강한 생활을 하기 위해 최선을 다했다. 희망을 품고 시작한 서울 생활이 약 6개월도 지나기 전에 그녀의 상태는 다시 조금씩 나빠졌고 입원을 해야 했다.

경애는 나에게 말했다. "아마도 주님은 내가 그분 곁으로 오기를 원하시나 봐. 나는 가벼운 마음으로 주님 곁으로 갈 거야. 부활 신앙을 가진 내가 세상에 미련이 있겠어? 내가 먼저 주님 만나러 갈게, 언니."

그녀의 말에 나는 진심 어린 격려를 했고, 그녀는 울먹이며 대답했다. "언니, 그 말씀들이 저를 정말 행복하게 하네요. 항상 언니가 말하는 그런 사람이 되고 싶었는데, 내가 이미 그렇게 보인다고 하시니 저는 다 이루었어요. 더는 바랄 게 없어요."

통화를 하고 열흘쯤 지났다. 아침 일찍 전화벨이 울렸다. "안녕하세요? GMP입니다. 오늘 아침에 K 선생님이 주님 곁으로 갔습니다. 장례식에 오시겠어요?"

나는 선뜻 장례식에 가겠다고 말할 수 없었다. 한두 시간 후에 답을 주겠다며 전화를 끊었다. 경애가 치료를 받던 3년여 동안 나는 여러 번 찾아가 만났다. 필요할 때 도와주거나 함께 시간을 보냈다. 언제나 건강하기만 하던 경애는 독감에 걸려도 입맛조차 떨어지지 않던 사람이었다. 그녀가 암에 걸렸다는 말을 들은 지인 대부분은 "그게 정말이야?"라며 놀라곤 했다. 그녀는 치료를 받고 있던 상태에서도 병이 없는 나보다 산을 더 잘 오르고, 음식도 잘 먹었다. 하지만…, 이제 더는 그런 그녀가 세상에 없다.

나를 잠식하던 막연한 두려움

경애가 주님 곁으로 간 일은 그녀에게 좋은 일임이 분명하다. 다시는 아프지는 않을 테니. 십수 년이 지난 지금도 내게는 그녀와 함께하던 시절부터 사용하던 물건과 가구들이 남아있다. 물건들을 바라볼 때 가끔 그녀와 함께했던 시간이 떠오른다. 이제 고통 없이 지낼 수 있는 그녀를 축하하면서 안녕을 고하는 일은 그나마 쉬웠다. 달려갈 길을 마치고 면류관 받을 일만 남은 그녀에 비해, 아직 달려갈 길이 남아있는 나도 혹시 그런 고통을 겪어야 할까 막연한 두려움이 생길 때가 있다.

그녀가 떠나간 시기에 나에게는 갱년기가 시작됐다. 오십견 때문에 어깨관절 통증으로 잠을 자다가 깜짝 놀라 깨기 일쑤였다. 팔을 살짝도 건드리지 못할 정도이니, 혼자 머리를 빗거나 옷도 입기 어려웠고, 당연히 집안일도 잘할 수 없었다.

본래도 자주 문제가 있던 나의 위는 더 자주 아파서 내시경을 했더니 헬리코박터에 감염되었다고 했다. 사람 좋아 보이는 터키인 의사는 이 병균을 없애려면 두 가지 강력한 항생제를 동시에 사용해야 한다며 처방해 주었다. 그러나 바로 그 약의 부작용으로 나는 아무것도 먹을 수 없는 상태가 되었다.

배는 고프지만 조금만 먹어도 통증이 느껴지니 점점 먹는 일 자체를 피하며 약 3개월을 보냈다. 하루 종일 밥 한 공기도 다 끝내지 못했다. 그 사이 계절이 바뀌어 전에 입던 옷을 입어 보았는데, 허리 부분에 주먹 하나가 들어갈 만큼 헐렁해졌다. 보고도 믿을 수 없어 체중을 재어 보니 5킬로가 빠져 있었다.

상황 설명을 들은 의사는 이번에는 신경안정제를 처방해 주었다. 나는 위가 아팠을 뿐 심리상태에 문제가 있는 것은 아니라 확신했기에 신경안정제 먹기를 거절했다. 그렇게 시간이 지나는 동안 나의 체중은 더 줄어 결국 총 8킬로 이상 감량하게 되었고, 이제 맞는 옷이 없었다.

주님께 온전히 의지함으로

안식년으로 한국에 들어갔는데, 이유를 모르는 지인들은 일제히 "자기 관리를 얼마나 잘했으면 이렇게 날씬해진 거냐?"라며 칭찬했다. 당시 한국은 날씬한 게 최고의 아름다움이었다. 나는 살이 빠져서 주름이 생기기 시작한 내 얼굴을 보며 고개를 저었다.

한국에 있는 동안 기회가 될 때마다 위내시경을 했다. 사실 그렇게 자주 할 필요가 없었지만 6개월마다 내시경을 했다. 위가 조금 나아지자 이번에는 역류성 식도염 때문에 또 매년 내시경을 했다. 수년이 지난 어느 날 한 소화기내과 전문의에게 물었다.

"자주 위염과 식도염이 생기는데 혹시 위암에 걸릴 확률이 높아지는 것이 아닐까요?"

"이 정도로는 위염이 쉽게 위암으로 넘어가지는 않습니다. 염려하지 마세요!"

바로 그날 나는 상당히 오랫동안 경애의 경우로 인해 두려움에 싸여 있었음을 깨달았다. 머리로는 모든 것을 하나님의 안배하심이라 믿었지만, 마음 깊은 곳에, 나도 그렇게 고통을 받게 되면 어쩌나 하는 두려움이 있었던 모양이다.

그 두려움에서 벗어나지 못한 것은 하나님을 전적으로 신뢰하지 못해서일까? 최소한 육체적 고통을 받고 싶지 않았던 두려움이 존재했음을 인정하게 되었다. 그 의사 선생님이 너무나도 아무렇지 않게 내게 해 준 말이 평안을 주었다. 내가 경애의 위암 그늘에서 벗어나는 데는 수년이 걸렸다.

물론 지금도 가끔 위가 아플 때가 있다. 필요한 대처는 하지만 더는 암에 걸릴까 두려워하지 않는다. 나는 이제 이 일에도 하나님의 은혜에 온전히 의지한다. 바로 그분이 내가 만날 모든 상황을 능히 감당할 수 있도록 하실 것이니 걱정할 필요가 없음을 배웠다. 언젠가 경애를 다시 만나면 이 이야기를 하며 함께 웃을지도 모르겠다.

6. 강박, 나는 달콤함을 버리기로 했다

단맛의 향연으로부터의 결단

19세에 독일에 건너갔을 때 내게 '후식' 또는 '디저트' 문화는 생소했다. 한국에서는 식후에 과일을 먹는 정도가 전부였고 그 역시 매번 먹는 패턴은 아니었으니까. 독일의 식사 순서에는 대부분의 유럽 나라들처럼 후식 단계가 있다. 나는 서서히 그들이 열광하는 디저트와 간식의 세계에 입문했고, 엄청난 단맛의 향연을 즐기기 시작했다. 온갖 종류의 디저트, 케이크, 아이스크림, 초콜릿은 내 삶에 새로운 장을 열어 주었다. 생일 파티, 결혼식, 각종 축하연에서 빠질 수 없는 것이 단맛과의 만남이었다.

선교지에 가서 만난 이슬람 세계의 단맛은 더욱 요란했다. 그렇게 세월이 흘러 나는 갱년기와 마주하게 되었다. 전에는 신경 쓰지 않아도 일정하게 유지되던 체중이 조금씩 불어나기 시작했기에 하는 수 없이 체중 감량을 고려했다. 운동과 식이요법을 곁들여 원하는 범위를 넘지 않도록 했다.

이후 10여 년 동안 간단한 운동과 나름의 건강한 식생활이 명맥을 유지해 주었는데, 언젠가부터 혈당과 당화혈색소 수치 때문에 의사 선생님의 경고를 듣게 되었다. 나는 임상병리를 공부했고 한동안 과학연구소에서 근무했다. 나의 생화학 지식으로 미루어 이제 내 몸은 조금 더 획기적인 방법을 필요로 하는 것 같았다. 이리저리 연구한 후 지속 가능한 방법은 저탄고지 식단이라 결론을 내렸다. 그런데, 식단을 보니 제법 큰 복병이 있었다.

 스파게티, 피자, 케이크 그리고 아이스크림까지 포기한다 해도 내가 그토록 숭배하는 빵이 식단에서 빠진다? 가끔 맛보던 달콤한 초콜릿은 어쩌고? 암에 걸린 것도 아니고 심각한 병이 발견된 것도 아닌데 이렇게까지 해야 하나 싶었다. 이성적, 과학적 검토를 하던 열심은 어디 가고, 순간 내 삶이 온통 무채색으로 변했다.

 "에잇, 그냥 남들 하는 대로 약 먹고 말어?"

 혈당 조절이 불가하면 다른 성인병들이 모습을 드러내는 것은 시간문제임을 잘 알기에 결단을 내려야 했다. 전에도 가끔 다이어트를 한 적 있지만, 이번 식단이 내키지 않는 이유는 이 조치가 가끔 하는 다이어트가 아니고 남은 인생을 위한 변동 불가의 처방전이 될 가능성이 크기 때문이었다. 내 주인님이 나의 수명을 결정하겠지만 약 없이 하루도 안전을 보장할 수 없는 당뇨병과 친하게 지낼지 말지는 내가 결정할 수 있다.

 "아이고, 이제 무슨 낙으로 사나? 흑흑!"

 그토록 황홀한 단맛에 대한 미련 때문에 웃지 못할 넋두리가 절로 나왔다. 나는 그토록 두려워하던 불확실성의 장애물을 넘어야 했다. 자못 엄숙하게 새로운 식단을 짠다. 어디를 가나 접하게 되는 케이크, 빵, 쿠키에 손대지 않기로 결심했다. 물론 운동도 예전보다 조금 더 강도를 높여야 했다.

강박에서 벗어나 맛보는 참된 자유

 우리 몸의 세포는 3개월에 한 번씩 완전히 새롭게 태어난다. 식단 실험이 성공하려면 최소 3개월은 지속해 보아야 한다. 그리고 나는 첫 3개월을 거뜬히 견뎌냈다. 이 일은 놀랍게도 상상했던 것보다 쉬웠다. 수시로 내

앞에 모습을 드러내던 과자와 케이크와 빵의 유혹을 이겨낸 것은 대단한 절제 능력 따위가 아니었다. 우리 몸은 설탕이나 탄수화물이 포함된 식품을 먹으면 계속해서 같은 종류를 더 먹고 싶은 욕구를 느낀다. 반면 그런 종류를 끊으면 몸에 완전히 다른 방식의 신진대사가 진행되기 때문에 마구 먹고 싶은 욕구가 일어나지는 않는다. 그래서 자연스럽고 쉽게 탄수화물과 설탕이 들어간 식품을 멀리할 수 있다.

이론적으로 이미 알고 있던 사실이지만 실제로 느껴보기 전에는 확신할 수 없어서 두려웠다. 1년 후 혈액 검진 결과 혈당과 당화 색소, 혈중 지질 수치까지 만족하게 개선되었다. 나의 몸은 가볍고 활기차게 바뀌었다. 이제 어쩌다 설탕이나 탄수화물이 포함된 음식을 먹으면 몸이 무거워지는 것을 민감하게 느낀다. 평생 자주 문제가 되었던 위염도 현저하게 개선되었다.

요즘은 가끔 예외적인 환경에서 빵, 밥, 케이크를 먹는다. 하지만 이제 나의 일상은 자연스럽게 저탄고지 식단이 유지된다. 단맛이 없으면 힘들어하던 습관이 고쳐졌다. 진정한 자유를 누리기 시작한 것이다. 나를 얽어매는 강박에서 벗어난 자유는 값지다.

2장

안은향 선교사

1. 그리움, 마중 나온 소망

바다를 품은 곳에 정착하다

　나는 눈에 보이는 것들을 깨끗이 소독해 버릴 것 같은 강렬한 햇볕, 쉽게 숨이 쉬어지는 맑은 공기, 싱싱한 빛깔과 자태를 자랑하는 나무의 잎사귀들, 나의 외로움과 지침과는 상관없이 늘 발랄한 노래를 부르고 있는 새들 속에 살고 있다.

　내가 사는 곳은 태국 국경을 마주한 캄보디아 남서쪽 끝이다. 종종 국경과 가까운 태국의 소도시에 가면 눈이 휘둥그레진다. 내가 사는 이곳에는 쇼핑몰도 없고 큰 마트도 없기 때문이다. 어릴 때 시골에서 자랐기 때문에 지금 내가 사는 이 환경이 나에게는 익숙하다. 이곳은 내가 어릴 때 살았던 그 환경에 '바다'라는 아름다움이 더해져서 더 멋진 곳이다. 그렇기에 현대적인 모습이 많이 없는 이곳이 불편하다기보다는 감사한 마음이 더 크다.

　수도에서 언어 공부를 마치고 2008년 이곳으로 처음 떠나올 때 동료 선교사가 어떻게 거기에 가냐고 울며 안아 준 기억이 있다. 그만큼 오지였던 이곳이다. 한국에서 선교팀이 방문하였는데 식사하러 가는 식당마다 까만 먼지가 쌓인 더운 바람만 나오는 선풍기가 돌아가고 있었다. 날씨가 너무 더워 땀을 흘리며 지쳐있는 어른들을 보면서 안타까웠다. 지금이라면 에어

컨 바람이 시원한 곳에서 땀을 식힐 수 있었을 텐데 말이다.

순수의 향기

처음으로 주일학교 교사들을 데리고 세미나 참석을 위해 수도 프놈펜으로 간 적이 있다. 이곳으로 돌아오기 전에 맛있는 것을 먹이려고 쇼핑몰에 갔었다. 그런데 일이 터졌다.

에스컬레이터 앞에서 한 발도 내딛지 못하고 모두 다 그냥 그 자리에 서 있는 것이었다. 그렇다. 생각해 보니 우리가 사는 지역 '꺼꽁'에는 에스컬레이터가 없었다. 그들은 태어나서 한 번도 에스컬레이터를 타 본 적이 없었다. 그러니 모두 처음 본 움직이는 계단이 무서워서 주저하고 있었다.

나는 도시 사람들이 쳐다보고 있음을 아랑곳하지 않고, 아주 천천히 한 명씩 손을 잡고 에스컬레이터에 태워주었다. 새로운 경험을 한 날이었다. 내가 잡은 그 손들을 '순수'라고 부르고 싶다.

밥을 먹은 후에 자유롭게 쇼핑몰 구경을 했다. 후식으로 커피숍에서 먹고 싶은 커피나 음료수를 마시라고 한 명당 2달러를 손에 쥐어 주었다. 그리고 약속 장소에서 다시 만났다. 커피나 음료수를 마신 지체들은 한 명도 없었다. 꺼꽁에 커피숍이 없던 시절에 현지 식당에서 커피나 음료수는 0.5달러에 먹을 수 있었지만 커피숍의 메뉴 가격을 보고는 아까워서 사 먹을 수 없었다고 했다. 그런 지체들을 보면서 마음이 짠하기도 했지만, 순수한 아이들이 참 사랑스러웠다.

즐거운 교회 풍경

처음 사역을 시작할 때 아이들을 위한 공부방을 열었다. 나도 스마트폰이 없었을 때였으니 현지 아이들은 당연히 휴대전화가 없었다. 그래서 그때에는 아이들이 교회에 오는 것을 너무 즐거워했고, 늘 교회가 시끌벅적했다. 방과 후 교회에 와서 삼삼오오 앉아 동화책과 어린이 성경을 읽는 아이들의 모습은 참 아름다운 풍경이었다.

수도에 올라갈 때마다 서점에 들러 캄보디아어로 번역된 동화책을 사 오는 일이 신이 났었다. 아이들이 새 동화책을 읽으며 행복해할 것이 그려졌기 때문이었다.

교회 문만 열리면 평일에도 아이들이 가득했던, 아이들에게 교회가 가장 즐거운 곳이었던 그때가 참 그립다.

순수 아날로그의 시간이 가버렸다

세월이 흘러 지금은 꺼꽁 곳곳에 에어컨이 나오는 식당, 커피숍이 많이 생겼다. 이제는 청소년, 청년들이 삼삼오오 모여 커피숍에서 커피를 마시는 모습을 흔하게 볼 수 있다. 커피숍들이 많이 생겨서 커피를 좋아하는 나도 행복하다. 심지어 나는 커피 맛을 평가하며 커피숍을 찾게 되었다. 교회 청년들의 삶을 보면 이제 온라인 쇼핑을 즐기는 시대, 성형에까지 관심을 두는 시대가 되어 버렸다.

아이들의 꿈도 변하고 있다. 처음 이곳에 왔을 때 아이들에게 꿈을 물으면 오토바이 택시 기사, 건축 노동자가 되고 싶다고 했다. 가난한 동네의 아이들이 본 직업은 대부분 그 두 가지였기에 그 일을 하면 돈을 벌 수 있다고 생각했다. 좀 더 시간이 지나서는 우리 지역에 공장들이 들어서면서 공장에서 일하고 싶다고 하고, 교사, 공무원, 경찰이 되고 싶다고 했다.

또 좀 더 시간이 지나니 국경 지역에 중국 촌이 생기면서 온라인 카지노 업체들이 우후죽순 생겨났다. 정직하지 않은 일을 하지만 월급을 일반 회사의 3배를 주니 일자리를 찾는 청년들이 그곳에서 일하고 싶어 한다. 다른 지방에서도 일자리를 찾아서 오고 있다. 점점 물질이 신이 되어가고 있는 모습을 볼 때 참 마음이 아프다.

크리스천 청년들에게도 그 일은 참 달콤한 유혹이다. 나와 동료 선교사들은 함께 꺼꽁에 몰아치고 있는 이 죄악을 두고 간절히 기도하고 있다. 이 땅이 다시 거룩하고 깨끗한 땅으로 회복되게 해 달라고 말이다.

불교뿐만 아니라 온갖 우상숭배가 만연한 이 땅에 이제 '맘몬 신'까지 더해졌다. 그 거대한 몸집 앞에 서면 우리 그리스도인들과 교회를 삼켜버릴 것 같은 두려움이 몰려오는 것은 사실이다. 하지만 우리 하나님은 모든 것 위에 계시는 크신 하나님이시기에 결코 삼킴을 당하도록 내버려두지 않으실 것이다.

디지털 시대가 되어 더 편리해지고 부하게 되었지만, 순수했던 예전의 추억을 되새겨보면 아쉬운 마음이 가득하다. 오지라고 불리던 이곳의 지체들은 좀 느리지만 순수함을 오랫동안 지켜주기를 바랐는데 말이다.

세상을 거스르는 세대

이곳은 어쩌면 중간 단계도 없이 급변한 것 같다. 현지인들을 보면 모두 이 시대에 잘 적응하는 듯 보이지만 아직 어리둥절하지 않을까 싶다. 솔직히 나도 어리둥절하니 말이다. 이런 시대를 사는 선교사인 나는 '어떻게 살아야 하며, 어떻게 복음을 나눌 수 있을까?' 많은 고민이 생긴다.

육신의 정욕과 안목의 정욕과 이생의 자랑은 세상으로 좇아 온 것이고, 이 세상도 그 정욕도 지나가되 오직 하나님의 뜻을 행하는 자는 영원히 거한다는 요한일서의 말씀이 떠오른다.

선교사인 나도, 그리스도인 지체들도 이 세대를 살아갈 때 세상을 따르지 않고 하나님의 뜻을 행하고자 몸부림치는 경주를 주와 함께하기를 기도한

#캄보디아#그리움#통증#아버지#묵상#고난#회복#사랑

다. 바쁘고 빠른 이 세대에 힘없고 느려 보이는 '예수님의 복음'이 가장 가치 있고 행복한 길임을 선포하는 삶을 우리가 살아내도록 성령께서 옆에서 격려하시고 도우시리라 믿는다.

  변해가는 이 세대를 보면 낙심되지만 그래도 꿈꾸고 소망한다. 쌀 한 톨이 없다 해도 하나님이 기뻐하시는 그 일을 하겠다고 결정하는 청년들이 이 땅에 많이 일어나리라고 말이다. 하나님은 오늘도 낙심이 몰려오는 그 순간에도 말씀대로 살아가려고 몸부림치는 이들이 있음을 보고 힘을 내라고 내게 말씀하신다.

  하나님의 말씀은 운동력이 있어 좌우에 날 선 어떤 검보다도 예리하여 혼과 영과 및 관절과 골수를 찔러 쪼개기까지 하며 마음의 생각과 뜻을 감찰하기에 하나님의 말씀에 저들을 맡겨본다.

하나님! 저들에게 말씀하여 주시고,
말씀으로 변화되어 세상을 거스르는 자로 살아가게 하소서!

2. 통증, 사랑 수업

내 삶에 들어온 작지만 예쁜 아이

어느 날, 첫 사역으로 우리 집에서 시작한 공부방에 한 엄마가 초등학교 저학년인 딸 L을 데리고 왔다. 몸집이 작은 아이는 자기보다 훨씬 큰 자전거를 타고 상기된 얼굴로 매일 우리 집에 왔다. 긴 머리에 머리띠를 했고 눈빛이 초롱초롱하고 잘 웃는 아이였다. 키에 맞지 않는 책상에 앉아서 공부하는 아이였지만 누구보다 똑똑했다.

종종 공부방 아이들을 데리고 소풍하러 가서 함께 놀고 사진을 찍었다. 나중에 사진을 보면 제일 작은 아이가 절대 기죽지 않고 여러 아이 속에 당당하게 서 있었다. 공부방에서 만난 아이가 교회를 개척한 후에도 예배에 잘 나왔고 믿음도 쑥쑥 자라갔다.

그러나 시간이 좀 지나 이 아이가 청소년이 되었을 때 가난했지만 사이가 좋았던 부모님은 어떤 이유 때문이었는지 갑자기 이혼을 했다. 아이의 부모님은 각자 다른 지역에서 새 가정을 이루게 되었다. 그때부터 이 아이는 자신이 원하기도 했고 엄마의 부탁으로 우리 집으로 들어와 살게 되었다. 그래도 어두운 그늘 없이 이미 공동체 안에서 살고 있던 아이들과 잘 어울려 밝게 지내는 것을 보니 안심이 되었다.

공동체 안에 있던 어떤 아이보다 이 아이는 애교가 많았고 표현도 잘했

#캄보디아#그리움#통증#아버지#묵상#고난#회복#사랑

다. 먹을 게 생겨도 꼭 선교사에게 나누었고, 용돈을 아껴 신발이나 가방 등을 사 주기도 했다. 이 아이는 내게 딸 같기도 하고 때론 친구 같기도 해서 평생 옆에 두고 싶었다.

달란트가 많은 예쁜 숙녀가 되다

이 아이가 여고생이 되면서 교회에서 교사로 세움을 받았는데 달란트가 많아 뭐든지 다 잘했다. 아이들에게 성경을 귀에 쏙쏙 들어오도록 재미있게 잘 가르쳤다. 율동도 참 예쁘게 했고, 아이들도 잘 따르는 교사였다. 아이디어가 많아서 재미있는 게임으로 아이들과 잘 놀아주고, 성탄절을 앞두고는 교회 장식을 도맡아서 예쁘게 하기도 했다.

동료 선교사를 통해 기타를 배웠는데, 손이 너무 작아서 기타 치기가 힘들 것 같다고 선교사님이 얘기했었다. 그래도 포기하지 않고 열심히 배우고 연습하더니 우리 교회의 첫 기타 반주자가 되었다. 기타를 배우는 이들 중 제일 못할 것 같던 L이 기타를 치게 된 것이다. 끈기와 인내로 노력하는 자를 이길 수 있는 것은 없는 것 같다. 이처럼 예쁜 숙녀를 자랑할 거리는 수없이 많다. L을 나에게, 우리 교회에 허락해 주신 하나님께 많은 감사를 드렸다.

교회를 섬기는 협력 사역자가 되다

L은 하나님을 섬기는 사역자로 살고 싶다고 자주 얘기했었다. 그리고 신학 공부도 꼭 하고 싶다고 말했다. 어린이 사역은 정말 탁월하게 잘했고, 붙임성이 좋은 자매라서 어른들에게도 잘 다가가고, 행정이나 어른 사역에도 은사가 있어 보였다. 내가 봐도 사역자로 귀하게 쓰임 받을 것 같았다. 주위 선교사님들은 "L과 같은 자매가 교회에 있으니 든든하겠어요."라고

말하곤 했다.

생각하는 것도 얼마나 예뻤는지 모른다. "교회 재정이 어려우니 저는 주중에 일하며 교회 사역을 섬기고 싶어요. 저는 일을 해서 돈을 벌어 교회에 헌금을 많이 하고 싶어요."라고 나에게 말했다. 다른 사역자의 부족함을 채우며 교회 사역을 잘 섬기고 있으니 큰 기쁨이 있었다.

울퉁불퉁한 내리막길을 내달리며

L과는 함께 살았기 때문에 대학교 수업이 있는 날이면 대문 앞에 형제 한 명이 늘 기다리고 있는 게 보였다. 인사성도 없고 크리스천도 아니니 썩 내 마음에 들지 않았다. "누구야? 사귀니?"라고 나는 물었다. L은 "그냥 학교 친구예요. 걔는 나를 좋아하는데 나는 안 좋아해요."라고 대답한다. 나는 "그래도 조심해. 계속 같이 다니다 보면 마음이 달라질 수도 있으니. 안 믿는 형제랑 절대 사귀면 안 돼."라고 주의를 시켰다. 그랬더니 "저는 남자친구 사귈 생각도 없고 일찍 결혼하지 않을 거예요. 만약에 내가 그 형제를 좋아하게 되더라도 당연히 예수님을 믿을 때까지는 결혼하지 않을 거니 걱정하지 마세요."라고 나를 안심시켰다.

그런데 시간이 지나 L은 형제의 적극적인 구애에 넘어갔다. 형제는 학교에서 늘 1등만 했었고, 영어와 캄보디아어 동시통역이 가능한 실력도 있었다. 그는 자신이 잘나가서 그런지 자신만을 믿는 무신론자에 가까웠다. 대학 졸업 후 공무원이 되었으니 안정된 직업도 가졌다. 어쩌면 세상에서는 나무랄 데가 없는 것처럼 보인다.

설상가상으로 다른 지방에서 살고 있던 L의 엄마가 다시 이사를 와서 사사건건 L을 힘들게 했다. 매일 엄마의 괴롭힘으로 방구석에서 울고 있는 L의 모습을 봐야 했다. 오랫동안 딸을 떠났다가 만났으면 미안해서라도 잘

해줘야 하는데, 오히려 괴롭히는 걸 보며 주위 사람들은 이해할 수가 없었다. 여러 일을 경험하고 나니 나도, 주위 사람들도 엄마가 정신적으로 문제가 있는 사람이라고 결론을 내리게 되었다.

캄보디아에서는 보통 여자들이 이른 나이에 결혼한다. 딸이 결혼 지참금도 받을 수 있다고 생각하니 엄마는 결혼을 재촉했다. L은 결혼하게 되면 엄마에게서 벗어날 수 있을 것 같으니 '도피처'로 결혼을 선택했다. 너무 아끼던 예쁜 아이가 이렇게 무너지니 내 심장도 무너지는 듯했다. 늘 잠을 잘 자던 나는 이때 처음으로 불면증을 겪게 되었다.

결혼 후 L의 남편은 한 번씩 교회에 나왔지만 거의 나오지 않고 있다. 그런 남편을 만났으니 L도 연약해졌고 힘든 생활을 하고 있다. 종종 주일 예배에 빠지기도 한다. 꼭 교회에 오려고 하면 남편이 부부 싸움을 일으킨다. 영적 싸움이 계속되는 것이다. 내 마음속에는 이 결혼을 무를 수만 있다면 좋겠다는 생각을 한 적이 있다. 나뿐만 아니라 교회 식구들, 주위 선교사님들, 다른 교회 성도들 모두가 이구동성으로 너무 안타깝다고 속상해했다. 하나님께서 주신 달란트로 주를 섬기는 사역자로 살아갔다면 얼마나 좋았을까?

L은 지금 우리 지역에서 가장 좋은 사립 초등학교 교사로 일한다. 아이들을 좋아하는 자매이니 자신에게 잘 어울리는 직업을 가졌다. 어느 날 페이스북에서 그 학교에서 올린 사진을 봤다. L이 아이들과 활동 시간을 즐겁게 가지고 있는 사진이었다. 순간 '교회에서 배우고 훈련받은 것을 학교에 가서 적용하고 있는데, 교회에서도 이렇게 잘 섬길 수 있으면 좋을 텐데…'라며 속상한 마음이 드는 건 어쩔 수 없었다.

사랑은 아픔을 덮고

L의 사건 이후로 나는 현지인을 예전처럼 온 마음으로 사랑하는 게 힘들어졌다. 또다시 마음이 너무 아플까 두려웠다. 내게 딸이자 친구였던 자매가 한순간에 이렇게 되니 사역할 의욕도 무너졌었다. 주일 날 예배당에서 여러 성도를 기다리지만, 특별히 L을 기다리고 있는 나를 본다. 무심한 듯 있지만 예배 시작 시간이 되었는데도 L이 보이지 않으면 아직도 가슴이 콩닥콩닥하고, 좀 늦더라도 왔으면 좋겠다고 기다린다. L을 향한 사랑이 아직도 콩닥콩닥하는 게 아닐까 생각한다.

'너는 나를 너무 아프게 했지만 나는 네가 다시 하나님 앞에 온전히 서게 되기를 사랑으로 기도할게. 남편 N이 예수님 앞에 무릎 꿇는 날이 속히 오고, 온 가족이 함께 딸(Sing Sing)의 이름처럼 예수님을 노래하고 기쁜 찬송을 부르게 되기를 소망해.'

세상에서 제일 큰 특권

선교사의 가장 큰 기쁨은 한 영혼을 세워가는 일이다. 그들을 고이 품어서 한 영혼도 세상에 빼앗기고 싶지 않다. L 자매가 나를 아프게 한 것뿐만 아니라 교회를 완전히 떠난 공동체의 또 다른 지체 때문에 깊은 슬픔에 빠진 적도 있다. 내가 그동안 힘들게 수고했는데 열매가 하나도 없는듯하여 밤잠을 뒤척일 정도로 힘들었다.

처음 사역을 시작할 때부터 지금까지 나는 늘 현지인 지체들과 함께 살았다. 예수님께서 제자를 세우신 것처럼 나도 그 소망 한 가지를 품고 쉽지 않은 시간을 보냈다. 그러나 아침과 저녁으로 함께 예배하며 말씀으로 한 영혼을 세워가는 그 시간은 참 신이 나고 행복했다. 예수님도 한 사람을 부르시고 제자로 세워가실 때 힘들지만 참 신이 났을 듯하다.

지금은 한 영혼이 주님 앞에 오는 것은 내 힘이 아니라 하나님께서 하시는 일임을 깨달았다. 그래서 나와 공동체로 함께 했었던 한 영혼 한 영혼을 하나님께 온전히 맡겨 드린다. 곳곳에서 주님과 잘 동행하고 있는 이들을 보며 위로받고 있고, 예수님과 멀리 떨어져 있는 이들을 바라보며 그들을 다시 부르실 하나님을 바라며 기도하고 있다.

아프지만 한 영혼을 품고 사랑함을 배우는 선교사의 자리에 나를 불러주신 하나님께 참 감사하다. 물론 죽을 때까지 배워야 하는 끝없는 수업이지만 얼마나 큰 특권이며 축복인지를 묵상하게 된다.

3. 아버지, 따사로운 추억 소풍

그립고 고마운 아버지

그분은 내게 화를 낸 적이 없고 늘 내게 따뜻하셨던 분이다. 어렸을 때 자주 자전거에 나를 태워 동네 산책을 해 주셨다. 그리고 유난히 머리숱이 많은 내 머리를 그 큰 손으로 아침마다 예쁘게 묶어주셨다. 그분은 바로 천국에 계시는 너무 그립고 고마운 아버지다.

아버지는 남동생이 둘 있는 장녀인 나를 부를 때 항상 "하나밖에 없는 내 딸"이라고 부르셨다. 암 투병 중이었는데도 퇴근길에 잠깐 들르겠다고 전화를 드리면 언제 버스가 도착할지도 모르는데 일찍 버스정류장에 나와서 늘 나를 기다리고 계셨던 분이다.

아버지와의 이별

어느 날 아침, 어머니한테서 아버지가 양치질 중에 피를 토하셨다고 전화가 왔다. 그 시기에 결핵에 걸리는 사람들이 많을 때라서 나는 결핵일 수도 있으니 빨리 병원에 가서 검사해 보라고 말씀드렸다. 그런데 동네 병원에 가서 여러 검사를 하고 위내시경도 했는데 위암이라고 해서 가슴이 철렁 내려앉았다. 그 이후 대학병원에서 위 절제 수술까지 했지만 이미 다른 곳에 전이가 되어있었다. 병원에서는 당연히 생명 연장을 위해 항암치료를 권하였다.

　나는 아버지가 이미 4기이기에 항암으로 고통을 받는 것보다 평안하게 하고 싶은 것을 하며 이 땅에서의 남은 시간을 보내기를 바랐다. 그래서 내가 일하고 있던 병원의 의사와도 상의하고, 암으로 부모님을 천국에 보내드린 경험이 있는 친구와도 상의했다. 모두가 나와 같은 마음이었다. 아버지께 숨기지 않고 암 4기라고 말씀드리고 항암치료를 하고 싶은지 여쭤보았다. 아버지가 원하시면 내 바람과 상관없이 따라야 하니 기도하며 기다렸다. 다행히 많은 고민 후에 항암치료는 안 하시겠다고 말씀하셨다.

　아버지 연세가 58세에 암 진단을 받고는 직장을 그만두셨다. 출근하는 대신에 매일 산에 오르셨다. 죽음에 대한 두려움보다는 통증에 대한 두려움이 더 크셨다. 그래도 하나님의 은혜로 큰 통증이 없이 평안하게 일상생활을 하셨다. 암 4기임에도 산에도 잘 오르시고 식사도 잘하셨다. 꼭 아버지가 나을 것 같았다. 그래서 아버지를 살려 달라고 40일 작정 새벽 기도도 했다. 그러나 암 진단받은 후 만 2년이 되는 60세에 본향으로 가셨다. 그때가 내가 선교지에 나오기 6개월 전이었고 'GMTC 선교 훈련' 중에 대구로 내려가서 아버지의 임종을 지켰다.

　아버지는 암이라는 진단을 받기 전까지는 너무 건강하셨다. 갑자기 암이라니 그것도 4기라니 믿어지지 않았다. 암 투병 중에는 그동안 못한 교회 봉사도 열심히 하시고, 글씨를 잘 쓰시는 분이라서 종이에 성경 구절을 많이 적으셨다. 나중에 짐 정리를 하다 보니 곳곳에 성경 구절을 적어 놓은 것을 발견했다. 가족들은 그 성경 구절들이 우리를 향한 아버지의 유언이라 생각했다.

　암 투병 중에 아버지는 죽는 것은 괜찮은데 통증은 심하지 않게 해 달라고 늘 기도하셨다. 그 기도도 응답받으셨다. 수술 후로는 한 번도 병원에 입원하지 않으셨는데 마지막 3주를 병원에 입원하시고 천국으로 가셨다.

일반 병실에 계시다가 친구가 간호사로 있는 호스피스 병동으로 자리가 나서 옮겼다. 말기 암 환자들은 마지막에 진통제를 많이 맞고 의식이 없이 계시는 경우가 많다. 아버지는 괜찮다며 진통제도 안 맞으셨고 마지막 임종까지 의식이 있으셨다. 늘 임종하는 분들을 봐왔던 친구가 "너희 아빠처럼 진통제도 맞지 않고 끝까지 의식이 있는 분은 처음 봐."라고 말하는 것을 듣고는 기도 응답을 주신 하나님께 감사드렸다.

임종하시는 날 오전에 어머니가 교회 목사님께 곧 임종할 것 같다고 전화를 드렸다. 목사님께서 병원에 오셔서 마지막 기도를 해 주셨다. 그리고 목사님께서 마지막으로 아버지의 믿음을 점검하면서 구원의 확신을 물으셨다. 임종을 앞두고 힘없이 침대에 누워계시던 아버지가 벌떡 일어나셔서 크게 "아멘"이라고 외쳤다. 병실에 있던 가족들은 깜짝 놀랐지만, 아버지를 끝까지 붙들고 계시는 하나님을 경험하는 은혜의 시간이 되었다.

임종 전날 밤새도록 아버지 옆에서 찬송을 불러드리고, 잘 키워주셔서 감사하다고 말씀드렸다. 아버지가 제일 좋아하시던 찬송인 '주의 친절한 팔에 안기세'를 셀 수도 없이 불렀는데도 목이 하나도 아프지 않았다. 그 밤에 여러 생각이 많이 스쳐 갔다. 아주 어릴 때부터 어른이 되어서까지 너무 큰 사랑을 아버지에게 받았지만, 보답할 시간이 없기에 찬양을 불러서라도 보답해 드리고 싶었다. 쉬지 않고 찬양을 불러 마지막 순간까지 사탄이 틈타지 않게 하고 싶기도 했다. 지금 돌아보면 마지막 임종의 자리에 어머니가 아버지와 함께하는 시간을 드려야 했는데, 나만 아버지를 독차지했기에 어머니한테 미안한 마음이 많다. 어머니도 분명히 아버지한테 할 얘기들이 많았을 텐데 말이다.

아버지를 천국에 보내드리고 6개월 뒤에 선교지에 나왔다. 거의 일 년 동

#캄보디아#그리움#통증#아버지#묵상#고난#회복#사랑

안은 밤마다 아버지를 그리워하며 눈물로 베개를 적셨다. 내가 너무 사랑했던 울 아버지, 누구에게나 따뜻하고 베푸는 삶을 사셨던 울 아버지, 딸을 이 세상 누구보다 사랑해 주셨던 울 아버지가 안 계시는 자리는 너무 허전했다. 벌써 오랜 시간이 흘렀지만, 여전히 너무 보고 싶고 그립다.

곧 어머니가 이곳에 다니러 오신다고 한다. 아버지가 살아계셔서 함께 오실 수 있었으면 얼마나 좋았을까? 아버지가 좋아하셨던 된장찌개를 맛있게 끓여 드릴 수 있는데 말이다.

4. 묵상, 종착지를 아는 나그네

타이어가 데굴데굴

내가 사역하는 곳에서 처음 겪은 일이었다. 15년 전의 이곳은 차가 많이 없는 조용하고 평화로운 동네였다. 차 수리를 마친 후 차를 받아 도로로 나온 지 얼마 안 되었을 때, 내 눈앞에 타이어 하나가 데굴데굴 굴러가고 있는 게 보였다. 조수석에 앉아 있던 나는 남편에게 놀라서 "저 타이어 우리 타이어 아니야?"라고 소리쳤다. 남편은 도로 중간에 차를 세우고 차 문을 열고 나가 굴러가던 타이어를 잡아서 왔다. 다행히 도로에 차가 없어서 큰 사고가 나지 않고 살았다.

타이어를 차에 장착시킨 후 차를 수리한 곳으로 가서 있었던 상황을 얘기했다. 정비사는 미안하다는 말 한마디 없이 "얻아이떼(괜찮아요)"라고 대수롭지 않게 말하는 게 아닌가? 이때부터 현지인들이 미안하다는 말보다 더 자주 쓰는 "얻아이떼" 라는 단어를 좋아하지 않게 된 것 같다. 자신이 잘못한 일에 피해자는 괜찮지 않은데, 가해자는 얻아이떼(괜찮다)라고 말하니 나를 더 화나게 했다.

정비사가 휠 나사를 제대로 조이지 않아서 일어난 황당한 일을 겪고도 결국 사과 한마디 못 받고 휠 나사만 단단하게 조이고 돌아왔다. 무슨 영화도 아니고 도로 한가운데를 달리고 있던 차에서 갑자기 타이어가 빠져나와 눈앞에서 데굴데굴 굴러갔으니 얼마나 아찔했는지 모른다. 그리고 어떻게 딱 그 시간에는 차가 한 대도 지나가지 않았을까? 지금도 생각하면 참 놀랍고 감사하다.

하나님은 언어 공부를 마치고 개척지에 와서 열정을 가지고 교회를 개척하며 나아가는 그때 내게 뭔가를 말씀하고 싶으셨나 보다. '자동차에 타이어 하나만 빠져도 큰일이 일어나는데, 하나님께 꼭 붙어있지 않고 네 열정으로만 달리면 안 돼.'라고.

차가 전복되다

첫 번째 안식년을 마치고 돌아와 선교지로 다시 복귀하는 첫날에 갑자기 타이어가 터져서 차가 전복되는 사고를 겪었다. 안식년으로 한국에 들어가기 전에 차가 없었던 같은 단체 선교사님 한 분에게 차를 맡겼다. 그 선교사님은 차에 대해 잘 아는 분이어서, 차를 쓰면서 잘 관리해 주실 거라는 생각에 편안한 마음으로 차를 맡겼다. 안식년을 마치고 들어오기 전에 그 선교사님은 차를 깨끗하게 세차했고, 차량 점검도 해서 큰 문제가 없다고 했었다. 그렇게 차를 받아서 2기 사역에 대한 설렘과 기대를 가득 안고 '꺼꽁' 땅을 향해 가고 있었다.

그런데 몇 시간을 달리고 있던 차가 갑자기 뭔가 이상하다는 생각이 드는 순간, 바로 차가 전복되었다. 나의 "어~어~"소리와 함께 1초도 안 되는 그 순간에 차가 전복되고 말았다. 꺼꽁으로 가는 길은 꼬불꼬불한 산길과 낭떠러지들을 자주 마주해야 한다. 다행히 하나님의 은혜로 우리 차는 낭떠러지를 피해 평지에 전복되었다.

전복된 차 안에서 남편과 나는 서로 바라보며 "괜찮아?"라고 물었다. 서로 다친 데가 없음을 확인하고 차 밖으로 나오려는데 차가 전복되면서 차

문이 찌그러져서 차 문이 열리지 않았다. 우리는 발로 차 문을 쾅쾅 차서 열고 밖으로 나왔다. 밖에 나와 보니 차는 완전히 뒤집혀 있었고 엔진 쪽은 연기가 나고 있었다. 그새 사람들이 사고가 난 곳으로 몰려왔다. 차 안에 사람이 더 없느냐고, 죽은 사람은 없느냐고 묻는 그들은 이 정도 사고면 사람이 죽지 않았을까 생각한 듯하다. 그날 남편은 사고 처리로 그 자리에 남았고, 나는 지나가는 현지인이 차를 태워줘서 짐을 실어 먼저 집에 왔다.

참 많은 생각이 들었다. 나는 "하나님! 왜 안식년을 마치고 선교지로 돌아가는 첫날에 이런 일이 생기게 하셨나요?"라고 물었다. 그러나 바로 남편과 나 모두 머리털 하나 상하지 않고 살아있음에 감사를 드렸다. '아직 우리가 이 땅에서 이루어야 할 사명이 있기에 하나님께서 우리를 살려주신 거구나'라는 고백을 올려드렸다. 더 신실한 선교사로 살겠다고 다짐하는 시간이었다. 차량 전복 사고가 일어났는데 무릎에 멍이 살짝 든 것밖에 없었으니 기적이었다. 생명을 지켜주신 하나님의 은혜가 아닐 수 없다.

낭떠러지를 향해

또 어떤 날엔가 같은 지역에서 코이카 단원으로 봉사하고 있던 가정과 자매 한 명이 우리 차를 탔었다. 그런데 오르막길에 철근을 실은 큰 트럭이 고장이 나서 차를 세워 놓고 있었다. 트럭 운전기사는 밖에 나와 차를 점검하고 있었다.

길을 막고 있던 트럭 때문에 우리도 갈 수 없어 기다리고 있었다. 생각보다 오랫동안 기다려야 했다. 그래서 갓길로 가려고 보니 모래가 쌓여 있었다. 할 수 없이 우리 일행 중 한 명이 잠시 차에서 내려 모래를 치우고 있었다.

그런데 운전사도 없던 그 큰 트럭이 갑자기 뒤로 밀려 내려오기 시작했다. 그렇게 우리 차를 들이받고는 내리막길로 몰아갔다. 트럭에 실린 긴 철근이 차 창문을 긁어댔고 뒤로는 낭떠러지가 보였다. 나는 "아버지! 주여!"라고 외쳤고 크리스천이었던 코이카 단원들도 모두 주님을 불렀다.

'이제 우리 모두 죽겠다'라는 생각이 드는 그 짧은 시간에 나는 마음으로 기도했다. '하나님! 우리는 선교사로 왔으니 지금 죽어도 괜찮은데, 코이카 단원들은 꼭 살려 주세요.'라고 말이다. 갓길에서 모래를 치우고 있던 코이카 단원은 밖에서 가족이 낭떠러지로 내달리는 것을 보면 어떤 마음이었을까 싶었다.

그런데, 바로 이날에도 하나님은 우리를 또 살려 주셨다! 트럭은 낭떠러지 바로 앞에서 멈췄다. 차는 완전히 뒤틀렸고 타이어는 이미 다 터진 상태였다. 정신을 차리고 보니 트럭 안에도 운전사의 아내와 어린 아기가 타고 있는 게 아닌가? 캄보디아에서는 트럭 운전하는 분들이 긴 시간을 운전하니 아내와 함께 이동하는 경우가 많다.

우리 차가 트럭 뒤에서 버텨내지 못했다면 그 트럭은 낭떠러지로 추락할 수밖에 없었다. 하나님은 트럭 안에 있던 엄마와 어린 아기를 살리시려고 도저히 그 큰 트럭을 버틸 수 없던 우리 차로 버티게 하셨다는 생각이 들었다. 하나님은 우리 부부, 코이카 단원들, 트럭 안의 현지인 엄마와 어린 아기 모두를 살려 주셨다.

물론 이 일 때문에 차 수리에 많은 돈이 들어갔고 마음고생도 많이 했지만, 그 어떤 것보다 한 생명이 가장 귀함을 배워간 시간이었다. 우리 차를 사용하여 생명을 살려주신 하나님께 감사드린다. 우리 차가 그 큰 트럭을 버텨낼 힘은 없지만, 하나님께서 하셨다는 것을 안다. 한 생명이 예수님 앞에 돌아오는 것도 내 힘이 아니라 하나님께서 하시는 일임을 깊이 깨달았다.

숨은 고랑을 예비하신 하나님

  모임이 있어 다른 지방으로 가고 있는 길에 또 다시 차가 고장이 나서 멈췄다. 가장 가까운 정비소에 차를 맡긴 후 대중교통을 이용하여 다른 지방으로 갔다. 돌아오는 길에 차를 찾겠다고 말하고 잘 수리해 달라고 부탁했다.

  며칠 뒤 돌아오는 길에 차를 찾아서 30분도 달리지 않았는데 핸들이 말을 듣지 않고 중심을 잃어 갓길로 향했다. 다행히 조금만 더 갔으면 낭떠러지였지만 차가 향한 곳은 차 한 대가 딱 들어갈 수 있는 좁은 고랑이었다. 이번에도 차 수리를 제대로 마무리하지 못해서 생긴 일이었다.

  그나마 낭떠러지를 비켜 차가 멈췄기에 살았다. 하나님은 위험한 순간에 우리의 생명을 살리려고 그 자리에 작은 고랑을 예비해 두셨다. 내 생명이 오늘 하루 더 연장되는 것은 오직 하나님의 손에 달려있음을 고백할 수 밖에 없다.

복음 들고 가는 길에

  한국에서 온 의료팀과 함께 새로운 마을에 전도를 위해 떠났는데, 오르막길과 내리막길이 많은 비포장 길을 오래 달려야 했다. 비가 온 후라 진흙으로 질퍽한 내리막길을 내려가야 했다. 그러던 중 갑자기 차가 미끄러지며 중심을 잃었다. 그 길의 양쪽은 난간도 하나 없는 높은 지대의 낭떠러지였다.

  이번에도 미끄러지던 차가 낭떠러지 앞에서 멈추었다. 차 몇 대가 함께 움직이고 있었는데 우리 차에는 현지인 지체들만 타고 있었다. 우리 차는 픽

업트럭이었는데, 멀미하는 현지인 몇 명이 짐칸에도 타고 있었다. 미끄러지던 차가 멈추지 않고 낭떠러지로 떨어졌다면 어떻게 되었을까? 생각만 해도 너무 끔찍하다. 나중에 우리와 현지인 지체들은 차가 미끄러지며 중심을 잃을 때 너무 무서웠다고 서로 얘기를 나누었고, 또 하나님께서 보호해 주셨음에 감사하는 시간을 가졌다. 우리와 현지인 지체들은 한국팀이 놀랄까 봐 있었던 일을 비밀로 했고, 현지 학교에서의 의료 사역과 전도의 시간에는 풍성한 은혜가 있었다.

복음 들고 가는 길에는 평안한 길만 있는 게 아니다. 오히려 움직이지 않고 있을 때보다 더 큰 장애물과 고난이 몰려오기도 한다. 하지만 그 길을 가야만 하나님의 일하심을 볼 수 있고, 한 생명이 예수님을 만나게 된다. 그래서 복음 들고 가는 길은 이 세상에서 가장 복된 길이다!

종착지를 아는 나그네

남편이 모임이 있어 혼자 대중교통인 미니버스를 타고 수도 프놈펜으로 떠났다. 중간 지점에 도착했다 싶었을 때 전화가 왔다. 전화를 받는데 느낌이 이상했다. 남편은 "놀라지 마. 또 교통사고가 났어. 차가 중앙선을 넘어 데굴데굴 굴렀는데 나는 다치지는 않았어."라고 말한다. 너무 놀란 가슴이 계속 콩닥콩닥 뛰었다.

남편은 모임을 마치고 집에 왔는데 탔던 차의 유리가 많이 깨졌다고 했다. 그리고 깨진 유리 파편이 튀어서 남편의 바지는 찢어져 있었고 흙투성이가 되어 있었다. 남편의 옷을 보니 괜한 눈물이 났다.

얘기를 들어보니 조수석에 탄 남편은 기사가 운전하는 것을 보며 처음부터 왠지 불안했다고 했다. 그리고 남편의 우려대로 기사가 운전을 잘못해서 순식간에 미니버스가 전복되었고, 중앙선을 넘어 여러 번 굴러 시냇물이 흐르는 냇가에 떨어졌다. 운전기사는 골절도 되고 많이 다쳤는데, 조수석에 타고 있던 남편은 다친 데 없이 멀쩡이 돌아왔다. 감사하면서도 속상했다.

남편이 간 도로에는 늘 큰 트럭이 다닌다. 다행히 사고가 난 그 시간에 양쪽 차선에 달리는 차가 없었기 때문에 큰 인명피해가 없었다. 물론 남편은 휴대전화도 잃어버렸고 버스 회사에서 손님들을 위한 대체 차량을 빨리 준비해 주지 않아 혼자 길에서 지나가던 택시를 잡아 수도까지 가야 했지만 말이다. 사건 이후 '남편이 살아있는 것만으로도 감사한데 뭘 더 바랄까?'라는 마음이 들었다. 가족과 주위 사람들이 내 가까이에 살아있을 때 더 사랑해야 함을 생각하게 된다.

이 땅에서 자동차로 인해 가슴을 쓸어내린 일을 여러 번 겪으며 나의 생명은 하나님의 손에 있음을 더욱 고백하게 된다. 죽음이 저 멀리 있는 것이 아니라 바로 내 코앞에 있음을 깨닫게 된다. 더욱 죽음을 준비하는 자로 서는 은혜가 생겼다.

여러 번의 사고를 겪었기에 차를 타고 가다 보면 나에게는 추억의 장소가 많다. 비록 사고가 났던 지점들이지만 하나님께서 내게 큰 은혜를 베풀어 주신 나와 하나님만 아는 은밀한 '은혜의 장소'이기도 하다.

몇 번의 사고를 겪으며 트라우마가 생겼지만 내게는 또 다른 유익이 있다. 다른 지방으로 가며 집을 비울 때는 내 마음 깊은 곳에 다시는 못 돌아올 수 있다는 생각이 떠올라 집 정리를 조금 하고 떠나는 습관이다. 내가 죽은 후에 이 집을 정리할 사람을 생각한다. 계속 버렸는데도 버려야 할 짐이 또 생겼음을 본다. 무엇보다 하나님께서 내게 생명 주신 날 동안 사명을 이루는 삶 살아가기를 더욱 기도하게 된다.

#캄보디아#그리움#통증#아버지#묵상#고난#회복#사랑

5. 고난, 주님과 오붓한 산책

풍토병의 엄습

한창 충성하며 바쁘게 사역하고 있던 때에 남편이 고열과 구토, 온몸에 심한 통증에 시달렸다. 약을 먹어도 전혀 차도가 없었다. 우리 지역의 도립 병원에서 일하고 있던 코이카 의사 선생님이 급히 집에 와 주셨다. 의사 선생님은 남편에게 해열 주사제를 놔주고, 나는 약국에서 수액을 사서 놔 주었다. 그래도 전혀 열이 내리지 않는다.

코이카 의사 선생님은 상태를 보고는 "선교사님! 안 되겠습니다. 수도 프놈펜으로 가야 할 것 같습니다."라고 말한다. 그래서 6시간 이상 떨어진 프놈펜으로 가서 입원하였다. 여러 검사 후 결과가 나왔는데 '뎅기열'과 '장티푸스'가 동시에 온 거였다. 다행히 병원에 입원한 후에는 수액을 통해 해열제가 들어가니 열이 내렸지만, 혈소판 수치가 심각할 정도로 떨어져서 퇴원할 수가 없어 열흘을 입원했다. 남편은 태어나서 처음으로 병원에 입원했다.

나는 남편에게 물었다. "교회와 후원자들께 말씀드리고 기도 부탁을 해야 하지 않을까?" 남편은 "말씀드리면 걱정하니까 말하지 않는 게 좋겠어."라고 했다. 평소 남편은 힘든 얘기는 교회나 후원자에게 말하지 않았다. 이번에도 역시나 였다. 그러나 이곳에 계시는 동료 선교사들, 우리 현지인 성도들에게는 충분히 기도 제목을 나누었고 그들은 간절히 기도해 주었다.

남편이 병원에 입원한 후 조금씩 회복되니 그제야 정신없이 간호하다가 아픈 줄도 모르고 있던 내가 아픈 게 느껴졌다. 고열이 나고 얼굴과 몸에 반점이 올라왔다. 이전에 뎅기열을 앓은 적이 있었으니 또 뎅기열이라고 생각했다. 남편과 함께 뎅기열에 걸렸지만 다행히 나는 가볍게 앓고 지나갔다.

남편은 이 땅에 와서 뎅기열을 네 번이나 앓았다. 정확한 정보인지는 모르지만, 뎅기열의 바이러스가 네 가지라서 네 번을 앓으면 더는 걸리지 않는다고 말한다. 정말 네 번을 앓고 난 후에는 더는 걸리지 않고 있다. 주위 선교사님들이 앞으로도 더 걸리지 않으면 그 이론이 맞을 거라고 웃으며 얘기하신다.

뎅기열의 합병증으로 시간이 지난 후에도 고생하시는 동료 선교사들이 있으셔서 참 안타까운 마음이 많다. 큰 합병증은 없었지만 남편은 네 번, 나는 두 번의 뎅기열을 앓은 후 몸에 체력도 많이 떨어지고 빨리 회복되지 않았다. 특별히 동료 선교사의 염려와 수고로 한의사 한 분께서 약을 지어서 보내 주셨고, 남편은 그 약을 먹은 후 많이 회복되는 은혜가 있었다.

많이 아픈데 말하지 않는 것에 대해 어떤 사람은 전혀 이해하지 못하는 것 같다. 우리뿐 아니라 선교사들 대부분은 선교지에서 일어나는 아픈 일을 일일이 교회와 후원자에게 다 말하지 않는다. 이곳에서 현지 성도들, 동료 선교사들과 함께 간절히 그때를 지나도록 기도하는 것이 전부다. 여기에서 감당할 수 있는 것은 가능하면 여기에서 해결하려고 한다. 물론 그 모든 일이 다 끝나 시간이 흐른 뒤 그때의 아픔을 웃으며 간증으로 얘기한다. 때로 선교사들이 고난의 때를 지날 때 말하지 못하는 것은 교회와 후원자들, 가족들이 많이 놀라시고 걱정하실까 염려가 되기 때문이다.

#캄보디아#그리움#통증#아버지#묵상#고난#회복#사랑

또한 풍토병이 유행할 때는 교회 안의 어린아이들, 성도들도 아프고 병원에 입원한다. '치쿤구니야열'이 이곳에 유행하던 어느 날, 온 관절이 아프고 고열이 났고 발과 발목의 관절은 너무 아파서 서 있지를 못할 정도였다. 나도 그 병에 걸렸었다. 뎅기열과 마찬가지로 모기 때문에 생기는 풍토병이었지만 첫 경험이어서 그 병에 걸렸는지도 몰랐다. 관절이 너무 아프니 관절염이 온 줄 알았다. 뎅기열보다 훨씬 더 아팠던 것 같다. 회복된 뒤에도 발과 발목의 관절통은 오래 이어졌지만, 큰 합병증 없이 낫게 하신 하나님께 감사드린다. 그리고 '뎅기열'로, '치쿤구니야열'로 아픈 현지 지체들의 고통을 내가 더 잘 이해하고 기도할 수 있으니 이 또한 참 감사하다.

자연 치유의 은혜

감기도 아닌데 남편은 계속 기침을 한 달 넘도록 한 적이 있다. 약을 먹어도 기침이 떨어지지 않았다. 현지인들도 결핵이 많으니 결핵이 의심되어 도립병원에서 검사했지만, 결과는 음성이었다. 검사 장비가 좋지 않아서 결핵을 진단하지 못했다. 어느 정도 시간이 지나니 기침이 잦아들고 괜찮아졌다.

이후 안식월을 보낼 때 한국에서 건강검진을 했다. 의사가 결핵을 앓은 적이 있느냐고 물으셔서 없다고 했다. 그랬더니 또 CT를 찍자고해서 찍었는데, 결과가 결핵을 앓은 흔적이라고 하셨다. 문득 기침을 오랫동안 했던 그때가 떠올랐다. 오랫동안 먹어야 할 약도 먹지 않았는데, 하나님께서 치유해 주셨다. 할렐루야!

생명을 잃은 아픔

나는 결혼 후 아이가 없어 기도하는 중에 10년 만에 선교지에서 임신하는 기쁨이 있었지만, 유산되는 큰 아픔을 겪었다. 아이를 기다리며 기도했던 시간, 병원에서 시술했던 시간, 입양도 어려웠던 시간을 생각하면 하나님은 왜 그렇게 하셨을까 묻게 된다. 물론 나와 같은 아픔을 가진 사람들을 보면 말로 표현할 수 없는 깊은 아픔을 나도 마음으로 이해하고 아파할 수 있다.

하나님은 내게는 이런 아픔을 허락하셨지만, 우리 현지 성도들을 위한 기도에는 기쁨의 응답을 주셨다. 성도 두 가정에 아이가 없어 함께 간절히 기도하였는데, 한 가정은 5명의 아이까지 선물로 받았고, 또 한 가정은 두 명의 아이를 선물로 받았다.

내가 선교사로 왔기에 귀한 저들을 만났고, 또 기도하게 하셨고, 응답의 큰 기쁨을 함께 누렸으니 얼마나 큰 감사인지 모른다. 하나님은 선교사인 나 자신보다 이곳의 귀한 영혼을 더 사랑하도록 배워가게 하시는 분이다.

아끼던 것을 잃은 아픔

언어 공부 기간을 마무리하고 사역할 곳으로 옮길 시간을 얼마 남겨두지 않은 어느 날 밤에 우리 집에 도둑이 들었다. 한국에서 지인 목사님께서 캄보디아로 오게 되어서 공항에 나갔다가 돌아오니 불을 끄고 문도 잠그고 나간 집에 불이 다 켜져 있고 문이 활짝 열려있었다. 그 순간 도둑이 들었다는 생각은 하지 못하고 무슨 일이지 싶었다. 들어가 보니 모든 것을 다 뒤져놓았고 심지어 침대 시트 위를 신발로 신고 다녔는지 신발 자국이 가득했다.

나는 선교지로 올 때 결혼 예물이었던 시계와 목걸이, 팔찌를 가져왔다.

날씨가 더워서 잘 하지 않고 놔두었는데 그것도 싹 다 가져가 버렸다. 무엇보다 너무 소중했던 노트북을 비롯한 모든 전자기기를 다 가져갔다. 남편이 전도사 시절부터 했던 설교 원고, 사진들, 중요 자료 등을 한순간에 다 잃어버렸다. 한동안 말없이 멍하니 앉아 있던 남편의 모습이 아직도 생생하다. 엉망진창이 된 집을 청소하며 마음을 다잡았다. 시간이 지나고 보니 하나둘씩 없어진 물건들이 더 있음을 알게 되었다. 신발, 옷 심지어 손톱깎이까지 없어졌다.

현지 이웃들이 그 늦은 밤에 밖에 나와서 우리를 위로해 주었다. 도둑이 가고 난 뒤에 우리가 집에 들어와서 다행이라고 말이다. 만약에 우리가 집에 들어간 그때 아직도 도둑이 집에 있었다면 우리에게 무슨 일이 일어났을지 모른다.

다시 생각하니 참 감사하다. 그 밤에 우리를 위로해 준 이웃들도 얼마나 고마웠는지 모른다. 그 후 노트북 하나라도 찾겠다고 현지인 몇 명과 함께 중고 시장을 뒤졌지만 헛수고였다. 이 땅에서 내가 소유한 소중하게 여긴 그 어떤 물건도 언젠가 내 손을 떠나게 됨을 깨달았다. 내 것이라고 꼭 껴안고 있는 것은 하나님의 마음이 아님을 배우게 하셨다.

지금은 내가 더 가지기보다 좀 더 나누고 싶은 마음이 더 많아서 감사하다. 동료 선교사와 며칠 전에 이런 얘기를 나누었다. "저는 어느 날 내가 가지고 있는 것 다 놔두고 몸만 떠난다 해도 아쉬운 것은 하나도 없어요." 라고 말이다.

하나님은 어떤 고난의 시간이 닥쳐와도 그 시간이 주님과 깊이 만나는 동산이 되기를 원하신다. 눈앞에 보이는 모습은 아프지만, 동산에서의 산책은 참 평안하다. 가장 크신 주님 안에서 나도, 고난의 시간도, 미래의 두려움도, 그 어떤 것도 작아짐을 보게 된다. 하나님은 내게 때로 고난의 시간을 허락하셔서 하나님을 더 깊이 만나는 동산 안에 머물도록 하시는 분이다. 그분은 내가 많이 아프다고 생각하는 그 강에서 헤엄치고 있을 때 든든하고 안전한 튜브가 되어주시고, 내게 계속 음성을 들려주시는 분이다.

6. 회복, 보물찾기

나를 깨우는 소리와 글자

주일 새벽부터 마음이 분주했다. 매 주일 예배와 사역 준비로 분주한 것과는 다른 느낌이었다. 최근 갱년기와 더불어 여러 힘든 마음 때문에 당장 어디론가 떠나고 싶었다. 그렇게 시작된 여행으로 내가 늘 맡아서 하던 소소한 일들을 다른 사람에게 맡겨야 했다.

어린이 예배 전에 니따 전도사에게 어렵게 입을 뗐다. "나 떠나면 언제 돌아올지 몰라. 주일날 커피 준비할 것은 여기에 놔둘게. 혹시나 선교사님이 제대로 못 먹고 있으면 음식도 좀 부탁해. 내가 빨리 회복되어 돌아오도록 기도해 줘."

나는 쉬지 않고 혼자서 계속 말했다. 니따 전도사는 내가 쏟아놓는 이야기를 한참 동안 듣고는 내게 "선교사님! 안 갔으면 좋겠어요."라고 했다. "왜?"라고 물으니 "기도하시면 알 거예요."라고 말을 건넨다. "왜?"라고 다시 물으니 "교회를 위해 안 가는 게 좋을 것 같아요."라고 말한다. '왜 안 가는 게 좋을 것 같다고 할까?'

이런저런 생각을 하다 보니 어린이 예배 시간이 되었다. 그날 아이들의 율동과 찬양은 얼마나 더 예뻤는지 모른다. 그리고 설교를 맡은 주일학교 교사가 앞에 섰는데, 입은 옷에 'NEVER GIVE UP'이라고 대문자로 크게 쓰여 있었다. 순간 눈이 번쩍 뜨였다. 하나님께서 나를 향해 "절대 포기하지 마."라고 말씀하시는 것 같았다.

주일학교 예배를 마친 후에 아이들이 돌아갈 때 나는 항상 아이들을 안아 주고 하이 파이브를 한다. 그런데 그날은 아이들이 더 환하게 웃으며 달려와서 내게 안겼다. 내가 여기에 오지 않았다면 못 만났을 예쁜 아이들이 너무 사랑스러워 어찌할 바를 몰랐다. '내가 있어야 할 곳이 여기구나'라는 생각이 들었다. 그리고 아버지 하나님께서도 나를 이렇게 사랑스러워하시겠지, 생각하니 행복감이 철썩이는 파도처럼 나를 덮쳤다.

나의 기쁨인 소박한 이들

장년 예배 시간에 하나둘씩 예배당으로 올라오는 어른 성도들을 맞이하는데 모두가 얼굴이 환하다. '누가' 엄마는 새 옷을 입고 왔는데 꽃무늬가 프린트된 긴 바지와 헐렁한 티셔츠였다. 나는 인사를 하고 옷이 아주 예쁘다고 칭찬했다. "옷이 꽃동산이네." 왠지 내 기분을 좋게 하려고 이렇게 예쁜 꽃무늬 옷을 입고 온 게 아닐까 싶을 정도였다.

예배를 마친 후 전날 밤에 소천하신 성도의 친정어머니 장례식에 갔다. 예수님을 믿지 않았던 어머니가 딸과 사위의 전도로 얼마 전 힘들게 교회에 몇 번 오신 후 노환으로 더는 못 나왔는데 갑자기 소천하신 것이다. 어떻게 위로해 드려야 하나 기도하며 찾아갔다. 그런데 차 문을 열자마자 성도의 세 살 된 귀여운 딸이 달려와서 안긴다. 우리 부부를 유난히 잘 따르는 아이였다. 어리니까 외할머니가 돌아가신 것에는 별로 관심이 없고 우리에게 손 뽀뽀를 날리고 매달린다. 이 아이 덕분에 성도 가정을 더 쉽게 위로할 수 있었다.

오후에는 소망의 빛 교회를 갔다. 햇볕이 쨍쨍한 더운 날씨에 우리보다 먼저 교회 앞에서 기다리고 있는 아이들이 밝게 인사한다. 피곤함이 다 사라졌다. 어린이 예배를 마친 후 청년 한 명이 차가운 박카스 두 개를 봉지에 담아 와서 무심하게 건넨다. 이렇게 펼쳐진 일상이 감사 덩어리임을 미소로 확인할 수 있었다.

남편의 농담

  소망의 빛 교회로 향하는 차 안에서 내가 요즘 가지는 감정을 남편에게 나누었다. 갑자기 찾아온 갱년기 증상들이 나를 수시로 괴롭혔다. 내 몸과 마음은 갱년기에 관한 책의 내용이 그대로 복사된 듯했다. 내가 감정적으로 너무 힘들다는 것을 강하게 표현하고 싶어서 "내게 갱년기만 온 게 아니라 갱년기, 번 아웃, 사역의 권태기가 동시에 온 것 같아."라고 했다.
  그러자 남편은 바로 웃으며 "내가 좋아하는 3 in 1 믹스커피네!"라고 한다. 그 말을 들으니 그냥 웃음이 나왔다. 때로는 어떤 긴 위로의 말이 아니더라도 짧은 농담 한마디가 기분을 좋게 만드는 것 같다. 물론 아침 일찍부터 나를 위해 준비해 주신 하나님의 선물들을 받아 어느 정도 기분이 좋아진 상태였기 때문에 그 농담에 웃을 수 있었다.

아낌없이 주는 자매

  함께 공동체 생활을 했던 디나 자매는 현재 다른 지방에서 사역자로 살고 있다. 자매는 음식 솜씨가 좋아 마늘장아찌를 몇 번 만들어 보내왔었는데, 그날도 또 보내왔다.
  며칠 전 나와 전화 통화를 하다가 마늘장아찌를 먹고 싶은데 마늘 까는 게 귀찮다는 나의 얘기를 듣고 한 행동이다. 멀리 있지만, 우리 부부 생일을 꼭 기억하여 선물을 보내오는 귀한 자매이다. 특별한 일이 없는데도 안부 전화를 해서는 시시콜콜한 이런저런 얘기를 해 주고 내 건강과 사역을 누구보다 걱정하고 위로해 준다. 이곳에 한 번씩 놀러 오면 하루의 시간을 비워놓고 성도들 가정에 선물을 사서 찾아가기도 하고, 전도할 가정을 위해 전도하러 가기도 한다.

어떤 통로를 통해 후원받은 물품이 생기면 먼저 내게 "선교사님! 이것 필요하세요? 꺼꽁에 보내드릴까요?"라며 전화를 한다. 자신이 가진 것을 움켜쥐지 않고 기쁘게 나누는 현지인을 만난 것은 큰 축복이다. 하나님은 마늘장아찌 한 통으로도 위로받고 회복되게 하시는 멋진 분이시다.

자랑하고 싶은 성도

두 아이의 엄마인 짠트언 자매는 힘든 중에도 감사하고 말씀대로 살아가려고 몸부림치는 귀한 성도이다. 우리 교회 성도 가정 중에 가족이 함께 모여 매일 기도하는 소수 가정이 있는데, 이 가정도 매일 기도하는 가정이다. 자매가 먼저 예수님을 믿고 남편을 전도했고 연로하신 시부모님까지 모시며 살고 있다. 무엇보다 영적 가장으로 매일 저녁에 가족 예배를 인도해 왔다. 아직 전기가 들어오지 않는 마을에 살고 있는데 랜턴 불빛 아래 어린 두 아들까지 온 가족이 옹기종기 모여 성경을 읽으며 매일 예배를 드리는 모습이 천국의 그림 같고 내게 큰 위로를 준다.

우리 교회는 〈매일성경〉으로 QT를 하는데, 열심히 QT를 할 수 있도록 격려하고자 하루도 빠지지 않고 말씀 묵상을 한 성도는 책을 제출하면 상을 주겠다고 했다. 캄보디아어로 번역된 매일성경은 한 권에 4개월 분량이 들어있는데 사역자를 제외하고 4개월 동안 하루도 안 빠지고 말씀 묵상을 하고 잘 기록한 성도가 있을까 싶었다. 그런데 그날 주일에 짠트언 자매가 유일하게 QT 책을 제출했다. 책을 펴서 보니 빽빽하게 말씀 묵상한 내용이 적혀 있었다. 하나님은 짠트언 자매를 통해서도 나를 위로하시는 듯했다.

물론 그날 나는 떠나지 않았다. 솔직히 갈 목적지도 없었고 하나님의 섬세한 위로의 손길탓에 힘든 마음이 좀 가라앉았기 때문이다. 나는 여전히 갱년기 과정에 있지만 이때를 보물찾기하듯 회복을 위해 숨겨 놓은 하나님의 선물을 찾아가며 다시 기쁨의 언덕에 오르고 있다.

7. 사랑, 그리운 이야기를 담은 밥상

삼 남매의 합창

따뜻한 안방의 아랫목에서 이불을 덮고 놀던 어린 삼 남매는 부엌에서 저녁을 준비하는 엄마의 소리를 들으며 자랐다. 이내 구수한 된장찌개 냄새를 맡았다. 삼 남매는 안방에서 부엌으로 난 미닫이문을 열고 머리를 내밀었다. 어린 삼 남매는 연습이라도 한 듯 아주 잘 맞는 호흡으로 "엄마 밥! 엄마 밥!"이라고 떼창을 했다. 시골 한옥의 부엌이었으니 겨울에는 얼마나 추웠을까? 옷을 껴입고 또 껴입었던 엄마는 삼 남매의 합창에 환하게 웃으셨다. 그 순간 차디찬 한겨울의 공기가 엄마에게만은 따뜻한 공기가 되었다. 고단한 삶의 순간마다 '삼 남매의 합창'이 엄마에게는 기쁨과 힘의 노래였으리라.

저녁을 준비하고 차리는 것까지 모두 엄마의 몫이었다. 어느새 '꽃동산 철제 밥상'에 김이 모락모락 올라오는 고봉밥 다섯 공기와 된장찌개와 여러 종류의 김치, 나물 반찬, 생선이 차려졌다. 엄마, 아빠, 삼 남매 모두 같은 양의 밥공기였다. 방바닥에 앉아서 먹는 꽃동산에 핀 엄마의 반찬은 항상 맛있었다. 어릴 때부터 삼 남매는 반찬 투정을 해 본 적이 없었고 밥도 많이 먹었다. 어릴 때부터 잘 먹어서인지 지금도 잘 먹고, 먹는 양도 많다.

나는 어릴 때 고기는 냄새가 나는 것 같아 잘 먹지 않았다. 청소년이 되

#캄보디아#그리움#통증#아버지#묵상#고난#회복#사랑

어서야 고기를 조금 먹기 시작했다. 된장찌개, 호박국, 콩나물무침, 무생채, 상추 등의 채소를 좋아했다. 지금 생각해 보면 건강식을 했던 것 같다. 어릴 때부터 고기를 잘 안 먹고 풀떼기를 많이 먹었지만 항상 다른 친구들보다 키가 컸었다. 고기를 거의 안 먹어도 키가 쑥쑥 클 수 있었다니 참 신기하다. 아마 고기 빼고는 뭐든 맛있게 잘 먹어서 그런 것 같다.

풀떼기로 행복한 식탁

 엄마가 이곳에 한 달가량 와 계셨다. 이제는 내가 엄마를 위해 밥상을 차린다. 음식 냄새가 나면 엄마가 방에서 나오시면서 "오늘은 뭐 맛있는 거 하니? 벌써 맛있는 냄새가 나네."라고 말씀하신다. 바다가 있는 이곳에 흔한 게와 새우 등의 해물로 풍성한 저녁 식탁을 준비해 드렸다. 어떤 날은 게와 새우를 쪄서 준비했고, 또 어떤 날은 맛있는 캄보디아 후추를 많이 넣어서 게, 새우 후추 볶음을 만들어드렸다.

 딸의 마음은 한국에서는 풍성하게 먹지 못하는 해물을 이곳에 계실 때 많이 드시게 하고 싶은 마음 뿐이다. 며칠이 지난 어느 날 엄마는 "된장찌개 끓여 먹자. 시장에 상추는 없니?"라고 내게 말씀하셨다. 결국은 다시 풀떼기 식탁으로 돌아갔다. 얼른 시장에 가서 상추와 오이 등을 사서 저녁 밥상을 차려드렸더니 너무 맛있다고 만족해하셨다.

 엄마와 함께 행복한 저녁 식탁을 누리고 있다 보니 된장찌개와 나물을 너무 좋아하셨던 천국에 계신 아빠 생각이 많이 났다. 이 식탁에 아빠도 함께했으면 얼마나 좋았을까? 깊은 그리움이 몰려왔다. 나는 아빠를 향한 깊은 그리움을 상추쌈을 욱여넣으며 삼켜버렸다. 그런데 엄마가 속마음을 꺼집어내신다.

 "평소에는 괜찮은데 집에서 된장찌개를 끓이다 보면 너희 아빠 생각이 많이 나서 눈물이 나. 아빠가 된장찌개를 그렇게 좋아했는데."

늘 씩씩하게 지내시는 줄 알았는데 엄마의 아빠를 향한 그리움은 오래 끓여 깊은 맛을 내는 된장찌개보다 더 깊구나 싶어 나도 눈물이 났다. 순간 마음에도 없는 소리가 내 입에서 불쑥 튀어나왔다.

"엄마! 그러면 집에서 된장찌개 끓이지 마."

소박한 저녁 식탁에 늘 함께했었던 그 누군가가 함께하지 못하는 것은 너무 슬픈 일이지만 피할 수 없는 일이다. 함께 할 수 있을 때 저녁 식탁에서 아낌없이 사랑의 표현을 할 수 있으면 좋겠다.

남편도 이런 나물 밥상을 참 좋아한다. 시원하고 정리 정돈이 잘 된 마트에서 카트를 끌고 우아하게 장을 보고 싶지만 내가 사는 곳에는 이런 마트가 없다. 땀을 뻘뻘 흘리며 시장 가판대 앞에서 장을 본다. 그저께도 시장에 가서 당근, 오이, 토마토, 브로콜리, 가지 등을 가득 사서 왔다. 사 온 채소들을 식초를 섞은 물에 깨끗이 씻어 냉장고에 넣어 두고 며칠간 행복한 풀떼기 식사를 한다.

한국에서 가지고 온 곱창 김을 살짝 구워 여러 채소를 넣고 과일과 계란지단까지 올려 먹는 밥상이 요즘 즐겨 먹는 최애 저녁 식탁이다. 엄마, 아빠의 풀떼기 DNA가 내게로 와서 오늘도 풀떼기로 준비한 행복한 저녁 식탁을 맞이하고 있다.

3장

# 김원희 선교사

1. 헤리티지 스쿨, 하나님이 주신 땅과 사람은 아름다웠다

누와의 만남

누(Noah)는 내가 사랑마을에서 단기선교사로 사역을 시작하려 할 때 북인도의 데라둔(Dehradun)에 있는 루터란 신학교(NTC)를 갓 졸업했다. 데라둔은 인도 우타라칸드(Uttarakhand)주의 도시이다. 우리에게는 인도판 헬렌 켈러 영화 〈블랙〉으로 잘 알려진 도시다.

사역을 시작할 무렵 나는 누의 신학 대학 졸업식에 참석했다. 짐승의 오물과 쓰레기로 가득하고 무덥고 복잡한 우타르 프라데시주에 있는 사랑마을에 비하면 데라둔은 시원하고 깨끗했다. 히말라야 자락의 2천3백 고지 머수리로부터 내려오는 산이 병풍처럼 둘러있어 아름다웠다.

나는 그때만 해도 누와 함께 사역할 것이라고는 생각도 못 했다. 누는 선임 선교사가 키운 무슬림 사역자 20여 명 중 하나였다. 언어 공부를 마치고 처음 사역을 시작하게 된 도시 사랑마을은 암발라 로드를 경계로 해서 북쪽은 무슬림이 거주하는 마을이고 남쪽은 힌두인들이 살고 있다. 그리고 사랑마을 무슬림 지역에는 무굴 제국부터 내려오는 가구단지가 있다. 사랑마을은 펄프 공장과 담배공장이 있어 많은 사람이 거주하는 소도시다.

우리 팀은 당시 무슬림 내부자를 통한 교회 개척 사역을 주 사역으로 하고 있었다. 사랑마을 무슬림 지역에서 사역을 하고 있던 우리 팀의 선교사와 무슬림 사역자 I는 동네에서 번번이 쫓겨났다. 무슬림 마을에서는 집도 구할 수 없었고, 집을 구한다고 해도 이내 쫓겨나곤 했다.

고민 끝에 나는 학교를 세우자고 제안했다. 가장 큰 이유는 가난하고 문맹인 마을에 꼭 필요한 공적 기관이 될 수 있기 때문이다. 무슬림이라 하더라도 부모들이 아이들을 학교에 보내리라 생각했다. 또한 학교 설립은 내가 가장 잘할 수 있는 일이기도 했다. 한국에서 4번이나 신설 고등학교에서 근무하면서 학교를 세우는 과정에 참여했고 수석 교사로 근무한 경험이 있었다. 그곳은 절대적으로 창의적 접근이 필요한 지역이었다. 학교를 세우게 되면 무슬림 지역의 아이들에게 교육을 제공하게 되고 그들에게 유익이 되기 때문에 무슬림이라 해도 반대하지 않으리라 생각했다.

인도는 아직도 가난한 지역이 있기 때문에 교육 사역이 필요하다. 무슬림 지역의 아이들은 힌두 지역의 아이들보다 훨씬 가난했고 교육을 받을 수 없는 아이들이 많다. 그러나 우리 팀 리더는 학교 사역에 반대했다. 학교를 세워 어린이들을 통해서 교회 개척을 하는 데 너무 많은 에너지가 소요된다는 이유였다. 팀 리더는 계속해서 내부자 운동으로 교회 개척을 하고자 했다.

카테케리에서의 학교 건축

태권도와 복싱을 가르치던 팀의 선교사가 그 마을에서 쫓겨나자, 팀 대표는 마침내 학교 사역을 하자고 제안했다. 나는 아직 우르두어로 소통할 준비가 되지 않았다. 그래서 무슬림 내부자 사역을 하던 선교사는 나와 함께 학교 사역을 하게 되었다. 땅을 둘러보고 폐허나 다름없는 건물을 살펴보았다. 이미 있는 건물 일부를 헐고, 증축하여 교실을 만들기로 했다.

그런데 2011년 3월부터 시작된 첫날 공사 시작도 하기 전에 돈이 든 가방을 잃어버렸다. 눈 깜짝할 새에 누군가가 가져갔다. 그 돈은 모래와 벽돌값을 치를 돈이었다. 5개월 동안 5개의 교실을 만들었다. 화장실이 없어 건축 현장에 있는 10시간 동안 화장실을 갈 수 없었다. 마을 사람들의 집에도 화장실이 없는 것은 마찬가지였다. 건축하는 동안 매일 하루 두세 번씩 밀크티를 끓이고 남낀(인도식 스낵)을 인부들에게 제공했다.

유치원 LKG와 UKG 두 학급과 초등과정 1학년부터 5학년까지 학제를 두고 시작했다. 학교를 짓는 동안 시간을 내어 집마다 방문하여 아이들을 학교에 보내 달라고 홍보했다. 힌디어 문법을 간신히 3개월 반 만에 마치고, 우르두어를 막 배우기 시작한 터라 우르두어를 잘할 수 없었다. 지금 생각해 보면 어디서 그런 용기가 났는지 나도 모르겠다.

세 사람의 방문

건물을 짓는 동안 세 명의 사람이 찾아왔다. 첫 번째는 머리와 수염이 흰 할아버지가 꾸란을 가지고 와서 내게 '알라를 믿으라'라고 온종일 전도했다. 다행히 내가 우르두어 실력이 좋지 않아 못 알아듣자 답답해 하며 다시는 찾아오지 않았다. 그를 다시 만난 것은 그의 아들이 우리 학교 담을 부쉈을 때였다. 할아버지는 내 앞에서 고개를 들지 못했다.

두 번째 방문한 사람은 힌두 배경의 경찰이었다. 그는 나에게 이곳에 왜 학교를 지으려고 하냐고 물었다. 나는 그에게 그곳에 학교를 시작하게 된 배경을 설명했다.

"내가 사랑마을 가구 시장을 지나가는데 어디선가 망치 소리가 들려서 돌아보았어요. 4살 정도 되어 보이는 사내아이가 가구 소품을 만들고 있었어요. 망치로 작은 나무 상자를 탕! 탕! 두드리고 있었어요. 작은 상자 표면에 상아를 박아 넣기 위해 망치질을 하는 소리였어요. 그 망치 소리가 내 마음에 탕! 탕! 박히는 것 같았어요. 그 아이가 있어야 할 곳은 유치원이라는 생각을 했어요. 그래서 한국에 있는 학교를 그만두고 이곳에 왔습니다. 이곳의 아이들을 가르치기 위해 학교를 세우려고 합니다."

힌두인 경찰은 누가 들을세라 낮은 목소리로 "돈을 벌려면 돈이 많은 힌두 마을에 학교를 지으시오."라고 충고를 해주고 곧 떠났다.

다음 날에는 무슬림 경찰이 찾아왔다. 나의 이야기를 들은 무슬림 경찰은 "무슬림 마을에 학교를 한다고 하니 잘하는 일입니다."라는 긍정적인 말로 격려하고 떠났다.

헤리티지 퍼블릭 스쿨

2011년 8월 학교의 입학 등록이 시작되었다. 헤리티지 퍼블릭 스쿨에 처음 입학한 아이들은 13명이었다. 그 아이들은 우리 학교를 짓는 동안 일하러 왔던 인부들의 자녀들 5명이었다. 나머지는 학교 앞에 있는 세 집의 자녀 8명이 등록했다. 매일 학교를 짓는 것을 앞에서 지켜보던 이웃들이었다.

아이들과의 수업은 매우 행복하고 기쁨이 함께한 재미있는 시간이었다. 나는 영어와 미술 과목을 가르쳤다. 미술 시간이 되면 아이들은 학교가 떠나가도록 나의 이름을 부르며 손뼉 치며 환호성을 질렀다. 영어 시간에 내가 힌디어를 잘 모르니 아이들이 힌디어로 내게 번역해 주곤 했다. 아이들이 나의 힌디어와 우르두어 선생이 되었다.

매일 아침 여섯 시 반에 집을 나서서 한 시간을 운전하여 학교에 갔다. 힌두 마을 중심가를 지나 사랑마을 기차역을 지나고 복잡한 무슬림 시장을 지나 이슬람 사원을 지난다. 거의 마을 끝에 다다르면 학교 들어가는 입구에서 바나나 한 꾸러미를 20루피(500원)에 산다. 나와 선생님들의 간식이다. 그리고 학교가 멀리 보이기 시작하면 아이들이 어디선가 나타나 인사를 한다. "수 티처, 굿 모닝?" 저쪽에서도 아이들이 달려온다. 길가에 서서 님(Neem) 나뭇가지를 꺾어 양치질을 하던 아저씨들이 양치를 멈추고 내가 지나갈 때까지 정지상태로 날 쳐다본다. 외국인이 전혀 없는 마을이라서 밖에 나가면 인도인들의 시선을 피할 수가 없다. 쳐다보는 걸로 치자면 거의 연예인 수준이다.

아침 7시 반에는 선생님들과 누와 수닐, 그리고 내가 아침 교직원 회의를 한다. 무슬림 선생님들도 학교 행정과 그날의 전달 사항을 나눈다. 마지막에는 하루의 수업과 아이들을 위해 기도한다. 교직원 회의가 끝나면 학생들의 조회 시간이다. 아이들은 먼저 누 사역자의 기타 반주에 맞춰 인도 국가를 부른다. 그리고 이어 찬양을 부른다. 찬양은 언제나 "God is so Good"이다. 음악을 배우지 못한 아이들의 음정과 박자는 하나도 맞지 않지만, 가사는 정확하다. 그리고 누가 전달 사항을 전달한다. 월요일에는 성경 말씀, 화요일에는 부모님에 대한 예절, 수요일에는 교우 관계, 목요일에는 신체의 청결, 금요일에는 인도의 전래동화, 그리고 토요일에는 학습과 과제에 관해 훈화한다. 조회의 마지막은 양손을 얼굴 앞에 대고 하늘을 향해 손을 들고 기도한다. 무슬림들이 기도하는 자세다. 누가 하루 학습과 학생들을 위해 기도한다. 마지막에는 영어 주기도문으로 조회를 마친다.

문화 차이

전교 아이들이 60여 명이 되었을 때쯤의 일이었다. 그날은 조회를 서는데 아이들 앞에 선 선생님들이 모두 팔짱을 끼고 서 있었다. 전에도 늘 그랬지만 그날은 유난히 팔짱을 낀 선생님들의 모습이 내 눈에 크게 들어왔다. 나는 방과 후 말씀 기도회 시간에 누와 이 문제에 관하여 대화를 해야겠다고 생각했다.

오후 두 시가 되면 상급생 아이들이 하교한다. 그리고 학부모들이 와서 각자 자신이 아픈 곳을 호소한다. 나는 가지고 있는 약으로 상처에 발라 주거나 약을 주곤 한다. 아이들의 머리에 곪은 상처들을 연고를 발라 치료해 주면서 무슬림 성경 교사 이맘과 학부모들도 약을 타 곤 한다. 심지어 다리뼈가 보이도록 큰 사고를 당한 주민까지 와서 치료해달라고 한다. 병원에 가서 의사에게 보이고 꿰매야 한다고 해도 막무가내로 치료를 요청했다. 하는 수 없이 상처를 소독하고 상처에 바르는 약을 바르고 붕대를 감아 주었다. 그리고 내가 기도해도 되겠냐고 질문하면 감사하게도 기도해 달라고 한다. 나는 간절하게 상처를 치료해 달라고 기도하고 이 마을이 복음으로 덮이게 해 달라고 기도한다.

상급생들이 수업하는 시간에 한 시간 일찍 끝난 저학년 아이들은 나머지 공부를 한다. 힌디어와 구구단을 외지 못하는 부진아 학생들을 남겨서 특별 지도를 한다. 내가 아이들을 지도하는 시간에 누는 점심을 준비한다. 세 시 반이 되면 점심 식사로 플라우(pulau)를 먹는다. 플라우는 감자와 토마토 양파를 기름에 볶다가 강황을 넣어 압력밥솥에 찐 밥이다. 학교 사역하는 동안 플라우를 하루도 빼지 않고 먹었다.

점심 식사 후에는 말씀 나눔 시간이다. 힌디어 찬양을 두 세곡 하고 나서 우르두 신약성경인 인질을 읽으며 묵상한 것을 서로 나눈다. 그날 말씀 나눔이 끝나고 누에게 나는 학생들 앞에서 팔짱을 끼는 것이 아이들에게 거절감을 줄 수 있다고 했다. 그대신 뒷짐을 지거나 차렷 자세를 하면서 아이들을 환영하는 몸짓을 하면 어떻겠냐고 제안했다.

누는 평소 화를 내지 않는 편인데 그 날은 얼굴이 빨갛게 변하면서 내게 화를 냈다.

"인도에서는 모든 선생님이 그렇게 팔짱을 낍니다. 팔짱을 끼는 문화는 인도의 오랜 전통입니다." 누의 정색하는 모습에 놀랐다. 누와 그렇게까지 의견이 충돌하리라 생각하지 못했다. 순전히 아이들에게 긍정적인 교사상을 심어주고 싶은 마음으로 꺼낸 건데 인도 문화를 건드린 게 아닌가 싶었다. 내 생각을 접어야겠다고 생각했다.

다음 날 아침 직원회의 시작 전에 누가 내게 말했다. "시스터, 어제는 내가 잘못 생각한 것 같아요. 시스터 말이 맞아요. 어제 성경을 읽으며 내 생각이 짧았다는 것을 알았어요." 누의 성숙한 태도에 감동했다.

헤리티지 퍼블릭 스쿨은 1주년 행사를 마치고 학생 수가 130여 명으로 늘어났다. 우리 학교에 오기만 하면 영어 회화를 잘하게 된다는 이유 때문이었다. 개교 1주년 행사에서 아이들이 타악기 연주를 하며 영어로 노래한 것이 학부모들에게 매우 큰 충격을 주었다. 소고, 캐스터네츠, 트라이앵글 합주와 벨 연주, 영어 찬양과 율동을 행사에서 처음 본 무슬림 학부모들은 우리 학교에 자녀들을 보내야 한다고 생각하게 됐다. 내가 힌디어와 우르두어를 잘못 하니 아이들이 영어로 나와 대화하기 위해 열심히 공부한 탓이다. 별것이 다 도움이 된다.

누는 내가 인도에서 만난 첫 번째 진정한 그리스도인이었다. 그는 말씀대로 살려고 노력하는 온유한 성격의 소유자다. 우리는 말씀 기도가 끝나면 결석한 아이들 집을 가가호호 방문하여 기도해 준다. 누와 나는 사무엘 상 20장 12절~17절의 말씀을 나누면서 요나단이 다윗을 보호해 주고 떠나보내는 장면에서 누구랄 것도 없이 바로 다윗과 요나단과 같은 관계가 우리의 관계라고 서로 고백한다. 비록 25년의 나이 차가 나더라도 비전을 공유한 동역자로서였다.

이후 선임 사역자가 우리 모 교회를 떠나서 나는 장기 사역자로 파송되었을 때 사랑마을에 들어갈 수 없게 되었다. 누와 아이들에게 1년 동안 선교사 장기 훈련을 받고 다시 오겠다고 한 나의 철석같은 약속은 물거품이 되었다. 그리고 나는 심장이 끊어지는 듯한 심각한 마음 앓이를 했다.

누와의 마지막

그를 마지막으로 본 것은 델리로 이사를 오던 2013년 어느 깜깜한 밤이었다. 나는 선임 선교사의 일방적인 사임으로 사랑마을에 들어갈 수 없게 되었다. 그해 9월 장기 선교사 훈련 기간인 1년을 마치고 다시 사랑마을에 방문하여 아이들과 송별 시간을 가졌다. 단기 사역을 마치며 꼭 다시 오겠다고 약속을 했는데 그 약속을 지키지 못해 가슴 깊은 곳에서 눈물이 흘렀다.

아이들은 나의 1년 동안의 공백으로 인해 서운함이 덜한 듯이 보였다. 하지만 누 형제와 무슬림 선생님들은 매우 서운한 마음을 내비쳤다. 누 형제는 함께 사역하며 자신이 배운 것에 대해 그리고 자신이 아팠을 때 내가 어떻게 섬겨주었는지 아이들에게 이야기했다. 누 형제가 감기로 인해 누워 있었을 때 수닐 형제를 시장에 보내 닭을 잡아 오게 해서 처음으로 치킨 커리를 해서 먹였던 일을 기억하고 있었다. 내가 만든 치킨 커리는 싱거워서 맛이 없었지만, 누 형제는 한 그릇을 다 비웠었다.

그 후 누 형제는 내가 치쿤쿠니아 바이러스에 감염되어 걷지 못하고 누워 있을 때 학교에서 자전거를 타고 왕복 네 시간의 거리를 마다하지 않고 우리 집에 찾아와서 시장을 봐주고 밥을 해주고 갔다.

사랑마을 학교에서 송별식 마친 다음 날, 나는 센터에 가서 이전에 사용했던 가재도구들을 싸서 델리로 이사했다. 나는 기차로 델리에 도착했고, 누 형제는 나의 짐과 함께 1톤 트럭에 몸을 싣고 델리 바산트 쿤즈로 왔다. 도착했을 때는 밤 12시경이었다. 누 형제는 그 무거운 짐을 혼자 내려서 집안에 들여놓아 주었다. 깜깜한 새벽이 다가오는 시간 그것이 내가 그를 본 마지막이었다.

13년 후

13년 만에 2024년 6월 누와 통화가 연결되었다. 나는 전화번호가 세 번이나 바뀌었는데 아직도 그는 이전 번호를 가지고 있다니 놀라웠다. 누는 결혼하여 아이가 셋이라고 한다. 그는 사랑마을에서 교회 개척 지도자로 사역하고 있다. 짧은 통화를 끝내고 내가 인도를 떠나기 전에 가족들과 함께 만나기로 했다. 그날은 정말 하늘에서 별빛이 땅에 쏟아지듯 행복한 날이었다.

2. 몬순, 우르두어 교사 화라나 선생님

하수도가 없는 무슬림 마을

새벽부터 비가 세차게 내려 학교 가는 길에 홍수가 났다. 그런데도 평소보다 일찍 차를 몰고 출발해서 도로를 가득 채운 물길을 헤치며 학교에 도착했다. 7시 반이었다. 그런데 아이들이 삼 분의 일 밖에 오지 않았다. 더기가 차는 것은 우르두어를 담당하는 화라나 선생님도 출근하지 않고 있었다. 7시 40분에 아침 직원회의를 하고 아침 8시면 조회를 해야 하는 시간인데 말이다. 아이들도 별로 등교하지 않아서 휴교해야 할지 망설이고 있었다.

10시 반을 넘겨서야 화라나 선생이 출근했다. 나는 방과 후에 화라나 선생에게 책임감 운운하면서 늦게 온 것에 대해 질책했다. 나는 화라나 선생님의 자존심을 긁었다. "당신은 집이 학교에서 가까워 걸어와도 30분이면 올 수 있지 않나요? 나는 차로 한 시간 반 넘게 걸려도 7시 30분에 도착했어요."

화라나 선생이 말했다. "여기는 비가 오면 모두가 학교에 올 수가 없어요. 하수도가 없어서 아이들도 그렇고 저도 그렇고 짜빨(엄지발가락 사이에 끈이 있는 슬리퍼)이 진흙탕에 빠져서 올 수가 없어요. 죄송해요. 다음에는 일찍 올게요."

현지 문화와 사정을 깨닫지 못한 것에 대해 나는 충격과 미안함이 동시에 밀려왔다. 인도에 간 지 일 년도 안 된 시기에 사람보다 책임감과 사역을 우선순위에 둔 나의 모습이 적나라하게 드러났다.

386 숫자의 의미

화라나 선생의 아버지는 골수 무슬림 신자다. 샤리아법에 따라 하루 다섯 번 사원에 가서 절을 한 흔적이 그의 이마에 새겨져 오백 원짜리 동전만 한 크기의 굳은살이 박여 있다. 딸만 둘인 아버지는 화라나 선생을 여자이지만 직장을 갖고 당당하게 살라고 가르쳤다. 무슬림 명절인 바크리 이드 때가 되면 화라나 선생 아버지의 초청으로 화라나 선생 집에 가서 밥을 먹곤 했다. 그때마다 그녀의 아버지는 집안에 들어오지 않고 쪼그리고 앉아 밖에 세워 둔 내 차 번호를 오랫동안 쳐다보았다. 그러면서 이렇게 말했다. "허허 어떻게 차 번호가 386이지? 참으로 신기하네." 나중에 알고 보니 무슬림에게는 386이 '알라'를 상징하는 숫자였다.

화라나 선생 집에서 식사할 때면 그 집안 식구들은 누와 수닐, 그리고 나에게 항상 극진하게 음식을 대접하곤 했다. 화라나 가족의 접대는 무슬림의 나그네에 대한 환대가 얼마나 극진한지 매번 느끼게 했다.

화라나 선생의 자존심에 상처를 낸 다음 날에도 몬순 비가 억수로 왔다. 화라나 선생은 내가 7시 30분에 도착하니 벌써 출근해 있었다. 나는 화라나 선생과 이 일 이후에 인도의 전통적인 관습과 문화에 대한 것에 대해 더는 이야기하지 않기로 했다. 나의 사고, 나의 책임감, 나의 방식, 나의 한국에서의 생활 태도를 고집하지 않기로 다짐했다. 잊을 수 없는 우르두어 선생님 화라나와 이제는 20대의 성인이 되었을 알리, 안주, 이끄라, 하리시, 메헥, 사룩, 소남 아이들의 이름을 하나씩 기억해 본다.

3. 숙제, 트라우마에서 회복으로

잠에서 깨기도 전인 이른 아침에 이웃에 사는 사모님으로부터 식사하자고 연락이 왔다. 다리 수술 후 3개월간 외출을 하지 못하고 있었다. 나는 '외출해도 되지 않을까?'라는 생각으로 외출하기로 했다. 아침에 글을 쓰는데 불현듯 사역으로 돌아다녔던 델리의 수많은 거리가 기억났다. 무더위 속에서 어떻게 그렇게 숱하게 거리 거리마다 다녔는지 모든 것이 아련하게 생각났다. 빨래를 널고 청소 등 할 일들을 정리하고 다리 재수술 후 인도에서 처음 한 외출이었다.

골든 체인 트리

택시를 타고 마트를 가는 길에 3월과 4월에 노랗게 정원을 물들이는 노란색 골든 체인 트리가 5월의 마지막 꽃송이를 비틀거리며 내려뜨리고 있었다. 올리브 트리 아카데미 어린이 사역을 하고 돌아오는 길에 골든 체인 트리가 델리 온 도시를 물들이고 있는 것을 보았다. 아마 4월의 어느 해였던 것 같다. 그 노란 물결을 보는데 갑자기 하나님께 원망이 올라왔다.

"하나님! 노란색은 가을에 물들어야 하잖아요. 은행잎으로요. 지금은 4월이에요. 벚꽃이랑 목련이랑 새순이 돋아나야 하는데 이게 뭐예요? 제 정서를 이렇게 아무렇지도 않게 망가뜨리면 어떻게 해요!"

다른 사람은 아무렇지 않을지 모른다. 하지만 나는 아니었다. 그로부터 몇 년 후 델리 오래된 집 앞 동네 정원에서 아침 산책을 하는데 노란 골든 체인 트리가 환상적으로 송이 꽃을 늘어뜨리고 있었다. 가지마다 포도송이와 같이 탐스럽게 피어 흘러내리는 노란 꽃 무리가 장관을 이루었다. 아름다웠다.

"그래요, 하나님, 제가 인도의 4월에는 골든 체인 트리가 흐드러지게 핀다고 제 마음에 저장할게요. 알겠어요."

오랜만에 집밖을 나와 골든 체인 트리가 희미하게 몇 송이 달린 것을 보니 아쉬웠다. 다리 수술로 집 안에 있는 동안 4월과 5월이 그렇게 지나갔다는 생각에 아쉬운 마음이 들었다.

잘 움직이지 않다가 오랜만에 외출을 하니 피곤했다. 그때 메시지가 왔다. 지난 4월 19일에 신청한 비자가 나왔다고 한다. 너무 기뻤다. 비자 때문에 한국에서 수술 후 재활 훈련과 도수치료도 받지 못하고 항공권을 두 번이나 지급하고 인도에 황급히 들어왔었다. 코로나19로 내가 관여하고 있는 회사 사정이 나빠져서 회사 세금도 못 내는 형편이었다. 그에 따라 나의 비자도 서류 미비로 어려움 중에 있었다. 최악의 경우 한국으로 2주 안에 출국해야 할 수도 있었다. 한편으로는 하나님께 의지하는 마음과 한편으로 최악의 경우를 대비하고 있었다. 그런 가운데 비자 승인이 되니 말할 수 없이 기뻤다.

하나님, 왜 이렇게까지 하시는 거예요?

비자를 받고 보니 2013년 시골에서 델리로 왔을 때 비자 때문에 힘들었던 때가 생각났다. 그때는 영어 학교에 다니고 있어서 합법적으로 학생 비자를 신청할 수 있었다. 그런데 외국인 등록증 신청을 하자 이민국 경찰이 집을 방문했다. "너는 왜 짐이 하나도 없느냐? 너는 학생이 아니지? 내가 다 안다. 너는 여기 안 살고 사랑마을에 가는 거지?"라고 했다. 그는 오랫동안 집안을 살피면서 내가 이전에 사역했던 도시 이름을 대면서 "너는 거주 비자를 받을 수 없을 거야."라는 말을 남기고 떠났다.

그 뒤로도 이민국에서 열일곱 번을 불렀다. 그때마다 이민국 사무실을 방문했다. 아침에 가면 저녁때까지 이민국 사무실에 앉아 있어야 했다. 매번 사무실을 닫는 5시가 되도록 끝내 내 이름을 부르지 않았다. 비자를 주지 않으려면 사무실에 부르지 말아야 하는데 언제나 불러 놓고 비자를 주지 않았다. 이민국 사무실에 들어갈 때마다 가슴이 조막만 해져 들어가곤 했다.

열여섯 번째 이민국에 갔을 때도 점심을 굶고 하루 종일 기다렸다. 언제 내 이름을 부를지 모르기 때문이다. 그러다가 오후 5시가 되었다. 이민국 접수 창구에 있는 공무원에게 내 비자 서류 어떻게 되었느냐고 물었다. 그 공무원은 나에게 고함을 쳤다. "너는 비자 못 받는다!" 이민국 사무실을 나와 차 안에서 나는 흐르는 눈물을 닦지도 못하고 큰 소리로 외쳤다.

"하나님 저 한국으로 돌아갈래요. 제가 뭘 잘못했다고 이렇게까지 하시는 거예요. 부르셨으면 사역할 수 있도록 해 주셔야 하는 거 아닌가요? 제가 한국에서 어떻게 살았는지 주님이 다 아시잖아요."

차 안에서 엉엉 울었다. 집에 돌아와서도 아무것도 할 수가 없었다. 너무 울어서 머리가 아팠다. 그렇게 비자를 신청한 지 9개월이 지난 때였다.

네 기도를 들었고 네 눈물을 보았다

다음 날 아침 여느 때와 같이 큐티를 하고 있었다. 이사야 38장 말씀이었다.

"너는 히스기야에게 가서 그의 조상 다윗의 하나님 나 여호와가 이렇게 말한다고 일러 주어라. 나는 네 기도를 들었고 네 눈물을 보았다." 말씀을 읽다가 "나는 네 기도를 들었고 네 눈물을 보았다"에서 시야가 흐려졌다. 그러다가 점차 글씨가 보이지 않았다. 눈물이 그 성경 구절에 뚝뚝 떨어졌다. 하나님이 내 기도를 들으시고 내 눈물을 보셨다는 생각에 크게 울었.

잠시 후 델리 한인교회의 김 목사님으로부터 전화가 왔다. "김 선생님, 오늘 좋은 일이 있을 것입니다." 그리곤 전화를 끊었다. 또 가까이 네루 대학교에 다니는 한 선교사의 메시지를 받았다. "선생님 오늘 선생님에게 깜짝 놀랄 일이 있을 거예요."

그 후 30분 뒤에 델리 이민국 사무실에서 전화가 왔다. 이민국 사무실로 오라는 거다. 열일곱 번째 방문이었다. 긴 대기 줄과 사무실에서 한없는 기다림이 이어졌다. 사무실을 가득 채웠던 모든 사람이 떠나가고 직원 단 2명만 남은 오후 5시였다. 한 직원이 옆에 졸고 있는 직원에게 이야기했다. "이거 마지막 스탬프 찍어도 되는 거야?" 팔짱을 끼고 졸고 있던 직원이 귀찮다는 듯이 눈을 감은 채 대답했다. "아! 몰라..그냥 찍어줘." 나는 마침내 아홉 달 반 만에 비자를 받았다.

그때를 생각하면 지금도 눈물이 난다. 비자를 지연시키고 내주지 않은 이유는 외국인이 살지 않는 소도시 사랑마을에서 혼자 사역했기 때문이다. 2010년 인도에 들어오기 전 지인으로부터 비정상회담에 출연했던 '럭키'라는 인도인을 소개받았다. 럭키는 이렇게 말했다. "사랑마을은 외국인이 들어가 살 수 있는 곳이 아니에요. 거기 가면 안 돼요. 차라리 델리에 있는 우리 집으로 가요." 나는 선교사여서 간다고 말할 수 없어서 다른 말을 하며 전화를 끊었다.

그 후 나는 신분이 달라졌다. 델리에서 비즈니스 대표이사를 하면서 인도 정부에 세금을 정당하게 지불한 까닭에 신분이 달라졌다. 덕분에 비자로 인한 스트레스와 트라우마를 거의 잊을 수 있었다. 지금은 한인교회 센터 인테리어에 도움을 주었던 인연으로 인해 건축 회사에서 수퍼바이저로 일하며 비자를 받고 있다.

대부분 선교사가 비자와 박해 등의 사유로 인도를 떠났다. 아직도 이곳에 나의 할 일이 남아있고 하나님께서 사역의 기회를 더 주신 것에 감사하다. 오늘은 수술 후 처음 외출한 날이었고, 불가능 속에서 비자를 받은 날로 매우 의미 있는 날이다. 살얼음판 같았던 비자 문제를 기쁨으로 바꿔 주신 주님께 감사하다.

4. 잠김, 복음 전도는 언제나 열림

폭력의 영으로 얼룩진 "두 갱 조직의 싸움터 M 마을"

  어린이 사역을 하고 있는 M 마을은 델리의 동쪽 끝에 있는 풍요로운 대지가 있는 곳이다. 끝이 보이지 않도록 양배추밭이 시원하게 펼쳐져 있는 평화롭고 아름다워 보이는 곳이다. 특히 사역을 마치고 나올 때쯤 지평선에 태양이 붉게 물들어 델리 시내에서 볼 수 없는 황혼이 아름다운 곳이다.

  그러나 이곳은 드넓은 대지로 인해 피로 물든 역사를 간직하고 있는 곳이기도 하다. 대대로 이 지역의 땅을 소유한 한 대지주가 자신의 땅을 보호하기 위해 갱 조직을 끌어들였다. 그런데 또 다른 갱 조직이 이 고용된 갱 조직과 피비린내 나는 싸움을 수십 년간 지속하고 있다. 결국 M 마을에는 90%의 주민들이 이사를 했다. 겨우 남아있는 만여 명의 사람들이 살고 있을 뿐이다. 두 갱 조직들은 대부분 델리의 티하르 감옥에 수감 되어있다. 두 갱 조직의 두목들은 2015년, 그리고 2023년 법원에서 변호사로 가장한 범인들에 의해 암살당했다.

올리브 트리 아카데미 아이들과 M 마을의 패싸움

  올리브 트리 아카데미에서 어린이 사역을 마치고 아이들이 돌아가는 길이었다. B 마을에 사는 남자아이가 A 마을의 여자아이를 좋아하여 쳐다봤다는 이유로 여자아이의 오빠가 그 남자아이를 주먹으로 때렸다. 나는 들판에서 흙투성이가 되어 싸우는 아이들을 불러다가 씻기고 화해시켜 돌려보냈다.

그런데 A 마을 여자아이의 어머니가 그 남자아이를 불러 따귀를 때리며 혼을 냈다. 그러자 B 마을 남자아이 부모가 삽을 들고 A 마을을 찾아왔다. 결국 양쪽 마을에서 농기구를 들고 두 마을간의 패싸움이 났다.

그때 나는 사역에 사용한 짐을 싸고 청소를 하고 있는데 올리브 트리 아카데미에 맨 처음 나왔던 수닐이 헐레벌떡 문을 박차고 들어와 말했다. "미셸 선생님, 지금 빨리 나가야 해요. 양쪽 마을이 패싸움이 나서 삽과 몽둥이로 싸우고 있어요." 가슴이 뛰어 진정할 틈도 없이 짐을 차에 싣고 집으로 돌아왔다.

2시간 동안 돌아오는 차 안에서 수십 가지 생각이 떠올랐다. 패싸움의 결말이 두렵기도 하고, 한편으로는 열심히 섬긴 사역지가 사라질지도 모른다는 생각이 들었다. 앞으로 어떻게 해야 할지 마음에 갈피를 잡을 수 없었다.

그런데 차 안에서 천장 선풍기와 불을 끄지 않고 온 일이 생각났다. 그래서 그날 밤 나는 밤 11시에 다시 올리브트리 아카데미에 갔다. 새벽 한 시였다. 달은 휘영청 밝은데 동네는 불이 꺼져 있었고 고요했다. 조용히 문을 열고 들어가서 불을 끄고 다시 돌아왔다. 폭력과 살인의 역사를 가진 M 마을의 사역은 유독 단기 팀이 오거나 복음을 전해야 하는 날에 난리가 난다.

2017년 크리스마스 행사: 부자와 나사로

 2017년 크리스마스 때의 일이다. 인형극 복음 전도를 위해 인형극 무대와 선물 등을 차에 옮기고 마지막 집을 나설 때였다. 나는 출입문 앞에 나란히 걸려있는 열쇠 중에 확인까지 하고 올리브 트리 아카데미 열쇠를 들고 나왔다. 그런데 사역지에 도착해 대형 자물쇠를 열쇠로 여는 순간 내가 확인까지 하고 들고 온 열쇠가 집 열쇠였다. 인형극을 위해 자원한 청년들이 점심식사를 하는 동안 왕복 다섯 시간을 운전하여 키를 가지고 왔다.

 처음 인형극을 하는 것이었는데 '부사와 나사로'는 폭발적인 인기를 얻었다. 나사로가 구원초청을 할 때 아이들은 모두 나사로와 같이 복음을 받아들이겠다고 하고 영접 기도를 했다.

2018년 단기 팀 올리브 트리 아카데미 사역: 예수의 피로

 2018년 지구촌교회 미취학 부에서 팀이 왔을 때도 열쇠로 인한 에피소드는 반복되었다. 나는 수개월 전 크리스마스 행사 때의 경험을 상기하며 신중하게 키를 자동차에 미리 준비해 두었다. 그런데 단기 선교팀과 함께 대절한 택시를 타고 올리브 트리 아카데미에 도착했을 때 황당한 일이 벌어졌다. 내 차를 지하 주차장에 주차한 까닭에 올리브 트리 아카데미 열쇠는 호텔 주차장에 있었다. 하는 수없이 앞집에 사는 힌두 사제에게 쇠망치를 빌려 자물쇠를 부수고 선교팀과 안으로 들어갔다.

 그런데 또 다른 문제가 생겼다. 방안에 둔 인형극 무대와 테이블이 있는 방 열쇠도 호텔 주차장 차 안에 있었다. 나는 점심 도시락을 배달받아서 선교팀원들이 식사하는 동안 호텔에 다시 가기로 했다. 사역이 시작되기도 전에 나의 몸과 마음은 이미 지칠 대로 지쳐있었다. 점심 식사도 못 하고 차멀미에 시달렸다.

설상가상으로 인형극 무대를 설치하고 사역이 시작되자마자, 이번에는 경찰 두 명이 찾아왔다. 동네 사람들이 경찰에 신고했다. 경찰들이 "지금 이곳에서 무엇을 하고 있는 것이냐?"라고 물었다. 나는 한국에서 가족이 인도 여행을 왔는데 내가 봉사하는 어린이들에게 선물도 주고 마술도 보여주는 행사를 하는 중이라고 대답했다. 경찰들은 팀 인솔 목사님이 나와서 얼굴을 보여주고 나서야 여러 명이 모이는 행사는 경찰서에 신고하고 해야 한다고 말했다.

나는 마음속으로 기도하면서 이번에는 신고하는 것을 몰랐는데 다음번에는 경찰서에 가서 신고하겠다고 대답했다. 다행히 그들은 금방 떠나갔다. 평상시에 사제 집에 놀러 가서 차도 마시고 늘 선물도 주고 교제해 왔던 터라서 사제는 경찰들에게 긍정적 표정을 지어 주었다.

경찰들이 돌아가고 복음 마술을 전했을 때 놀라운 경험을 했다. 미취학부 단기 팀원 중 한 장로님이 여러 가지 마술 공연을 하고 마지막에 복음 마술을 전했다. 나는 아이들에게 질문했다. "어떻게 하면 우리가 영원한 생명을 얻고 천국에 갈 수 있지요?" 250여 명의 아이가 전부 "저요, 저요!" 하며 손을 들었다. 나는 한 아이를 지목했다. 놀랍게도 그 아이는 정확하게 이렇게 대답했다.

"예수의 피로 구원받아요."

나는 한 번도 예수 그리스도의 이름을 말한 적이 없는데 그 아이는 정확하게 구원에 이르는 길을 알고 있었다. M 마을에 있는 올리브 트리 아카데미 주변은 힌두 사제들이 둘러싸고 있기 때문에 예수의 이름을 드러내고 전할 수 없는 곳이다. 개종 금지법으로 인해 복음을 더더욱 드러내 놓고 전할 수 없는 곳이었다.

나는 예수님을 말해야 할 때는 '왕의 아들'이라고 해야 했다. 스토리텔링으로 복음을 전하고 그와 관련된 색칠 공부, 미술, 음악, 영어, 체육 등을 가르쳤다. 독서 시간에는 영어와 힌디어 성경을 동화책 속에 섞어놓고 자신들이 선택해서 읽도록 했다. 영어 성경은 평상시 아름다운 이미지들이 있는 책들을 수집하여 수십 권을 준비했다. 특히 영어 성경은 어린아이 성경부터 유치원생, 초등학생, 청소년들을 위한 성경 등 전 세계 출판사에서 나오는 것들을 헌책방과 서점에서 샀다. 힌디어로 된 동화책은 그림이 없는 책들이 대부분이었다. 그 때문에 아이들은 그림이 있는 영어 성경책을 서로 읽으려고 했다. 복음을 직접 전할 수 없으니 고육지책으로 마련한 프로그램이었다. 나는 그때 복음 전파는 하나님이 하시는 일임을 깨달았다.

2019년 단기 팀의 올리브 트리 아카데미 사역: 자동문

2019년 8월 지구촌교회 여름 단기 팀과 함께 '러브 윙스 패밀리' 보육원 아이들과 하루의 사역을 기쁨으로 마치고 집에 돌아왔다. 너무 기쁘고 가슴이 웅장해지는 날이었다. 의료선교팀에서 함께 단기 선교 사역을 다녔던 이 권사님과 딸 미미와의 만남, 그리고 교육 목자로 함께 했던 나 목자 부부와의 만남도 반갑고 감사하고 행복한 하루였다. 무엇보다도 러브 윙스 패밀리 보육원 가족에게 일생에서 가장 잊지 못할 의미 있고 행복한 날을 선물로 준 것 같아 기뻤다.

단기 팀을 호텔에 내려주고 밤 8시가 넘어서야 주차장 나무 아래에 주차했다. 이제 다음날 올리브 트리 아카데미 어린이 사역에 사용할 250여 명의 간식과 선물, 그리고 마이크와 스피커를 차에 옮겨야 했다. 러브 윙스 패밀리 보육원 사역을 위해 사용했던 물품들과 사역 짐들인 여러 개의 이민 가방 짐을 집 안에 들여다 놓았다.

남은 짐을 옮기기 위해 집을 나서는 순간 우리 집 자동문이 스르르 닫히는가 했는데 완전히 닫혀 버렸다. 나는 분명히 자동문 고리가 닫히지 않도록 걸쇠를 걸어 놓았다. 그런데 문이 닫히는 압력 때문에 고리가 풀렸는지는 몰라도 문이 완전히 닫혔다. 내 손에는 차 키 한 개만 달랑 들려 있었다. 머리가 하얗게 되는 듯했다.

하루 동안의 사역에서 받은 은혜와 기쁨, 눈물, 그리고 감격으로 물들었던 시간이 순식간에 사라졌고 나는 길거리에 내동댕이쳐졌다. 시간은 밤 9시를 향해 달려가고 있었다. 평소 외부인 침입이 두려운 나머지 모든 방문을 튼튼하게 걸어 잠근 상태라서 출입문을 제외하면 열 수 없는 상태였다.

차 안에 있는 여러 도구를 사용해서 문을 열려고 안간힘을 썼다. 백 원짜리 동전만 한 구슬땀이 바닥에 쉴 새 없이 쏟아졌다. 온종일 사역하느라 땀으로 뒤범벅된 옷을 뚫고 모기들은 사정없이 달려들어 피를 뽑고 한밤의 잔치를 벌이고 있었다. 나는 마침내 하늘을 향해 외쳤다. "아버지 왜 이런 일이 있는 거예요. 저 이거 아니어도 너무 힘들거든요?"

결국 문 열기를 포기했다. 걸어서 이웃에 살고 계신 목사님께 도움을 요청했다. 하지만 창문 유리창을 부수고 손을 넣어 문을 여느라 목사님의 손에서 피만 났다. 창문을 연다 해도 쇠창살 때문에 안으로 들어갈 수 없었다. 문을 열 다른 방도가 없었다. 목사님을 모셔다드리고 나니 밤 11시가 넘었다. 머리도 옷도 땀으로 흠뻑 젖었다.

차를 타고 팀원들이 묵고 있는 호텔로 갔다. 하지만 호텔이 만실이라서 방을 구할 수가 없었다. 운전기사들이 묵는 숙소를 간신히 얻었다. 젖은 옷을 입은 채 밤을 지새웠다. 새벽 6시 호텔에 연결된 열쇠 기술자 아저씨를 불렀다. 그러나 그도 자동문을 딸 수는 없었다. 결국 뒤쪽의 철제 대문을 타고 올라가 작은 방의 문을 떼어내고 잠금장치를 부수고 안으로 들어갈 수 있었다. 문을 다시 고치고 안에서 문을 단단히 걸어 잠갔다. 옷을 갈아입고 마이크와 스피커 등 어린이 사역 짐을 차에 옮기고 마치 아무 일이 없었다는 듯이 8시에 호텔로 갔다. 목사님과 팀 리더에게 중보기도를 요청하고 사역을 위해 길을 나섰다.

평상시 200여 명이 오는 올리브 트리 아카데미에는 수지 지구촌교회 단기 선교팀의 사역을 하는 그날 250여 명이 몰려왔다. 발 디딜 틈도 없이 심지어 어른들까지도 들어왔다. 온갖 방해와 어려움 속에서도 아이들이 많이 몰려와 감사했다. 찬양과 복음 전도를 위한 인형극 '다윗과 골리앗'을 상연하고, 개인 사진 촬영을 하고 선물을 나눠주면서 사역이 잘 마무리되었다. 사역팀은 250여 명의 아이들 속에서 사역하고 나서 거의 탈진 상태가 되었다. 마치 전쟁이 끝난 것 같았다.

내게는 문이 닫혀서 집에 못 들어가는 일이 그 후로도 반복되었다. 주로 복음 전도 사역 이전과 이후에 일어나는 일들이었다. 그리고 올리브 트리 아카데미 사역은 유독 방해를 받는 일이 많았다. 그 후로도 자동차 유리를 아이들이 부수거나 사역을 마치고 나오는 길에 시궁창에 내동댕이쳐지거나 모래바람으로 도로 한가운데 갇히거나 하는 일들이 많이 있었다. 그러나 나는 방해가 크면 클수록 하나님께서 그날의 사역을 기뻐 받으셨다는 것을 깨닫게 되었다. 얄팍한 공격으로 사단이 지속적으로 괴롭히지만 내 몸을 상하거나 사역을 아주 못하게 하지는 못한다는 것도 알게 되었다.

5. 협업, 감당할 수 없는 은혜

첫 번째 셀 콘퍼런스

나는 지금 2년여간 준비했던 셀 콘퍼런스를 막 마치고 결산하는 중이다. 수은주 온도가 54.9도를 넘는 더운 날씨가 이어지는 가운데 시작된 6주간의 기도 모임을 마치고 셀교회형 가정교회 콘퍼런스가 시작되었다. 10월 23일은 콘퍼런스가 시작되는 순간이다. 아무도 없는 임마누엘 교회 아치형 스테인드글라스로 비치는 빛을 바라보며 나는 콘퍼런스를 위해 기도했다. 영장 없이 체포되는 개종 금지법(anti-conversion laws)'에 관한 문제가 생기지 않도록 보안을 위해 특별히 기도했다. 셀 콘퍼런스 교재와 이름표를 가지런히 교회 의자에 정리했다. 교회 입구 문 유리창에 '신발을 밖에 벗어 놓으세요.'라는 포스터와 교회 단상 밑에 있는 강사 테이블에 사진 촬영 금지 포스터를 붙였다. 테이블에 출석부와 간식, 명찰과 콘퍼런스 교재를 알파벳 순서대로 정리했다. 아침을 거르고 참석할 목사님들을 위해 간단한 빵과 주스, 그리고 인도식 차 짜에를 준비했다.

준비를 마치고 한참을 지나도 아무도 오지 않았다. 설마 주 강사 목사와 등록을 맡은 목사 부부와 찬양팀이 인디언 타임으로 늦는 것은 아닌지 불안한 마음을 애써 다스리고 있었다. 맨 처음 젊은 목사 한 명이 등록했다. 그는 자기가 등록을 맡겠다고 했다. 그에게 등록을 맡기고 발표를 위한 프로젝터와 노트북을 연결했다.

그렇게 마음을 졸이며 셀 콘퍼런스는 시작되었다. 강의는 이중언어인 영어와 힌디어를 사용했다. 주 강사 프라탑 목사가 강사로 섬겨주었다. 3일간의 콘퍼런스는 점차 안정을 찾아 진행되었고 은혜롭게 잘 마쳤다. 예산도 없이 시작했지만 실수하시지 않으시는 하나님은 우리의 기도를 들어 주셨고 재정은 한 치의 오차 없이 후원된 금액 안에서 지출되었다. 살아 계신 하나님께 감사를 올려드렸다.

콘퍼런스가 시작되면서 인도 목사님들의 간증이 자발적으로 이뤄졌다. 교회론에 대해 이렇게 성경을 풀어 준 것은 인도의 어떤 신학교나 박사과정에서도 없었다고 백발의 노 목사가 제일 먼저 간증했다. 한 젊은 목사는 현재 인도의 핍박 받고 있는 교회들에게 꼭 필요한 교회 개척 전략이라고 했다. 그는 중국에서 선교사가 추방된 상황에서 3억 명의 셀교회 신자가 있었다는 예를 들으며 셀교회에 관심을 보였다. 젊은 목사들이 자신들도 셀교회 지도자가 되게 해달라고 부탁했다. 행정, 찬양, 스태프로 섬기게 해 달라는 사람들이 줄을 이었다. 그런데 셀 콘퍼런스를 마치고 수고한 목사들과 저녁 식사를 하는 데 무언가 이상한 느낌이 들었다. 열정적으로 세미나에 관심을 보이고 강의 때마다 적극적이었던 A 목사의 표정이 어두웠기 때문이다.

믿었던 꾸마르 목사의 반발

첫 번째로 맞닥뜨린 예상치 못한 사건은 꾸마르 목사로부터 시작되었다. 그는 콘퍼런스가 끝나고 저녁 식사를 거절하고 인사도 없이 사라졌다. 선교지에서 일할 때 항상 가장 많이 일어나는 일이 사역을 잘 마치고 나서 팀이 분열하는 것이다. 이미 예상된 일이었다. 꾸마르 목사가 주 강사였던 프라탑 목사에게 화를 내며 한 말을 그로부터 전해 들었다. 다시는 자신의 이름을 행사에 사용하지 말라며 자신에게 중요한 책임을 맡기지 않았다고 화를 내고 갔다고 한다.

  나는 꾸마르 목사를 세 가지 이유로 셀교회형 가정교회 집중교육 시간에 부르지 않았다. 그는 탁월한 스토리텔링 설교자였다. 게다가 성품이 온유하고 선했다. 그가 개척한 갈보리 교회는 기존 성도들이 매우 많아서 그 교회를 셀교회로 전환하기가 어렵다고 판단했다. 또한 그가 살고 있는 교회는 행사장으로부터 멀어서 두 시간이 소요되었다. 매일 혹은 매주 교육하는 셀교회 리더 교육 시간에 참석하기가 어려울 거라고 생각했다. 게다가 그는 생계를 위해 매일 학교에 출근했기 때문에 교육에 참석할 수 없는 환경이었다. 실제로도 그는 6주간의 기도 모임에 한번 밖에 참석하지 못했다. 그런 이유로 내가 꾸마르 목사 부부에게 부탁한 일은 참석자 등록과 간식, 식사 준비, 숙소 배정, 소감문 수거, 명찰 반납, 등의 일이었다. 이 일도 매우 중요한 일이었다. 다만 콘퍼런스 첫날 아침 꾸마르 목사에게 이 일을 다시 한번 확인하여 주지시키지 못하고 콘퍼런스가 시작되었다. 그리고 콘퍼런스 마지막 날 그는 마침내 화가 폭발했다.

  주 강사 프라탑 목사는 이 콘퍼런스에 기여한 공로로 감사 트로피를 받았다. 콘퍼런스 참석자에게 수료증을 수여하고 콘퍼런스 참석자들과 사진을 찍는 것도 주 강사였던 프라탑 목사가 주도했다. 단상에는 사모들이 올라가 수료증과 교통비와 간단한 선물을 주는 것을 도왔다. 결과적으로 꾸마르 목사는 단상에 올라가지 못했다. 자원봉사자였기 때문에 수료증을 미리 전달했기 때문이다. 콘퍼런스 동안 갈아입을 세 벌의 와이셔츠와 수료증을 자원봉사자 A 목사와 우리 사역자들에게 첫날에 미리 지급했었다.

  나는 꾸마르 목사의 마음을 충분히 이해할 수 있다. 다음 날 꾸마르 목사의 아내 소니아와 장시간의 통화를 했다. 꾸마르 목사는 아직 분이 안 풀렸는지 내 전화를 받지 않았다. 나는 마음에 있는 이야기들을 그녀와 나누었다. 갈보리교회가 전통교회라서 셀교회로 전환하기 위해서는 엄청난 에너지가 소모되리라는 것과 왕복 5시간 델리 중심가를 뚫고 와서 셀교회 제자 양육 시간에 참석하기 어려운 현실에 대해 충분하게 대화를 나눴다.

또한 콘퍼런스 기간 영어로 된 성경 구절을 꾸마르 목사의 큰딸 스리스띠에게 힌디어로 낭독하라고 부탁했다. 성경 낭독을 돕던 스리스띠가 내게 말했다. "내가, 이 영어 교재를 힌디어로 번역할 수 있어요. 제가 번역해도 될까요?" 나는 그렇게 하면 너무 좋다고 했다. 힌디어로 번역하면 북인도에 있는 목사들이 더 효과적으로 셀 가정교회를 이해할 수 있을 것이다. 그리고 딸에게 힌디어 교재로 번역도 하고, 콘퍼런스를 열어 꾸마르 목사도 강의에 같이 참여하면 좋겠다는 말을 했었다.

나는 딸과 나눴던 대화를 꾸마르 목사의 아내 소니아에게 전했다. 만약 꾸마르 목사가 계속 대화를 거부한다면 나는 스리스띠와만 사역하겠다는 의사도 표현했다. 몇 시간이 지나고 꾸마르 목사에게서 전화가 왔다. 화를 내서 미안하다고 했다. 나는 꾸마르 목사에게 "당신 마음을 잘 이해한다. 그러나 우리 팀의 일은 맡겨진 일이 강사이든 간식과 접수를 맡는 일이든 모두가 동일하며 누가 더 큰 사람이고 누가 더 작은 사람인 것은 없다."고 말했다. 꾸마르 목사는 자신이 맡은 일을 이번 콘퍼런스에서 잘하지 못했다고 고백하며 다음에는 잘하겠다고 했다.

협박

다음 날 자동차 등록을 위해 자동차 등록 오피스를 가야 했다. 그때 A 목사로부터 메시지가 도착했다. 다른 목사들에게는 차비를 주었는데 팀 봉사자들에게는 돈을 안 주었다고 하며, 자신이 만난 모든 외국 선교사 중에 제일 나쁘다고 나를 비난했다. A 목사는 행사에서 강의한 프라탑 목사와 자신에게 돈을 주지 않았다는 이유로 화가 났다.

A 목사는 자원봉사자로 자원하여 우리 행사에 참여한 사람이다. 자치, 자립, 건강하고 전도 지향적이라는 키워드의 셀교회형 가정교회 컨셉에 가장 열성적으로 지지하고 우리가 변해야 한다고 콘퍼런스 기간에 가장 앞장서서 외친 목사였다. 그랬던 그가 돈을 요구하고 있다. 그의 글을 요약하면 이렇다. 자신이 알고 있는 한국인 선교사들과 미국인 선교사들은 일을 하면 돈을 준다는 거다. 강사 목사, 사회자, 봉사자에게 돈을 줘야 한다면서 내가 셀 콘퍼런스를 하면서 후원받은 돈으로 차를 샀다고 했다. 그리고 함께 일하는 목사들을 존경하지 않는다고 했다. 게다가 마지막 날 찍은 단체사진은 한국에 가서 선교후원 모금을 하기 위해 찍은 것이라고 단정하고 있었다. 이외에도 그는 한국 선교사들에게 내가 한 일에 대해 폭로하겠다고 하면서, 그래도 돈을 주지 않으면 콘퍼런스 참가자들 모두에게 폭로하겠다고 메시지를 보냈다.

며칠을 고민하다가 A 목사에게 메일을 썼다.

존경하는 A 목사님께

전능하신 주님의 이름으로 인사드립니다. 먼저 셀 콘퍼런스에서 함께 자원봉사자로 일해 주신 것에 대해 깊이 감사합니다. 나는 당신이 보내주신 메시지를 자세히 읽었습니다. 솔직한 심정은 답장할 가치가 없어서 답장하지 않으려고 했지만 편지를 쓰는 게 더 낫다고 생각했습니다. 우선 목사님은 나에 대해 잘 알지 못하면서 나를 오해한 것에 대하여 저에게 용서를 구해야 합니다.

먼저, 재정 모금에 대해 말씀드리겠습니다. 나는 내 인생에서 스스로 한 후원

모금은 딱 두 번이었습니다. 한 번은 프라탑 목사의 교회 건축을 위해서였고, 두 번째는 이번 셀 콘퍼런스를 위한 것이었습니다. 두 번 모두 프라탑 목사가 간절히 기도하며 원했기 때문입니다. 다행히 셀교회형 가정교회 콘퍼런스에 비전을 가진 분께서 자신도 어려운 가운데 재정을 후원해 주었습니다. 콘퍼런스가 끝나고 결산한 후 잔액은 마이너스 81루피였습니다. 나는 꾸마르와 프라탑 목사와 지난 8년 동안 기쁠 때나 슬플 때나 그들 가족과 기쁨과 슬픔을 함께했습니다. 나는 꾸마르 목사와 프라탑 목사 가족을 정말 사랑합니다. A 목사님 당신이 한국 선교사들에게 이번 일을 폭로하겠다고 했는데 그들은 나를 너무 잘 알고 있습니다. 나는 사업가가 아닙니다. 나는 사역자이자 목자입니다. 가정교회형 셀교회 운동을 시작한 것은 2,000년간의 인도 선교 역사와 세계 교회사 그리고 교회론을 공부하고 연구하면서 깨닫게 된 통찰 때문입니다.

  인도교회는 사도 도마로 시작하여 지난 2천 년간 복음이 전해졌지만 아직도 자립하지 못하고 있습니다. 대부분이 해외 원조에 의존하고 자립하지 못하는 것이 인도 선교와 인도 교회가 풀어야 할 오랜 과제입니다. 그렇기 때문에 나는 가정교회형 셀교회 개척 콘퍼런스를 시작한 것입니다. 셀교회의 구조는 자치, 자립, 전도가 가능한 교회 개척 모델이기 때문입니다. 인도에 있는 가정교회 안에 셀교회의 구조를 갖추게 되면 인도인들이 자민족을 전도할 수 있다는 생각이 나의 생각입니다.

  또한 나는 교회팀과 교회 사역비를 선교위원회와 선교팀에 보고해 왔습니다. 목적 헌금을 다른 사역비로 쓰는 것은 공금 횡령입니다. 나는 그렇게 하는 것을 생각도 해본 적이 없습니다. 나는 프라탑 목사와 꾸마르 목사, 그리고 제가 함께 사역하는 교회들에 코로나19 팬데믹 기간 힘에 부치도록 긴급구호를 여러 번에 걸쳐 시행했습니다. 나의 재정 원칙은 긴급구호 혹은 교회 존폐의 위기 상황에 있을 때 재정을 사용합니다. 그리고 1년에 한 번 있는 성경 통독 시간에 성도들에게 축제를 만들어주기 위해 재정을 지출하고 있습니다. 나와 사역하는 분들은 이런 나의 재정 원칙을 잘 알고 있습니다.

둘째, 셀 콘퍼런스 비용에 관한 대답입니다. 프라탑 목사와 남인도의 미라클 목사에게 몇 년간 저는 셀교회형 가정교회 개척에 관한 제자 훈련을 해 왔습니다. 프라탑 목사가 셀 콘퍼런스를 하고 싶다고 했을 때 나는 콘퍼런스를 할 만한 어떠한 재정도 없었습니다. 기도 응답으로 한 지인이 콘퍼런스 재정을 보내주었습니다. 나는 주어진 예산으로 인도에서 최초의 셀 컨퍼런스를 당신과 함께 할 수 있었습니다. 우리가 만나는 피드백 시간에 공유할 수 있도록 세부 지출 내역을 모두 적어두었습니다.

셋째, 자동차 구입에 관련된 것입니다. 당신은 내가 콘퍼런스를 이용해서 후원을 받아 차를 샀다고 했습니다. 그게 어떻게 가능한가요? 내게는 그런 일은 상상조차 할 수 없습니다. 코로나19, 2년간 세워 두었던 차를 폐차하고, 택시를 타고 사역하려 했습니다. 택시를 타면 멀미를 해서 전철과 오토 릭샤를 갈아타며 사역하러 다닌다는 소식을 들은 제 여동생이 2022년 5월 자동차 구입을 위한 재정을 보내왔습니다. 코로나 팬데믹 19 기간 델리에서 운전할 수 있는 15년의 기간이 만료되어 차를 폐차했을 때 매우 속상해했고, 내 건강을 걱정했습니다. 1년 반 동안 중고차를 여러 번 사려고 했지만, 한국 사람들이 운영하는 중고 사이트에 팔려고 내놓는 차는 대형 고급 차라 저는 그 차량을 살 수 없었습니다. 그러던 중 젊은 여성이 교민 중고 사이트에 800CC 차량을 판매한다는 글이 올라왔습니다. 차가 작아서 한국인 중에 누구도 사겠다는 사람이 없어서 제가 살 수 있었습니다. 셀 콘퍼런스 하기 2일 전에 차를 사용할 수 있어서 나는 정말 감사했습니다. 만약 내가 차에 욕심이 있었다면 보육원에 사 준 내 차의 세 배가 넘는 외국 유명 브랜드의 7인승 새 차를 가졌을 것입니다.

넷째, 강사료에 대한 답변입니다. 프라탑 목사에게 강사료를 주지 않은 이유는 네 가지입니다. 첫째, 셀교회 개념은 자립형입니다. 외국의 원조와 외국의 지원에서 벗어나는 것이 인도 선교와 인도교회를 살리는 길이라는 것이 저의 신념입니다. 셀 콘퍼런스의 주최자는 프라탑 목사고 가정교회형 셀교회운동(CHCPM) 인도 대표도 프라탑 목사입니다. 저는 아무런 권한 없이 멘토 역할을 하고 있습니다. 인도에 와서 사역하는 어떤 외국인 선교사가 자신의 주 강의를 모두 현지인 목사에게 맡긴 적이 있습니까? 인도에서 사역하는 어떤 외국인 선교사가 협회 대표와 주관자, 그리고 모든 리더십을 현지 목사에게 준 적이 있습니까? 일반적으로 강의는 외국인 선교사 자신이 하고 통역은 현지 목회자에게 맡기지 않습니까? 프라탑 목사는 셀 콘퍼런스의 주관자였고, 주 강사였고, 인도 가정교회형 셀교회운동(CHCPM) 전 인도 대표입니다. 당신도 알다시피 그가 수료증을 참가자에게 나누어주고 사진도 찍었습니다.

두 번째 이유는 제가 프라탑 목사에게 돈을 주면 그는 내 밑에서 일하는 사람이 됩니다. 내 생각은 그와 우리 모두가 하나님 아래서 일한다고 생각합니다. 우리는 모두 하나님의 권위 아래에서 일합니다. 세 번째 이유는 셀 콘퍼런스를 시작할 때 성령님께서 프라탑 목사님을 축복해 주실 것이라는 마음을 주셨기 때문입니다. 하나님께서 프라탑 목사의 교회 건축을 완성하실 것이라는 생각을 주셨습니다. 하나님께서 주시는 은혜는 우리가 감당할 수 없을 만큼 영광스러운 은혜일 것입니다. 네 번째 이유는 내가 은퇴하고 인도를 떠난 후에도 프라탑 목사가 이 일을 계속 이어가길 원하기 때문입니다. 이 사역의 주인은 인도 목회자들입니다. 이것이 제가 프라탑 목사를 존경하는 이유입니다. 나는 인도의 영혼들을 사랑하고 인도 목회자들을 누구보다 존경하는 사람 중 한 명입니다. 돈을 주지 않는 것보다 돈을 주는 것이 훨씬 쉽습니다.

다섯째, 꾸마르 목사에 관한 답변입니다. 기도회 첫날, 나는 꾸마르 목사에게 콘퍼런스 리셉션, 간식, 식사 인원 확인, 수료증 배부 등을 도와달라고 부탁했습니다. 그런데 콘퍼런스 첫날 꾸마르 목사의 집이 멀어서 늦게 왔습니다. 다시 그에게 준 사역을 확인할 시간이 없이 행사가 시작되었습니다. 꾸마르 목사의 불만은 콘퍼런스에서 자신에게 비중 있는 일의 책임을 주지 않았다는 것입니다. 꾸마르 목사는 영어가 능통하지 않기 때문에 이번 영어로 된 강의에 강사로 섬길 수 없었습니다. 콘퍼런스 동안 꾸마르 목사의 딸 스리스띠가 셀 교재를 번역하겠다고 말했습니다. 그래서 나는 의대생인 스리스띠에게 셀 리더와 셀 콘퍼런스 강사가 될 수 있다고 말했고 그녀도 동의했습니다. 나는 그녀에게 셀 교재를 힌디어로 번역하면 그녀의 아버지 꾸마르 목사도 힌디어로 강의할 수 있다고 말했습니다. 이보다 더 꾸마르 목사와 그의 가족을 존중할 수 있을까요?

여섯째, 봉사자들에 대해 교통비 미지급에 관한 이야기입니다. 콘퍼런스 첫날, 세 목사님 가족들에게 3일분의 와이셔츠와 아내들의 옷과 명찰과 수료증을 미리 담아서 쇼핑백을 주었습니다. 그런 이유로 세 분의 교통비가 빠진 것입니다. 다소 미숙했던 점은 용서를 구합니다. 내가 겸손하지 못했다면 부족함 때문이니 겸손할 수 있도록 나를 위해 기도해 주세요.

마지막으로 당신은 85명의 인도 목사를 섬기고 있다고 말하며 나에게 돈이 필요하냐고 물었지만 나는 거절하겠습니다. 나는 이 땅에서 사는 순례자입니다. 예수님의 제자로서 길을 가고 있고, 곧 주님 앞에 갈 것이니 많은 돈은 필요 없습니다. 사역을 준비할 때도 하나님께서 늘 필요한 만큼 공급해 주시니 저는 부자입니다. 저는 인도 땅을 걸으며 인도인들의 영혼을 위해 많이 울었고 그들을 위해 기도했습니다. 저는 돈을 사랑하는 삯꾼이 아니라 인도 영혼을 사랑하는 사람 중 한 사람입니다. 인도에서 사역하다가 치쿤구니아라는 풍토병에 걸려 건강을 잃고 뼈가 휘는 병으로 지금까지 고생하고 있지만, 인도 사람들을 사랑합니다. 당신도 콘퍼런스 기간 내가 치킨 커리를 먹고 강의 중 열 번도 넘게 화장실에 간 것을 기억할 것입니다. 내가 물을 마시거나 인도 음식을 먹을 때마다 배탈이 나지만 복음을 멈출 수는 없습니다. 이 글을 읽고 나의 진심을 알아주셨으면 좋겠습니다. 또한, 콘퍼런스에서 수고해 준 여러분께 깊은 감사를 드립니다. A 목사님이 하는 모든 일에 하나님의 은혜가 충만하기를 기도합니다. 감사합니다.

2023년 10월 27일 WH. Michelle.

이 이메일을 보낸 이후 A 목사님의 메시지는 나에게 메시지를 보내지 않았다.

사진만 찍으면 돼

이와 관련하여 생각나는 일화가 있다. 몇 년 전 한 지인으로부터 예술가 목사를 소개받았다. 델리 중심가에서 국제교회를 담임하고 있는 꽤 유능해 보이는 목사였다. 그가 하는 사역 중에 인도 여성 사역이 있는데, 그 일을 맡았던 한국인 자매가 여성 사역 작업장을 나에게 맡아 달라고 해서 방문했다. 언뜻 보기에도 매우 월세가 비싼 델리 중심지에 있는 독채 건물이었다. 집 안에는 인도 여인이 혼자서 재봉 일을 가르치고 있었다.

나는 넓은 거실에 여성들이 제작한 작품들을 진열장에 전시하여 판매하고 숙련된 재봉사들에게 좋은 디자인을 하여 제품을 생산하면 좋겠다고 했다. 그곳에는 전통적 방법으로 인도 패턴 문양을 찍는 작업장과 장인까지 갖추고 있었다. 그런데 그 자매가 내게 말했다. "제품 제작은 안 해도 돼요. 주문 오면 그때 만들고요. 사진만 찍으면 돼요." 그때 나는 매우 큰 충격을 받았다. 그리고 그 공방 사역을 인계받아 사역하려던 마음을 접었다. 그곳은 공방 운영이나 제품 제작을 하지 않고 사진을 찍어 외부에서 후원을 받는 방식으로 운영하는 공방이었다.

2,000여 년 동안 복음이 전해진 인도는 아직도 외부 원조에 의존하는 교회들이 대다수다. 현 정권에서 외국 NGO 후원을 전면 봉쇄했는데도 교회 스스로 자립하려 하지 않는다. 나는 인도교회들이 세미나에 돈을 지불하고 참석하는 그날을 꿈꾼다.

성경 속의 배신

선교지에서는 인간의 배신과 고난을 통해 하나님의 복음의 전진이 이루어진다는 것을 말씀을 통해 확인하게 된다. 요셉과 예수님은 각자의 시대를 살았던 인물이지만, 그들의 삶에는 놀라울 정도로 유사한 점이 발견된다. 특히 두 인물 모두, 가까운 사람들에 의해 배신당했다는 점은 주목할 만하다. 이러한 배신의 경험은 두 사람의 삶에 깊은 상처와 고통을 안겨주었지만, 역설적으로 이는 하나님의 더 큰 계획을 드러내는 중요한 계기가 되었다.

요셉은 사랑받는 아들이었지만, 형들의 시기와 질투로 인해 노예로 팔려가는 고난을 겪었다. 그는 억울하게 감옥에 갇히기도 했지만, 하나님이 함께하심으로 결국에는 애굽의 총리가 되어 기근으로 고통받는 사람들을 구원하는 역할을 감당했다. 예수님 또한 하나님의 아들로서 세상에 오셨지만, 제자 중 한 사람인 유다의 배신으로 십자가에 못 박혀 죽임을 당했다. 그러나 그의 죽음은 인류를 죄에서 구원하는 희생 제물이 되었고, 부활을 통해 영원한 생명을 주는 놀라운 사건으로 이어졌다.

이처럼 요셉과 예수님은 배신이라는 고통스러운 경험을 통해 더 큰 영광을 드러내는 도구로 사용되었다. 요셉의 이야기는 예수님의 삶을 예표하며 하나님께서 고난을 통해 역사하시는 놀라운 섭리를 보여주는 중요한 사례다. 더 자세히 살펴보면, 요셉은 아버지 야곱에게 사랑받아 채색옷을 입었지만, 이 옷은 형들의 시기심을 불러일으켜 배신의 원인이 되었다. 예수님 또한 하나님의 사랑받는 아들이셨지만, 세상 사람들의 시기와 미움으로 십자가에 못 박히셨다. 이처럼 두 사람 모두 사랑의 표시가 오히려 고난의 원인이 되었다는 점에서 유사성을 찾아볼 수 있다.

요셉은 억울한 누명을 쓰고 감옥에 갇혔지만, 그곳에서도 하나님의 은혜로 꿈을 해석하는 능력을 발휘하여 결국에는 총리가 되었다. 예수님 또한 죽음 후 무덤에 묻혔지만 사흘 만에 부활하심으로 죽음의 권세를 이기고 승리하셨다. 이처럼 두 사람 모두 고난의 장소에서 하나님의 능력을 드러내고 더 큰 영광을 얻게 되었다는 점이 비슷하다. 또한 요셉의 형제들은 요셉을 미워하고 배신했지만, 결국에는 요셉 앞에 무릎을 꿇고 용서를 구했다. 예수님의 제자들 또한 예수님을 버리고 도망쳤지만, 부활하신 예수님을 만나고 다시금 믿음을 회복했다. 이처럼 두 사람 모두 배신자들을 용서하고 사랑으로 감싸안았다는 점에서 그리스도의 모습을 보여준다.

그리고 요셉이 가족을 구원한 것처럼 예수님은 인류를 죄에서 구원하셨다. 이는 하나님의 주권을 드러내며 배신이라는 악한 사건을 통해서도 하나님의 선한 계획이 이루어짐을 보여준다. 요셉의 이야기는 예수님의 삶을 예표하며 하나님께서 인간의 배신과 고난을 통해 구원의 역사를 이루어 가시는 놀라운 섭리를 보여준다. 요셉과 예수님의 고난과 배신에 비하면 아주 미미한 일이지만 A 목사의 사건을 통해 하나님의 선교 사역을 이뤄 가시는 것을 나와 프라탑 목사는 한국 방문을 통해 경험하게 되었다.

감당할 수 없는 은혜

2024년 6월 프라탑 목사님과 나는 한국 지구촌교회 30주년 행사에 참석하기 위해 한국에 왔다. 한국에 오는 비행기 안에서 프라탑 목사는 그의 고향 오디사에서 1,000여 명의 목사들이 셀 콘퍼런스를 요청했다고 한다. 2025년 델리와 오디사의 콘퍼런스를 비행기 안에서 프라탑과 계획하며 호텔에 도착했다.

한국에 오기 전 어떤 알지 못하는 권사님이 나를 만나고 싶어 했다. 주일 예배를 마치고 지구촌교회 30주년 행사 시작 전 그 권사님을 먼저 만날 수 있었다. 프라탑 목사도 함께 갔다. 인도 이야기를 나누는 중에 프라탑 목사에 대해 권사님이 질문했다. 원래 학교 사역을 했는데 코로나19 기간에 학생들이 학교에 오지 못해서 학교 문을 닫고, 길거리에서 교회를 개척했다고 이야기했다. 그의 아내가 금과 패물을 팔고 프라탑 목사는 할부로 산 자동차를 팔아서 교회를 건축 중이라고 말했다. 그가 오래전 헐값에 사 놓은 땅에 교회를 건축 중인데 일 층과 이 층의 뼈대만 올린 채 멈춘 상태라고 이야기했다. 인도 목사 중에 자기 차와 패물을 팔아서 교회 건축을 한 사역자는 매우 드물다고 내 생각을 전했다.

권사님은 그 이야기를 듣고 교회 건축을 완공하는데 들어가는 비용을 헌금하겠다고 했다. 나는 임기를 곧 마치고 안식월이라서 한국에 들어와야 한다고 말했다. 우리가 이야기를 나누는 도중 생각지도 못한 일들이 계속되었다. 그 권사님은 내 자동차를 프라탑 목사에게 주라고 했다. 자동찻값은 권사님이 지급하겠다고 했다.

우리는 모두 그 자리에서 울었다. 프라탑의 아내는 전화기 너머로 제일 큰 소리로 울고 있었다. 하나님의 일하심에는 한 치의 오차가 없으시다. 나는 하나님이 주시는 은혜는 우리가 감당할 수 없는 은혜일 것이라고 이야기한 것을 하나님께서 우리에게 현실로 생생하게 보여주셨기 때문에 더욱 깊이 하나님의 일하심을 경험했다.

그 교회 건물의 3층은 권사님의 요청에 따라 나의 인도 사역 거처가 되었다. 모든 일에 어렵고, 사방이 우겨 쌈을 당하고, 견딜 수 없는 힘든 상황에서도 원수의 목전에서 상을 차려주시는 하나님께 감사하다. 하나님이 하시는 일, 협력하여 선을 이루시는 일에 매일 아침, 매일 저녁, 그리고 생각날 때마다 감사하다. 선하시고, 아름다우시고, 전능하신 하나님께 감사하다.

프라탑 목사는 7월 초부터 9월 말까지 차근차근 진두지휘하여 교회 건축을 완성했다. 모든 건축 과정이 수작업으로 이루어져 시간이 오래 걸리고 비용도 많이 들었지만 아름답게 건축되었다. 2025년 3월 헌당 예배를 드리게 될 것이다. 하나님께서 주신 땅은 아름다웠다. 그와 관련된 사람들도 아름다웠다.

"내게 줄로 재어 준 구역은 아름다운 곳에 있음이여 나의 기업이 실로 아름답도다"
[시편 16:6]

6. 소원, 나는 너를 믿는다

아버지

청소년 시절 아버지는 내가 바라보는 기성세대를 대표했다. 내게 아버지는 사회를 바라보는 창이었다. 나는 아버지처럼 살기 싫었다. 아버지가 드시는 생선회도 싫었다. 힘든 것 중 하나는 아버지께서 조기 대가리를 씹어서 드시는 일이었다. 어린 내게는 야만인같이 보였다. 밤마다 거나하게 술에 취해서 우리에게 주려고 사 오시는 센 베 과자와 포장마차에서 사 오시는 붕어빵과 간식거리들도 나는 싫었다.

대학 졸업 후 아버지처럼 살기 싫어 한국을 떠날 생각도 여러 번 했었다. 아버지는 늘 밥상머리에서 교육하셨다. 다른 때는 만날 시간이 없었기 때문이다. 아버지가 원하던 삶을 살지 못했다고 생각할 때마다 그 화를 큰딸인 내게 많이 내셨다. 내게는 그때마다 더 완벽한 무엇인가를 요구하셨다. 아마도 아버지는 할아버지의 인정을 받고 싶었던 것 같다.

아버지의 암 투병

내게 너무 무섭고 호랑이 같던 아버지가 암 3기로 병원에 누우셨다. 인도 사역을 그대로 두고 한국에 들어와 찾은 병실에서 만난 아버지는 뼈만 앙상하게 남아있었다. 밥을 떠먹여 드려야 했다. 여동생이 매일 아버지 목욕을 해드렸다. 아버지는 그 후로 3년 반 동안 암 치료를 받으셨다.

　마지막 아버지께서 소천하시기 얼마 전 나는 선교지에서 한국으로 긴급하게 들어와 병원에 입원 중이었다. 한 달간의 병원 생활에서 퇴원해 아침나절 화장실에서 나오는데 귓불에 '오늘'이라고 속삭이는 말이 들렸다. 나는 그 길로 아버지께서 계시는 암 병동 중환자실로 찾아갔다. 동생과 어머니는 매우 놀란 눈치였다. 선교지에 있어야 할 내가 매우 결정적인 순간에 나타났기 때문이다.

　아버지는 이미 산소마스크를 쓰고 있었다. 길고 힘겹게 호흡을 내뱉고 있었다. 생사의 갈림길에 있는 중환자들 속에서 아버지가 가장 마지막으로 보였다. 나는 그곳에서 아버지의 임종을 지켰다. 선교지로 떠나고 나서 수없이 하나님께 기도드렸던 것을 그분께서 들어주셨다. 어떤 일이 있더라도 제가 아버지의 임종을 지키고 장례를 할 수 있도록 해달라고 한 기도를 하나님은 절묘한 방법으로 들어 주셨다. 아버지를 앰뷸런스로 장례식장으로 옮기고, 5일간의 장례 절차를 치르고, 고향 선산의 양지바른 곳에 모시기까지 모든 절차를 내 손으로 할 수 있었다.

아버지의 임종을 지키며

　아버지의 임종을 지키며 밤새 아버지와의 추억이 떠올랐다. 고등학교 시절 비가 억수로 쏟아지는데 모두가 떠난 4층 복도에서 나는 운동장을 바라다보고 있었다. 교문 끝에서 자전거를 탄 한 사람이 운동장을 가로질러 포물선을 그리며 다가왔다. 아버지였다. 장대비를 맞으며 아버지는 딸에게 우산을 가져오신 것이다.

　나는 고등학교 3학년 2학기가 시작할 무렵 호흡 곤란으로 학교 합숙소에서 쓰러졌다. 당시 우리 학교는 대학 입시 준비를 위해 우열반을 만들어

특별 지도했다. 우등반인 우리에게는 성적순으로 학교에서 숙소를 제공했다. 예민했던 나는 시끄러운 소리를 견디지 못했다. 이내 호흡 곤란 증세가 왔다.

밤늦은 시간이라서 병원은 이미 문을 닫은 시간이었다. 아버지는 축 늘어진 나를 업고 병원으로 달렸다. 달리는 동안 담임 선생님과 친구들이 마비된 내 팔과 다리를 주무르며 함께 달렸다. 다행히 아버지가 출석하는 교회 장로님께 연락이 닿아 병원 응급실에 갈 수 있었다. 나는 의식을 잃었다. 얼마나 내가 침대에 누워있었는지 기억할 수 없다. 내가 처음 눈을 떴을 때 말로 형용할 수 없는 어떤 희미한 빛이 다가왔다가 사라졌다. 두 번째 힘겹게 눈을 떴을 때 차가운 형광등이 멀리서 뿌옇게 보였다. 세 번째 눈을 떴을 때 형광등 불빛 아래로 커다란 얼굴 하나가 들어왔다. 아버지였다. 그 때 나는 엄청난 평안을 느꼈다. 내 몸 전체를 기댈 만한 넓고 깊은 평안이었다.

대학 입시를 치르고 나는 친구 집에 있었다. 친구 집에서 TV를 보는데 MBC 방송에서 합격자 수험번호 명단이 자막으로 흐르고 있었다. 합격이었다. 나는 그 길로 집에 달려갔다. 나는 당시 프랑스 재단의 사립 미션 스쿨을 다녔는데 이미 아버지는 교장 수녀님 대신 교감 선생님의 구두를 사 주셨다고 한다. 게다가 동네 사람들에게 이미 잔치를 베풀었다고 한다. 나한테 물어보지도 않고. 아버지는 친구도 많고, 잡기(雜技)에 능하셨다. 바둑, 장기, 조기 축구, 춤, 사물놀이 등으로 늘 바쁘셨기 때문에 나는 아버지와 특별하게 많은 대화를 해본 적이 손에 꼽을 정도다.

할아버지는 종갓집의 삼대독자 외아들이고 아버지는 장남이었다. 증조할아버지는 내가 아들이기를 바라셨다. 학자셨던 증조할아버지께서는 내 이름은 으뜸원(元)에 빛날 희(熙)자로 남자 이름을 지어 주셨다. 그게 통했는지 내 밑으로는 남동생이 태어났다.

증조할아버지는 늘 나를 식사때마다 무릎에 앉혀 놓고 식사를 하셨다고 한다. 고모들의 말에 따르면 내가 늘 증조할아버지의 수염을 잡아당겼다고 한다. 게다가 매번 나는 증조할아버지의 국그릇을 발로 차서 엎었다고 한다. 그때마다 증조할아버지는 "허허"하며 웃으셨다고 한다. 나는 기억에도 없는 이야기다. 씨족사회를 이루며 살았던 우리 동네는 모두가 일가친척이었다.

대학교 2학년 때 나는 내 인생에서 가장 큰 전환점을 맞았다. 내성적이고 그림만 그리던 내가 집안의 대소사에서 큰딸로서 일을 맡게 되었다. 12월 섣달이었다. 24일이 할아버지 생신이었는데 회갑이었다. 잔치는 한 달 동안 계속되었다. 나는 돈의 출납을 맡았다. 동네 전체 백여 명의 식솔들이 매일 원근 각지에서 찾아오는 수백 명의 손님을 위한 음식상을 차려야 했다. 부엌에서 큰 상에 음식을 가지런히 한 상을 차려 방으로 이동할라치면 네 명이 들고 옮기는 상 한쪽이 조금이라도 기울면 음식이 주르르 바닥으로 쏟아지곤 했다. 섣달 한파가 상을 다 얼려버렸기 때문이다.

그렇게 한 달간의 잔치가 끝나고 가장 가까운 어른들이 모여서 정산을 했다. 나는 최선을 다했지만 몇만 원이 차이가 났다. 어른들 앞에서 아버지는 내게 대학생인데 그까짓 정산 하나를 똑바로 못하냐고 꾸지람을 하셨다. 아버지는 아버지 형제들 앞에서도 나의 조그마한 잘못을 용납하지 않으셨다. 그런 아버지가 나는 싫었다. 작은아버지께서 "형님, 애한테 왜 그러세요? 돈이 수시로 오가다 보면 그럴 수도 있지요." 하면서 내 편을 들어주셨다. 그 이후 나는 완벽주의자가 되어갔다. 집안이 잘 정돈되어야 하고 무엇이든지 정확히 끝맺어야 하는 성격으로 나를 몰아갔다.

아버지의 눈물

　나는 미술관에서 작업을 마치고 교정 스피커에서 흘러나오는 팬플루트 연주를 들으며 계단을 걸어 내려가고 있었다. 그런데 어디에서 많이 본 사람 세 명이 교정 벤치에 앉아 있었다. 세 분의 스산한 표정이 이미 오래 기다린 듯한 눈치였다. 가까이 가보니 아버지와 할아버지 할머니셨다. 할아버지와 할머니는 내 얼굴을 보시고 "얼굴 보았으니 됐다."라고 하시며 집으로 가셨다.

　나는 아버지와 함께 집으로 돌아왔다. 집으로 돌아오는 길에 아버지는 짜장면을 시켜 놓고 계속 우셨다. 그래서 왜 우시냐고 물어봐도 대답을 안 하신다. 집에 와서도 이불을 쓰고 우셨다. 나중에서야 아버지께서 말씀하셨다. 딸에게 잘해준 게 없다는 생각에 우셨다는 것이다. 전화도 없던 시절 아버지는 내가 무슨 과에 다니는지 몇 학년인지도 모르셨다. 그냥 대학교 이름 하나만 달랑 알고 계셨다. 그래서 교정 벤치에 앉아 하염없이 나를 기다리셨다. 이틀 동안 눈물을 멈추지 못했던 아버지는 나에게는 다른 형제들보다 더 완벽함을 요구하는 분이었고, 내가 아버지를 필요했을 때 아버지는 바깥일과 잡기로 시간을 보내고 없었다.

　하나님의 전적인 은혜로 영혼의 구원을 받고 나서 비로소 아버지를 용서할 수 있었다. 아버지의 부조리는 아버지만의 것이 아닌 한 사회 전체의 부조리와 같은 것이었음을 나이가 들며 어렴풋이 깨닫게 된다. 사회에 진출하고 나서 무참히도 깨지면서 교과서에서 배운 것이 모두 사회에 그대로 반영될 수 없다는 것에 오래전에 절망했기 때문이기도 하다. 나는 아버지께 예수님을 만난 간증을 했다. 그리고 아버지를 용서한다고 말씀드렸다. 그리고 사랑한다고 말씀드렸다. 아버지는 이렇게 말씀하셨다. "여보 이젠 우리도 아이들이 원하는 대로 합시다." 내가 선교지로 떠난다는 것을 나중에야 알게 된 아버지는 내게 딱 한 마디를 하셨다. "마땅치 않으면 바로 돌아와라!"

아버지의 임종

 아버지가 나를 필요로 했을 때 나는 아버지 곁을 지키지 못했다. 아버지는 병원에서 투병하던 3년 반의 시간이 천국이었다고 말씀하셨다. 아버지가 나에게 사랑한다고 문자로 말하지는 않았지만, 아버지의 행동에서 딸에 대한 사랑과 때때로 눈물을 보았다. 자신을 향한 분노의 대상으로 나를 희생양으로 삼기도 했었다. 아버지는 끝내 단 한 번도 "나는 너를 믿는다."라고 말씀해 주시지 않았다. 어쩌면 내가 그렇게 완벽한 사람이 되려고 노력했던 것은 아버지에게 듣고 싶었던 그 "믿는다"라는 말 한마디 때문이 아니었을까?
 그렇게 온 밤을 아버지와 몇 안 되는 추억을 떠올리며 아버지의 마지막을 지켰다. 다음 날 온 가족이 모여 함께 식사했다. 그리고 으스름한 황혼 무렵 청회색과 주홍색 구름이 태양 빛의 후광을 받아 마음이 요동치도록 아름답다고 생각한 그 시간 아버지는 우리 곁을 떠났다. 창밖에는 가느다란 주홍빛 상사화들이 그림같이 무리 지어 피어 있었다.
 목사 안수를 받던 날, Ph. D 박사학위를 받던 날, 아버지가 유독 생각났다. 아버지가 계셨다면 누구보다 기뻐하셨을 것이다. 그리고 어머니가 늘 나에게 해 주셨던 말처럼 "큰딸이 있어 든든하다."라고 해 주셨을까 생각해 본다. 나는 잡기에 능하다. 바둑, 사물놀이, 테니스, 수영, 볼링, 스키, 여행, 무엇이든 손으로 만드는 일 등 아버지처럼 살기 싫었는데, 이제 거울을 보며 나에게서 문득문득 내 얼굴에서 아버지의 흔적을 발견한다. 아버지처럼 살기 싫었던 나는 아버지가 가졌던 그 감성과 아버지의 기호를 가진 나를 발견한다. 그리고 이것이 내가 아버지를 그리워하는 것임을 나는 안다.

4장

양성금 선교사

1. 회상, 시리도록 아픈 이별

 소로록 소로록 봄이 오는 소리가 들리고 꽁꽁 얼어붙어 있던 대지도 오랜 긴장을 풀고 조금씩 자신의 자리를 내어주던 때였다. 이른 아침부터 "따릉~ 따릉~ 따르릉~" 전화벨 소리가 요란하게 울려 댔다. 깊은 잠에 빠져 있던 나는 비몽사몽으로 무거운 눈꺼풀을 채 올리지 못하고 수화기를 들었다. "여보세요?" 하고 말을 건네자 시집간 지 얼마 되지 않은 다섯째 언니의 다급한 목소리가 들려왔다. "나, 지금 시골 내려가는 중이야. 아버지가 쓰러지셨는데… 흑…흑…." 언니는 새벽녘에 걸려 온 어머니의 전화를 받고 형부와 함께 급히 시골로 내려가는 중이었다. 이게 웬 날벼락 같은 소리인가? 순간 한 대 얻어맞은 것처럼 머릿속이 새하얘졌다.

아름다운 추억

 아버지는 아주 다정다감한 분이었다. 늘 잔잔한 미소로 자신의 옆자리를 스스럼없이 내어주시던 분이었다. 일남 육녀 중 여섯째 딸로 태어난 내게 비빌 언덕이 있다면 바로 아버지였다. 지금도 아버지와의 추억을 떠올리고 아버지의 모습을 생각하면 절로 마음이 따뜻해진다.
 아버지는 낚시를 참 좋아했다. 때때로 저수지 옆 나무 그늘 아래에 터를 잡고 낚시를 즐기시곤 했다. 아버지가 낚시를 할 때면 어린 딸인 나에게 이런저런 재미있는 이야기를 많이 해주었다. 아버지는 나뭇가지를 꺾어 작은 낚싯대를 만들어주시며 낚시하는 방법도 가르쳐 주었다. 아빠의 옆에서 낚시하는 법을 배우고 함께 웃고 행복해했던 시간은 내 머릿속의 좋은 추억으로 고이 저장되어 있다.

 아버지의 직업은 수리공이었다. 마을 사람들은 농기구와 자전거, 그리고 각종 가전과 기계들이 고장 나면 제일 먼저 아버지에게 가져왔다. 아버지의 손은 만능 손으로, 고장 난 물건을 가져오면 거의 백발백중 고쳐 내셨다. 조그만 부품도 세밀하게 관찰하시는 아버지의 섬세함은 정말 대단해 보였다.

 어릴 적부터 내가 타고 다녔던 자전거는 아주 특별했다. 아버지가 여러 부품을 조립해서 나에게 수제 자전거를 만들어주었기에 자전거를 배우는 데 그리 어렵지 않았다. 친구들은 그런 나의 자전거를 늘 부러워하기도 했다. 손재주가 좋았던 아버지는 집에서도 불편한 부분이 있으면 여러 가지 재료를 이용해 필요한 용도에 맞게 뚝딱뚝딱 만들었다.

 유독 화초를 좋아하던 아버지는 작은 화단에 화초를 심고 꽃도 심어 아름답게 가꾸기도 했다. 봄이면 작약, 봉숭아, 백합이 올라왔다. 오월엔 붉은 장미를 그리고 여름에는 채송화와 접시꽃, 가을에는 국화가 화단을 물들게 했다. 그뿐만이 아니라 이름 모를 화초들도 많이 키워서 나는 늘 예쁜 꽃을 볼 수 있었다.

 아버지는 나에게 백마 탄 왕자님과 같은 분이었다. 멀리 위치한 중학교에 통학하던 때 혹여나 버스를 놓치게 되면 아버지는 백마 탄 왕자님처럼 부릉부릉 오토바이를 타고 달려왔다. 아버지가 태워 준 오토바이 뒷자리는 늘 포근했고 아버지의 온기가 그대로 전해서 따스함이 가득했다. 태어날

4장 양성금 선교사

#세네갈#회상#아쉬움#분노#용기#초점#재난#사명

때부터 허약하여 늘 잔병치레로 골골하던 나를 안쓰러워하시며 둥가둥가 업어 주시던 우리 아버지, 나의 작은 애교에도 늘 환하게 웃음으로 답해 주시던 우리 아버지, 고추장 매운탕을 기가 막히게 끓여 주시던 우리 아버지, 긴 머리를 다정스럽게 만져주시고 예쁘게 땋아 주시던 우리 아버지, 친구들과 놀러 가는 내게 엄마 몰래 슬며시 용돈을 쥐어 주시던 우리 아버지…. 아버지와의 추억을 다 나열하려면 밤이 새도 모자랄 것 같다. 그렇게 아버지는 나에게 없어서는 안 될 소중한 분이었다.

아버지 옆을 지키며

그동안 아버지에게 무슨 일이 있었던 것일까? 아버지는 얼마나 오래 아픔을 참고 견뎠던 걸까? 그동안 우리에게 말하지 못한 아버지의 심정은 어땠을까? 수많은 질문이 마구마구 올라온다. 갑자기 쓰러진 아버지는 대구의 큰 종합병원으로 옮겼다. 아버지는 응급실에 들어서자마자 폭포수 같은 피를 토했고 고통스러움에 어쩔 줄 몰라 하며 몸을 부르르 떨었다. "아빠! 아빠! 저 성금이에요. 아빠! 아빠!" 아빠를 흔들며 간절하게 부르는 나의 목소리에도 아버지는 어떠한 반응도 해주지 못했다. 그나마 남아있던 의식마저도 순식간에 힘을 잃던 모습을 보면서 나는 오열하지 않을 수 없었.

병원에서 여러 검사를 진행하려 했지만, 워낙 체력이 소진되신 상태이기에 더 이상의 검사를 진행할 수 없었고 이런저런 약을 투약했음에도 불구하고 아무런 차도가 보이지 않았다. 급기야 자가 호흡을 하지 못했다. 코와 입에는 산소호흡기가 달리고 온몸에는 이름 모를 여러 장치들이 연결되어 있었다. 아버지의 상태는 급속도로 악화되어 갔다.

고통스러워하던 아버지는 중환자실로 옮겨지고 투여한 약 때문인지 한동안 신생아처럼 고요하게 잠들어 있었다. 아버지의 옆자리를 지키며 자지도 먹지도 않은 채 온종일 아버지의 손과 발을 닦아 드리고 대소변을 치워드렸다. 혹여나 몸이 굳지나 않을까, 아버지의 이곳저곳을 주물러 드리기도 했다.

깊이 파인 주름과 까맣게 그을린 아버지의 얼굴이 눈에 들어왔다. 오랜만에 아주 오랜만에 아버지의 얼굴을 자세히 훑어보았다. 내가 자라가는 세월만큼 아버지는 쇠약하고 많이 늙어 있었다. 그동안 아버지를 더 잘 챙겨드리지 못한 게 미안하고 또 죄송스러웠다. 그렇게 곤히 잠든 아버지 옆에서 나는 많은 이야기를 들려 드렸다. 아버지가 나에게 어떤 분이었는지 그동안 하지 못했던 얘기들을 독백하듯 말이다. 매시간 아버지의 회복을 위해 간절히 기도하며 제발! 제발! 우리 아버지를 살려달라고 애원하고 호소했었다.

감당할 수 없는 이별

입원한 지 나흘째 되던 날 여전히 아버지는 의식을 되찾지 못했다. 의사는 가족 모두를 불렀다. "아무래도 마지막을 준비하셔야 할 것 같습니다. 가망이 없습니다. 산소호흡기만 떼면 바로 돌아가십니다." 우리 가족은 병원 복도 귀퉁이에 털썩 주저앉아 버렸다. 모두가 울먹이며 있는 돈을 다 긁어모아서라도 아버지를 더 큰 병원으로 옮겨 치료를 이어가자고 한창 얘기를 하고 있을 때 아버지의 누이동생인 고모가 오셨다.

고모는 의사와 상담을 한 후 우리 가족을 일일이 다독거리며 마음 아프고 힘들겠지만 이제 오빠를 집으로 가서 편안하게 보내 드리자고 했다. 아마도 우리의 형편을 누구보다 잘 아시기에 그런 결정을 내린 듯 했다. 그렇게 아버지를 보내드릴 준비를 하지 못했던 우리 가족은 고모의 간곡한 권유로 이튿날 아버지를 모시고 시골집으로 갔다.

시골집에 도착했을 때 아버지의 입에는 산소호흡기가 없었다. 나는 아버지의 마지막 임종을 보지 못한 채 흐르는 눈물을 주체할 수 없었다. "아빠! 아빠! 아빠……." 아버지는 여전히 말씀이 없었다. 아버지의 손을 만지고 아버지의 얼굴에 뺨을 대며 잠시 그의 곁에 엎드렸다. 다정다감하신 우리 아버지, 멋지신 우리 아버지, 날 기꺼이 받아주시던 인자하신 아버지… 그런 우리 아버지…. 나는 아버지를 도저히 보내 드릴 용기가 없었다. 아버지가 없는 세상을 상상할 수 없었다. 하늘이 무너지는 것 같았다. 속에서부터 복받쳐 올라오는 설움을 주체할 수가 없었다.

아버지의 장례식을 어떻게 치렀는지 기억이 나지 않는다. 아버지 옆에서 의식을 잃은 후 깨어 보니 시골 읍내 병원이었다. 아버지의 장례식을 마무리하고 온 가족이 걱정과 안쓰러운 시선으로 나를 걱정하며 쳐다보고 있었다. 살 의지도 희망도 없이 다시 눈물이 하염없이 흘러내렸다. 아버지의 부재를 인정하고 받아들이는 게 내게는 너무 힘들었다. 하나님을 향한 원망이 스멀스멀 올라왔다. 가장 소중히 여기는 분을 지켜주지 못했다는 분노였다. 간절히 기도한 것에 대한 낙심이었고 아버지와 제대로 마지막 인사를 나누지 못한 아쉬움과 보고픔, 그리움으로 가득 찬 딸의 포효였다.

아버지가 떠난 후, 얼마 동안은 내가 있어야 할 자리를 찾지 못하고 방황했다. 누구를 위해, 무엇을 위해 살아야 하는지 뒤죽박죽이고 엉망진창인 삶을 한탄하며 인생의 허무함을 곱씹었다. 모든 것을 포기하고 싶은 마음이 올라왔다. 아버지가 너무 보고 싶었다. 아버지의 안부가 너무 궁금했다. 꿈에라도 한번 와 주시기를 간절히 간절히 원했다.

재회를 통한 회복

1년 후 어느 날 아버지가 꿈에 나타났다. 얼마나 보고 싶고 궁금했는지 모른다. 꿈속에서 아버지는 곱디고운 하얀 모시옷을 입고 환한 미소로 팔을 한껏 벌려 나를 안아 주었다. 걱정한 것과는 다르게 아버지의 얼굴은 너무 평안해 보였다. 아버지의 얼굴을 보니 나의 마음도 평안해졌다. 아버지와 짧지만 아름다운 만남은 내게 큰 기쁨이 되었다. 아버지와 아쉬운 작별을 하고 돌아오는 데 아버지의 마음이 가득 담긴 선물이 차 트렁크에 놓여있었다. 이름 모를 예쁜 꽃들과 형형색색의 과일이 가득 들어있었다. 아버지의 따뜻한 사랑에 가슴이 벅차 하염없이 눈물만 흘리다가 잠에서 깼다.

시리고 아픈 나의 삶에도 어느덧 평안이 찾아왔다. 고통 가운데 계시던 아버지를 붙들고 중환자실에서 간절히 기도하던 나의 기도를 하나님께서 기억하고 계셨다는 걸 깨닫게 되었다. 꿈에서 만난 아버지의 평안한 모습을 통해 나는 살아 계신 하나님을 더욱 신뢰하게 되었다.

육신의 아버지를 떠나보낸 그 이별의 자리에서 영원한 아버지의 세밀한 숨결을 느낄 수 있었다. 그 누구보다 나를 잘 아시며 나를 지으시고 그 누구보다 나를 사랑하신다고 하시는 영원한 아버지를 만난 것이다. 무엇으로 표현할 수 있을까? 육신의 아버지를 통해 만난 영혼의 아버지의 품, 영혼의 아버지를 통해 만난 육신의 아버지와의 아름다운 추억과 사랑에 나는 가슴이 벅찼다. 두 분을 만난 건 내 인생에 가장 큰 축복이자 감사이다. 아버지란 존재는 사랑 그 자체였다. 언젠가 다시 만날 그날을 고대한다. 아버지를 그리워하는 것 이상으로 그분을 사랑하며 내게 주어진 삶을 다시 성실하게 살아가기를 다짐해 본다. 그분이 베풀어 주신 것처럼 나도 그렇게 사랑하면서 말이다.

2. 아쉬움, 때를 얻든지 못 얻든지

이스마엘라를 마지막으로 보았던 때가 2015년 12월 24일이다. 우리 부부는 그를 처음으로 예배공동체에 초대하였고 그에게 복음을 들을 기회가 자연스럽게 주어지기를 간절히 바랐다. 성탄 이브 저녁은 함께 음식을 나누고 공동체에서 준비한 다양한 성극과 찬양, 그리고 복음의 메시지가 이어졌다.

예비하신 만남

이스마엘라는 남편이 다니던 바오밥 언어 학원의 선생님이다. 그는 바오밥 학원에서 프랑스어(불어)와 월로프어(세네갈 현지 공용어)를 가르쳤다. 남편은 이스마엘라 선생님을 통해 언어를 배우며 흥미를 붙였고 생각보다 언어의 진보도 빨랐다. 나 역시 언어를 습득해야 할 필요를 느끼며 어린 자녀들을 돌보며 언어를 배울 수 있는 조건의 선생님을 찾기 시작했다. 남편은 그동안 이스마엘라 선생님과의 수업이 좋았다며 그를 추천해 주었다. 감사하게도 이스마엘라 선생님이 일주일에 두 번 정도 여유가 된다는 소식을 듣게 되었고 나의 언어 공부도 시작되었다.
이스마엘라 선생님은 여느 세네갈 사람들과 달리 굉장히 스윗한 분이었다. 그는 언어 조력자로서 세밀함과 섬세함을 갖추고 있었다. 초보자인 내게도 조급하지 않도록 천천히 기다려 주었고 응원을 아끼지 않았다. 그는 이슬람 배경에서 자라 무슬림 여성과 결혼한 정통 무슬림이었다. 우리는 그를 통해 세네갈에 대한 친근함을 많이 가지게 되었다. 그를 통해 무슬림들을 바라보는 시야도 넓힐 수 있었다.

그는 매해 무슬림 명절이 되면 우리 가정을 집으로 초대했다. 함께 무똥(양고기)과 음식을 나누어 먹고 가족들과 교제하며 좋은 시간을 보냈다. 이스마엘라 선생님과 교제가 깊어지며 우리는 서로의 삶을 나누는 기회가 더 많아졌다. 어느 순간부터 그에게 있는 고민과 번민, 또 삶의 걱정들을 들을 수 있게 되었다. 우리 부부는 그가 참 진리 되신 예수님을 꼭 만날 수 있는 계기가 생기길 간절히 기도하게 되었다.

특별한 경험으로의 초대

이스마엘라와 함께하며 언어 공부를 뛰어넘어 세네갈을 더 깊이 알아가게 되었다. 또 이 땅의 영혼들에게 얼마나 주님이 필요한지 더욱 절실히 느끼게 되었다. 어느 날 그에게 조심스럽게 예수님과 성경을 소개하고 진정한 자유를 누리는 삶을 조심스럽게 나누었다. 그는 거부감 없이 우리의 이야기를 잘 들어 주었다. 그의 마음도 조금씩 열리면서 우리가 이야기하는 예수님에 대해 관심을 두기 시작했다.

우리 부부는 언어 공부 수업을 종료한 이후에도 그와 계속 관계를 맺어 나갔다. 어느 날, 또 성령께서 마음 가운데 사인을 주셔서 그에게 성탄 이브 행사에 같이 가보지 않겠느냐고 초대했다. 놀랍게도 잠깐 고민하더니 그는 바로 오케이 사인을 보내 주었다.

처음으로 그와 함께 성탄 이브의 밤을 보내게 되었다. 얼마나 감사와 감격으로 가득 찼었는지 우리가 더 떨며 두근두근하는 심장을 부여잡아야 했다. 성탄 이브 행사는 초저녁부터 성탄 당일 새벽까지 진행이 되었다. 혹시나 이해되지 않아 지루하거나 힘들어하면 어쩌나 걱정이 되었다. 그러나 그는 중간에 나가려 하지도 않았고 조급함 없이 모든 프로그램에 참석했다. 성탄 이브 행사를 마치니 새벽 1시쯤 되었다. 그를 집으로 데려다주며 조심스럽게 그에게 오늘 어땠냐고 물었다. 그는 우리에게 '특별한 경험'이었다고 환하게 웃으며 대답했다.

기다려 주지 않는 영혼

이후 여러 가지 일들로 바빠 한동안 이스마엘라에게 소식을 전하지 못했다. 그러다 어느 날 그의 동생에게서 연락이 왔다. 형이 머리가 너무 아파 급하게 병원으로 갔다는 소식이었다. 그런데 얼마 지나지 않아 동생에게서 또 연락이 왔다. 급하게 병원으로 달려갔지만 이스마엘라가 갑자기 사망하게 되었다는 부고의 소식이었다. 우리는 그 자리에 털썩 주저앉았다. 언젠가 그에게 성탄절에 대한 깊은 나눔을 나누길 바라고 또 복음의 메시지를 직접 전할 것이라 계획하고 있었기 때문에 마음이 너무 힘들었다. 아직 젊은 이스마엘라가 이렇게 갑자기 우리 곁을 떠나게 될 줄은 정말 상상도 못했다. 그를 생각하니 아쉬움과 후회가 사정없이 밀려왔다. 무슨 일이 그리 바빠 그동안 그에게 전화 한 통 하지 못했던 걸까? 늘 만날 기회가 많을 거라 생각하며 미뤄왔던 것이 이렇게 후회가 될 줄 몰랐다.

그렇게 이스마엘라를 떠나보내고 머리를 한 대 얻어맞은 사람처럼 자신에게 많은 질문을 했다. 결국 그와 마지막으로 함께 했던 순간은 지난 성탄 이브 저녁이었다. 그의 삶에 있어 성탄 이브 행사에 참석했던 것이 어땠기에 그는 우리에게 특별한 경험이었다고 대답한 것일까? 그 시간이 그가 주님을 만난 특별한 만남의 시간이었을까? 여러 생각들이 스쳐 지나갔다. 제발 우리와 함께 했던 시간들이 주님을 만날 수 있었던 좋은 기회가 되었기를 간절히 소망한다.

항상 준비된 마음으로

그가 떠난 이후 한동안 우리 부부는 무기력에 빠졌다. 다른 사람들을 만날 용기도 나지 않았다. 새내기 선교사로서 겪은 최초의 심리적 어려움이었다. 하나님께 이 부분에 관해 묻고 또 물었다. 그러면서 하나님은 우리 마음 가운데 디모데후서 4장 2절 중 "너는 말씀을 전파하라 때를 얻든지 못 얻든지 항상 힘쓰라"라는 말씀을 주셨다. 하나님께서는 우리가 이 땅에서 해야 할 역할이 무엇인지 말씀을 통해 깨닫기를 원하셨다. 복음을 전할 조건이 좋을 때, 내가 계획한 시간과 내가 생각하고 있는 좋은 시기가 아니라 '때를 얻든지 못 얻든지' 항상 하나님께서 주시는 기회를 놓치지 않고 복음을 전하는 데 힘쓰는 자가 되어야 한다는 것을 깨닫게 되었다.

그를 통해 깨달은 아쉬움의 순간들을 잊지 않기를 원한다. 똑같은 실수가 반복되지 않기를 또한 바란다. 우리에게 붙여 주신 한 영혼, 한 영혼에게 나태하지 않으며 가장 값진 복음 앞으로 그들을 항상 인도하는 자로서 살아가게 되기를 소망한다. 분명 복음은 때와 장소, 환경을 뛰어넘어 놀랍게 역사할 것이며 굳게 닫혔던 영혼도 복음의 역사로 인해 변화될 것이기 때문이다.

3. 분노, 인샬라 문화 속에 산다는 것

97%가 무슬림인 세네갈에 살면서 가장 힘든 부분이 있다면 바로 '인샬라' 문화를 받아들여야 한다는 것이다. '인샬라'는 아랍어로 "만약 신의 뜻이면", "신이 원하신다면"이라는 뜻이다. 이는 이슬람 교리의 일환으로 그것이 실현될지는 신만이 알기 때문에 무엇이든 예측하기 어렵다는 믿음을 나타낸다.

코란 18장 23~24절에 〈어떤 일이 있어도 '나는 내일 반드시 이것을 한다'라고 해서는 안 된다. 단 "신의 뜻이라면"이라고 하면 된다〉라고 기록되어 있다. 이 가르침에 따라서 모든 이슬람교도는 미래에 예정된 행위나 약속에 대해서 그것이 아무리 하찮은 것이라도 자기 한 몸으로 되는 것이 아니라 모두 신의 허락이 있어야 비로소 가능해진다는 신앙을 표명하고 있다. 그래서 어떤 계획과 목표를 세우더라도 그 실행 결과는 신의 뜻에 따른다고 믿음의 태도를 보인다. 물론 신의 뜻을 따르고 신의 뜻대로 모든 일이 이루어지기를 바라는 부분에서 인샬라는 원래의 뜻처럼 긍정적이고 순종적이며 유연성을 가지게 되지만 이곳 세네갈에서 겪은 '인샬라'의 문화는 본래의 의미보다 더 부정적인 의미로 내게 다가왔다.

세네갈에서는 평상시에도 '인샬라'라는 말을 많이 듣는다. 인사를 하고 나중에 만나자고 할 때도 '인샬라' 하며 인사한다. 질문에 대한 의사 표현을 할 때도 '인샬라'하고 말한다. 인샬라는 이들의 문화 속에 자연스럽게 젖어 있는 표현 중 하나이다. 그래서 이들의 인샬라를 접할 때 유연성을 가지지 않으면 오해를 사게 되는 경우가 많다. 그들의 표현에는 '되면 좋고 안되면 어쩔 수 없다'는 의미가 내포되어 있기 때문이다.

마무리되지 못한 건축 현장

은게코 센터를 건축하는데 2년의 세월이 흘러가고 있다. 본래의 계획대로라면 1년이면 충분한 기간이었지만 아직 골조 공사도 깨끗하게 마무리가 되지 못한 상태이다. 그동안 건축으로 인한 스트레스는 이만저만이 아니었고 피를 말리는 고통이었다. 그중에 가장 힘든 부분이 있었다면 바로 '인샬라' 문화 속에서 작업을 진행해야 하는 것이었다.

건축 진행을 하려면 작업자와 많은 부분에서 상세하게 계약을 맺어야 한다. 우리 역시 이방인으로 이 땅에 살아가야 하기에 정확한 계약은 필수라는 것을 익히 알고 있다. 모든 부분에서 항상 꼼꼼히 검사하고 또 확인하고 다시 점검한다. 그러나 이렇게 세밀하게 계약을 맺더라도 일정대로 지켜지는 경우는 극히 드물다는 것을 얼마 지나지 않아서 알 수 있었다. 매 순간 작업이 일정대로 잘 처리되면 그날이 이상할 정도이다.

어찌나 그리 사람들이 매정하고 야속한지 모르겠다. 예상했던 건축의 기간이 훌쩍 넘어가고 있는데도 건축자는 아랑곳하지 않고 늘 여유만만이다. 전 세계에 퍼진 코로나와 곳곳에 일어나는 전쟁의 여파로 환율은 고공행진을 하고 자잿값과 인건비도 천정부지로 솟고 있다. 건축 현장을 바라보며 늘 한숨을 내쉬고 까맣게 타들어 가는 속을 누가 알아주겠는가?

#세네갈#회상#아쉬움#분노#용기#초점#재난#사명

도긴개긴

건축을 담당하던 원래의 작업자가 일정대로 일을 진행하지 않고 계속해서 속을 썩여 급기야 다른 인부를 찾아 나서야 했다. 그래서 연결된 사람이 '모모두'라는 건축업자이다. 모모두는 은게코 지역에 살고 또 은게코 내에서 건축 일을 하는 사람이다. 외지에서 온 사람보다 그 지역 사람이니 일을 진행하기에 훨씬 수월할 것으로 생각되었다. 또한 무슬림이지만 나름 큰 건축 현장을 끼고 일하는 사람이라고 하니 전체적인 건축 현장 일을 진행하기에도 무난하다고 생각했다. 모모두를 직접 만나 센터 건축 상황을 설명했다. 그는 충분히 자기가 할 수 있는 일이라며 흔쾌히 수락했다. 그렇게 다음 주부터 일을 진행하겠다는 확답을 받고 우리는 계약서를 작성하여 사인했다.

일하기로 한 첫날 모모두는 아침 일찍 현장으로 왔다. 첫 출근 시간을 잘 지키는 것을 보니 일이 잘 진행될 것 같았다. 그동안 마무리되지 못한 현장 일들에 관해 설명을 듣고 그는 일을 시작했다. 첫째 날을 마무리하며 좀 더 빨리 일을 진행하려면 인부가 더 필요하다고 얘기했다. 우리 역시 그동안 늦어진 건축 현장이 속히 진행되기를 바라는 마음에 인부를 섭외할 일부의 돈을 선지급해 달라는 그의 말에 그렇게 하기로 했다. 다음 날부터 일을 빠르게 진행될 것을 기대하면서 말이다.

그런데 다음 날 해가 중천에 떴는데 그가 보이지 않았다. 모모두에게 전화를 했다. 모모두는 어제 인부를 구하긴 했는데 그가 당장은 힘들고 며칠 후부터 가능하다고 하며 "인샬라" 하며 전화를 끊는 것이다.

며칠 후가 되어도 그는 건축 현장에 나타나지 않았다. 왜 현장에 오지 않느냐고 물었더니 몸이 좋지 않다고 했다. 언제부터 일할 수 있느냐고 다시 물었더니 삼 일 후면 가능할 것 같다고 하며 "인샬라"하는 것이다.

삼 일이 지나고 일주일이 지났다. 그는 연락도 없고 연락을 해도 전화를 받지 않았다. 너무 답답해 그가 이전에 일하던 건축 현장으로 찾아갔다. 그는 그곳에서 아따야(현지인들이 즐겨 마시는 설탕이 듬뿍 들어간 홍차)를 마시며 사람들과 수다를 떨고 있었다. 우리를 보며 조금은 당황한 기색이 있었지만 이내 아무렇지도 않게 인사를 건넸다. 우리는 그에게 "계약서를 쓰고 네가 일하기로 한 시간이 벌써 2주가 흘렀어. 왜 약속을 지키지 않니?"라고 했지만 그는 "인샬라. 일이 그렇게 되었어. 인부를 구했는데 그가 다른 현장에 일을 하러 가서 혼자 갈 수 없었어."라고 했다. "그럼, 왜 연락도 없고 연락을 해도 받지 않았어?"라고 물으니 "전화 크레딧이 다 떨어져 전화를 못 했어."라고 했다. 올라오는 화를 누그러뜨리며 우리는 다시 건축에 관한 이야기를 이어갔다. 그는 다시 며칠 후부터는 모든 일이 가능해지니 그때 보자고 말한다. "꼭! 약속 지켜야 한다. 모모두!"라고 신신당부하자 그가 "오케이, 오케이, 인샬라!"라고 했다.

며칠 후 현장에 도착하니 여전히 그가 보이지 않았다. 전화를 거니 지금 가는 길이라고 하며 곧 도착한다고 했다. 그를 기다렸다. 주변에 널브러진 건축 자재들도 정리했다. 모모두가 오면 우선 진행해야 할 일들을 꼼꼼히 점검해 건네주겠다고 단단히 준비하며 그를 기다렸다. 정오가 되어가는데도 깜깜무소식이다. 다시 전화를 걸었다. 그는 현장으로 오는 길에 다른 급한 일이 생겨 잠깐 갔다가 돌아오고 있다며 "인샬라~15분 후면 도착해."라고 했다. 사실 이곳에서 15분이라고 말하면 30분, 1시간쯤 걸리는 것을 모를 리 없기에 다른 일을 하며 좀 더 기다려 보기로 했다. 해가 뉘엿뉘엿 지는 시간이 되었는데도 그는 나타나지 않는다. 다시 전화를 걸어 보았지만 통화가 되지 않았다. 후~ 한숨이 절로 나왔다.

부정의 인샬라 문화

이후로 몇 차례의 약속을 잡았지만, 그의 마지막 대답은 "인샬라"였다. 언제까지 참아야 할까? 부글부글 끓어오르는 속을 진정시키려 하지만 쉽지 않다. 한두 번 겪는 일이 아니니 최선을 다해 이해하고 받아들이려 노력해 보지만 매번 정말 쉽지 않다.

어찌 그리 사람들이 매정하고 야속한지 모르겠다. 정말 기다리는 상대방은 생각지도 않는 것 같다. 이제 '인샬라'라는 단어가 곱게 들리지 않는다. '인샬라'라는 말에 노이로제가 걸릴 것만 같다. 도대체 누구를 위한 '인샬라'인가?

이곳의 인샬라의 잘못된 문화는 시간이나 약속, 그리고 일에 대한 책임을 회피하기에 아주 좋은 도구로 사용되고 있다. 언제든 모든 일을 인샬라로 무마시킬 수 있기 때문이다. 세네갈의 인샬라 문화 속에서 살아간다는 것은 하염없이 잘못을 받아주고 또 기나긴 기다림으로 인내해야 하는 고통이 따른다.

책임을 다하지 않아도 약속을 지키지 않아도 그의 '인샬라'라는 말 앞에 더 이상의 추궁은 어렵다. 신이 그렇게 하셨기 때문이다. 그들은 자신들이 지게 될 의무나 책임에 대해 현실에서는 너무도 관대한 편이다. 세네갈의 인샬라 문화 안에서 이러한 이원론적인 부분은 서로의 관계에 대한 신뢰도를 떨어뜨릴 뿐만 아니라 어떠한 일을 진행하거나 목표를 이루어 가는 부분에서도 아주 부정적인 영향을 끼치고 있다.

건축업자 모모두의 일은 아직도 마무리되지 못한 상태로 남아있다. 그는 선금으로 준 돈도 돌려주지 않고 현장 일도 진행하지 않았다. 마냥 그만 기다릴 수 없기에 또 다른 건축업자와 인부들을 구해 일을 조금씩 진행하고 있긴 하지만 오늘도 건축 현장은 작업자들과의 실랑이가 계속되고 있다.

여러 일을 진행하고 살아가며 나름의 비결을 가지고 사람들을 대하고 있기는 하지만 "인샬라" 앞에서는 늘 쉽지 않다. 제발 오늘도 "인샬라~"라는 말을 듣지 않고 넘어가는 하루가 되었으면 좋겠다.

4. 용기, 지독한 향수병

타국인 세네갈에서 생활하면서 식자재에 대한 집착이 많이 강해졌다. 늘 필요 이상으로 식품을 준비해 놓지 않으면 나도 모르게 불안과 걱정이 올라온다. 이곳 현지에 마트가 없는 것은 아니지만 슈퍼마켓마다 살 수 있는 식품도 다르고 식품이 한 번 동나면 언제 들어올지 기약할 수 없다. 또한 나라의 정세가 언제 어떻게 바뀌고 불안해질지 모르기에 식품을 사수하여 저장해 놓는 것은 나의 큰 숙제 중의 하나였다.

향수병

향수병을 앓아본 적이 있는가? 향수병이란 영어로 Homesickness라고 하며 집에서 멀리 떠나 있는 것을 이유로 생기는 괴로움이라고 한다. 타지생활의 스트레스로 고향을 생각하거나 추억에 잠겨 과거를 그리워하는 것을 뜻한다. 하루 종일 창문을 바라보거나 오랫동안 집에 관한 이야기를 하는 증상으로 나타난다. 노스탤지어를 질병에 견주어 일컫는 말이며 회향병(懷鄕病)이라고도 한다.

사헬 땅이라 불리는 세네갈에서 깨끗한 신발을 기대하기는 어렵다. 특히 샌들이나 슬리퍼를 신고 외출하게 되면 발가락 사이로 파고드는 모래와 먼지로 발이 더러워지는 것은 일상의 삶이다. 어떤 선교사는 아주 깨끗한 아스팔트 가로수 길을 걷는 것이 소원이라고 말했던 기억이 난다. 길을 걸을 때마다 신발 사이로 파고드는 모래로 인해 얼마나 힘들고 스트레스가 되었으면 깨끗한 아스팔트 길을 걷는 게 소원이라고 했을까?

반면 세네갈에서 나를 가장 힘들게 하는 부분이 있다면 바로 음식으로 인한 향수병이다. 그리 식탐이 많은 편도 아니고 그렇다고 대단하고 특별한 음식을 먹고 싶은 것도 아니다. 소소하게 추억과 함께 올라오는 고국의 음식에 대한 그리움은 종종 나의 감정을 지치고 힘들게 한다. 한국에서 평상시 즐겨 먹던 음식을 먹을 수 없다는 것은 정서적으로나 심리적으로 굉장히 나를 메마르게 한다. 또한 감정적으로 외로움과 서러움을 맞이하게 한다. 꼭 임신해서 입덧할 때 먹고 싶은 것을 먹지 못하면 마음이 우울하고 눈물도 나고 서러워 계속 힘든 기억으로 남아있는 것처럼 말이다.

소울 푸드

세네갈엔 한국 식품점이 없다. 물론 예전엔 사업을 하시는 분들이 한두 번씩 자신들의 물건을 컨테이너로 띄우실 때 주문을 받아주기도 했고 사업하는 매장에 한국식품을 같이 더불어 판매한 적도 잠깐 있었다. 지금은 이마저도 타산이 안 맞는지 모두 문을 닫은 상태이다.

한국에 들어가면 친정어머니가 나를 위해 꼭 빼놓지 않고 준비해 주는 음식이 있다. 바로 미역줄기볶음이다. 나는 미역줄기볶음을 진짜 좋아한다. 늘 먹어도 질리지 않는다. 오독오독 씹히는 식감이 아주 환상적이다. 또한 나는 부침개를 좋아한다. 시어머니만의 노하우를 가진 부침개는 정말 바삭하고 맛있다. 집안 텃밭에서 바로 따서 부쳐서일까? 얇고 느끼하지 않은 그 맛은 먹어본 사람만이 안다. 우리 가족 모두가 부침개를 좋아하기에 한국 들어가면 시어머니는 잊지 않고 부침개를 꼭 부쳐 주신다.

그 외에도 여러 가지 좋아하는 음식들이 많지만 생각하면 꼬리에 꼬리를 무는 추억들이 올라와 생략하려 한다. 한국에선 그리 비싼 식재료가 아닌데 선교지에서 구할 수 없고 먹을 수 없으니 참 애가 닳을 때가 많다.

그래서 한국에 들어가면 가장 많이 챙겨 오는 것 중 하나가 바로 식품이다. 시골에 사시는 시부모님은 고춧가루와 무말랭이, 건 표고, 건나물들을 해마다 준비해 우리가 가면 바리바리 챙겨 주신다. 고추장이며 된장, 그리고 각종 양념과 가장 먹고 싶은 것 몇 가지는 다른 것들과 절대 양보할 수 없는 품목이다.

나는 출국하기 전날까지 항공 수화물의 중량을 맞추려 식품을 빼고 넣는 것을 수십 차례를 반복한다. 때론 힘들고 지칠 때도 있지만 선교지에 오면 그 식재료들이 얼마나 큰 힘이 되고 활력소가 되는지 익히 알기에 그 고통을 마음껏 감내한다.

한국에서 챙겨 온 식품들이 풍성할 때 그것만으로도 난 부자가 된 느낌이다. 한국 식품은 우리에게 한 동안을 넉넉한 마음으로 살아가게 하고 여러 스트레스로부터 정서적인 여유를 부리게 한다. 그렇게 고국의 식재료와 식품은 선교지에서 나에게 소울푸드가 되어 우리 가족의 삶에 중요한 힐링을 선사해 주고 있다.

동병상련의 마음

청년 선교 훈련을 하며 기억에 남는 책 하나가 있다. 바로 유병국 선교사님이 쓰신 『김치 하나도 포기 못한 선교사』이다. 유병국 선교사는 이 책에서 10여 년간의 감비아에서 선교사 생활을 하며 겪은 이야기들을 솔직하고 담백하게 글로 표현했다.

어린 시절과 청년, 그리고 신혼 때까지 나는 김치를 그리 중요한 음식으로 취급하지 않았다. 늘 김치는 떨어지지 않고 밥상 위에 올라오는 반찬이기도 했고 굳이 맛있는 음식들을 놔두고 흔하디흔한 김치를 선호해서 먹을 필요까지는 없었다. 결혼하고 나서도 시골에 계시는 시어머님께서 해마다 손수 기르신 배추와 고춧가루로 늘 김치가 떨어지지 않게끔 충분히 공급해 주었기에 김치가 귀하다는 생각을 전혀 한 적이 없다. 그래서 선교지로 나오기 전까지 『김치 하나도 포기 못한 선교사』라는 책에 대한 공감이 그리되진 않았다. 부끄럽게도 그땐 '김치가 뭐 그리 대단한 것도 아닌데 그것을 포기하실 수 없으실까?' 하며 콧방귀를 끼는 시늉도 했던 것 같다.

선교지에 살면서 지금은 유 선교사의 이야기가 얼마나 공감이 되는지 모른다. 선교사님이 사역했던 감비아는 바로 내가 살고 있는 세네갈 안에 있는 작은 영어권 나라이다. 식민지 시절 프랑스와 영국의 분쟁으로 한 나라가 둘로 나뉘어 감비아와 세네갈이 되었지만, 환경이나 사람들의 문화는 거의 비슷하다고 할 수 있다. 이제 그분을 생각하면 동병상련의 마음이 불일 듯 일어난다. '얼마나 힘들고 그리웠을까?', '얼마나 고국의 김치와 음식이 먹고 싶었을까?'하고 그 상황을 그려보면 절로 눈시울이 붉어진다.

시간이 지나면 향수병이 조금 잦아들 줄 알았다. 그런데 시간이 지나면 지날수록 향수병이 더 크게 다가오고 더 강하게 작용하는 것은 무엇 때문일까? 유 선교사가 김치 하나도 포기하지 못한 선교사라고 고백하는 것처럼 나 역시 김치 하나 포기하지 못하는 선교사 중의 한 사람으로 이 땅에서 살아가고 있다. 한국에서 한 번도 김치를 내 손으로 담가 본 적이 없었지만 이곳에서는 계절과 상관없이 각종 재료를 가지고 다양한 김치를 담고 있다. 어디 김치뿐이겠는가? 한국에서 조달한 식자재와 현지 재료들을 응용해 퓨전 음식도 만들고 있다.

지독한 향수병으로 인해 나의 요리 실력은 본의 아니게 일취월장하고 있다. 친정어머니가 해 주었던 옛날 음식을 비롯해 남편을 위한 시어머님의 손맛까지 세밀하게 기억하여 그 음식들을 만들고 있는 나 자신을 볼 때면 깜짝깜짝 놀랄 때가 많다. 어느 선교사님이 말씀하신 것처럼 나는 이렇게 세네갈에서 장금이가 되어가고 있다.

경계선 앞에서

이 지독한 향수병을 어떻게 극복할 수 있을까? 때때로 일 년 내내 쉬지 않고 돌아가는 냉동고와 냉장고를 바라보며 가슴이 답답할 때가 있다. 언제 넣어뒀는지 모를 식자재가 부담스럽게 여겨지기도 하고 한 번씩 식자재를 정리하는 데 쓰는 에너지가 너무 버겁고 힘겹게 느껴진다. 어떤 식품은 아끼다가 유통기한이 훌쩍 넘어 도저히 먹지 못하고 버리는 것들도 있다. 또 무엇이 들어있는지 모르고 봉지도 뜯지 않은 채 방치되어 있는 식자재들도 있었다. 아끼던 식자재를 버릴 수밖에 없는 상황과 마음은 정말 편치 않을 때가 많다.

어느 때부터인가 지독한 향수병으로 인한 식자재들에 대한 갈망은 나의 한계를 넘어서고 있었다. 선교사의 삶을 살아가는 데 있어서 삶의 경계선을 넘는 부분은 조심하고 또 주의해야 한다고 들은 적이 있다. 최근 나에게도 식자재에 대한 부분이 부담스럽고 불편하게 느껴지는 것이 무엇 때문인지 생각해 보았다. 혹시라도 식자재를 살 때 나의 기본적인 욕구를 넘어 욕심이 더해지지는 않았는지, 나의 정서적 안정을 추구하려 필요 이상으로 소비하지는 않았는지 말이다.

바울은 모든 형편 가운데서 자족하는 비결을 배웠다고 한다. 나 역시 주어진 것에 만족하고 어떠한 형편에든지 자족하는 마음으로 이 땅에서 살아가기를 원한다. 넘치지 않게 소비하고 또 규모 있게 사용하기 위해 삶의 경계선들을 다시 한번 살펴본다. 그래서 얼마 전부터 냉장고 파먹기, 식자재 비우기 등을 실행하며 마음이 한결 가벼워졌다. 부담스럽게 다가오는 부분들을 하나하나 정리하고 비움으로 때때마다 채우시는 하나님의 은혜가 삶 가운데 더 깊어지는 것을 느낄 수 있었다. 지독한 향수병이 가져다 준 식품에 대한 집착이 계속해서 조금씩 사그라들어 그분이 원하시는 삶을 더욱 아름답게 살아가는 자가 되기를 바란다.

> "내가 궁핍하므로 말하는 것이 아니라 어떠한 형편에든지 나는 자족하기를 배웠노니 나는 비천에 처할 줄도 알고 풍부에 처할 줄도 알아 모든 일 곧 배부름과 배고픔과 풍부와 궁핍에도 처할 줄 아는 일체의 비결을 배웠노라" [빌립보서 4:11~12]

#세네갈#회상#아쉬움#분노#용기#초점#재난#사명

5. 초점, 주가 쓰시겠다 하라

첫 기간에 만난 B 형제는 월로프 언어를 공부하면서 만났다. 형제는 우리에게 세네갈의 여러 이야기를 나누어 주었다. 문화적인 부분이나 다양한 종족 이야기 그리고 대학생들의 이야기들까지도 말이다. 자연스럽게 우리는 복음과 말씀에 대해서도 나누기 시작하고 함께 기도 모임을 시작했다. B 형제는 와할잠이라는 종족 마을에서 올라와 다카대학에서 공부하고 있었다. 하루는 자기가 사는 종족 마을 얘기를 하며 복음이 절실히 필요한 지역이라고 알려주었다. 우리 부부는 기회가 되면 한번 방문해 보고 싶다고 전하자 형제는 언제든지 환영이니 꼭 방문해 달라고 부탁했다.

개척의 큰 기쁨

그런 나눔이 계기가 되어 우리 가족은 그와 함께 와할잠 종족 마을로 들어가게 되었다. 와할잠이라는 종족 마을 이름은 '평안을 말하라'라는 뜻이다. 종족 마을에 들어가 가가호호를 방문하여 인사를 나누고 관계를 맺기 시작했다. 형제는 우리의 방문을 통해 힘을 얻게 되면서 조심스럽지만 주변 사람들에게 복음을 전하기 시작했다. 몇 명의 사람들이 정기적으로 함께 모이게 되면서 예배를 함께 드릴 수 없느냐는 질문에 우리는 주저 없이 오케이로 화답했다.

많은 인원은 아니지만 B 형제의 가즈(종족 마을 흙벽돌에 갈대나 수숫대를 엮어 얹어 만든 작은 움막집)에서 가족을 비롯하여 이웃들 몇 명이 함께 매주 예배를 드리게 되었다. 때로는 북쪽에서 불어오는 희뿌연 모래바람 속에서, 때로는 얼마 되지 않은 어린 양과 연실 울어대는 닭들과 병아리와 함께 말이다. 우리는 환경과 상황에 아랑곳하지 않고 하나님을 예배하고 공동체로서의 기쁨을 맛볼 수 있었다.

남편은 말씀을 잘 먹이기 위해 늘 정성을 다하였다. 그때를 생각하면 얼마나 마음이 벅찬지 모른다. 하나님은 아무것도 소망 없어 보이는 이 땅 가운데 오래전부터 생명수로 흘러가고 계셨다. 하나님은 예배를 사모하여 함께 하는 자들에게 예배 때마다 은혜를 더하셨다.

무슬림 큰 명절을 맞춰 긴 연휴가 있었다. 우리 가족은 더 깊은 교제를 하기 위해 와할잠 종족 마을에 들어갈 짐을 꾸렸다. B 형제와 더불어 현지 음식을 먹고 함께 부대끼며 많은 이야기를 나누었다. 종족 마을 사람들도 우리가 왔다는 소식에 인사하러 형제의 집으로 들어왔다. 우리는 그들과 함께 아따야를 나누어 마시며 즐겁게 지냈다. 그중 어떤 이들은 아픈 자들을 데려와 기도 받기를 원한다고 해서 함께 기도도 했다. 또 이웃 마을에 사는 성도들의 집을 방문하여 안부 인사를 나누며 축복하고 중보하기도 했다. 모두가 믿음의 길을 잘 걸어가기를 서로 응원했다.

기적과 같은 일이다. 우리가 무슬림 종족 마을에서 함께 예배를 드리게 될지는 상상도 하지 못했다. 높은 벽과 같이 느껴져 막막한 마음만 들던 세네갈 땅에 우리는 서서히 복음과 함께 스며들고 있었다. 하나님께서 허락하신 믿음의 사람들을 바라보며 우리는 정말 감사하고 기뻤다. 하나님께서 이 땅을 얼마나 사랑하시는지 온몸과 마음으로 느낄 수 있는 시간

#세네갈#회상#아쉬움#분노#용기#초점#재난#사명

이었다.

쑥대밭이 된 우리 집

 종족 마을 방문 사역을 마치고 조금은 피곤한 몸을 이끌고 우리는 다시 집으로 돌아왔다. 사실 몸은 좀 피곤했지만 어느 때보다도 가벼운 마음이었다. 종족 마을 방문은 식어가는 우리의 가슴에 복음의 열정으로 불타오를 수 있는 계기가 되게 하고 감사와 소망을 가득 품을 좋은 기회가 되었다. 가슴이 벅차 올랐다. 그렇게 부푼 마음을 안고 기쁘게 집으로 들어가려는 데 집 문이 이상했다.

 현관문 이곳저곳이 부셔져 있고 열쇠가 박혀 있는 부분 역시 뜯어져 있었다. 우리 집은 현지인들이 함께 사는 다세대 연립주택으로 좁은 복도를 중심으로 각층 마다 3가구가 거주하고 있는 곳이었다. 좁은 현관을 함께 이용하니 문 앞과 문 옆에 이웃이 있어 무슨 일이 생기면 바로 알 수 있는 곳이기도 하다.

 그런데 무슨 일인지 우리 집만 문이 부셔져 있는 게 아닌가? 영문도 모른 채 우리는 삐걱대는 문을 조심스레 열고 들어갔다. "아악!" 소리와 함께 동공이 커지고 말문이 턱 막혔다. 집안은 쑥대밭이 되어있었다. 집안으로 숨을 죽인 채 한 발 한 발 들어섰다. 분명 우리가 나갈 때는 깨끗한 상태였건만 서랍과 장롱문을 비롯하여 모든 물건이 무엇이라도 잘못 먹은 것처럼 사방으로 튀어져 나와 있었다. 발 디딜 틈도 없이 어지럽혀진 집을 조심스레 살펴보니 어이가 없었다.

 꼭 틀린 그림 찾기 놀이를 하는 것처럼 없어진 물건들이 계속해서 나왔다. 얼마나 세심하게 집안을 뒤졌는지 서랍 깊숙이 넣어둔 결혼 예물들(선교지 오면서 대부분의 예물을 팔아 정착비에 쓰고, 가장 간직하고 싶은 의미 있는 예물들 몇 가지만 남겨놓았었다) 과 몇 달 치 생활비로 쓰려고 바꿔 놓은 현금, TV, 노트북, 사진기, 쓸만한 가전들을 아주 알뜰하게도 챙겨 갔다.

 우리는 성심을 다해 세네갈을 섬기고 사랑하기 위해 이 땅에 왔건만 우리에게 이런 일을 자행했다는 게 도저히 납득이 되지 않았다. '나쁜 놈들 어디 가져갈 게 없어서 선교사 집을 털어가!'라는 마음의 소리와 함께 갑자기 그동안의 설움과 억울함, 분노가 용솟음치며 올라왔다. '누가 그랬을까?', '누가 그것도 우리 집만 노리고 털었을까?', '이웃들은 왜 아무도 말하지 않고 있을까?', '그날따라 집 지키는 경비원은 왜 없었던 거야?', '분명 누군가가 짜고 우리 집을 털어갔을 것이다.', '가까운 사람 중에 이런 짓을 할 의심 가는 사람은 누구일까?' 마치 추리 소설의 탐정이 된 것처럼 꼬리에 꼬리를 무는 생각들을 마구마구 해댔다. 도둑을 잡아 본보기로 제대로 응징해야겠다고 생각하면서 말이다.

내 삶의 주인

 여러 분노가 걷잡을 수 없이 올라오며 너무 힘들고 괴로웠다. 그때 털썩 주저앉아 억울해하고 있는 나에게 하나님은 마가복음 11장 1절에서 6절 말씀의 장면을 떠올리게 하셨다. 이 말씀은 예수님께서 예루살렘에 들어가실 준비를 하시면서 제자들에게 나귀를 가지고 오라고 심부름을 시키시는 장면이다.

 말씀을 듣고 제자 둘이 예수님이 지시하신 곳으로 가서 나귀를 풀어 오려는 데 거기 서 있는 사람 중 어떤 이들이 "나귀 새끼를 풀어 무엇 하려느냐?"라고 묻자, 제자들은 예수님께서 말씀대로 주가 쓰시겠다고 대답했다. 곧 그들은 나귀 새끼를 내어주는 것을 허락하고 말씀대로 나귀를 끌고 오게 된다. '주가 쓰시겠다'라는 그 한마디에 아무런 대꾸 없이 나귀를 내어주는 장면에서 나는 매우 의아하고 놀라웠다. 아무것도 모르는 사람들의 말을 그냥 의심 없이 신뢰하고 나귀를 내어주는 행동은 일반적이지 않기 때문이다. 그러나 곰곰이 말씀을 생각해 보니 그가 나귀를 내어줄 수 있었던 가장 큰 이유는 바로 자신의 주인이 누구인지 분명히 알기 때문이라는 생각이 들었다. 그는 주인의 말씀이 무엇인지 바로 알아들었고 그것에 순종으로 반응했다.

다른 사람이 보기에 일반적이지는 않게 보이지만 말씀을 이해하게 되면서 그제야 그의 행동이 이해되었다. 그렇다. 주인이 누구신지 아는 자의 모습이 오늘의 포인트이다. 예수님을 주인으로 모신다면, 나에게 있는 모든 것의 주인 역시 주님이심을 고백하며 살아야 한다. 주님께서 언제든 쓰시겠다고 하신다면 기쁨으로 내어드리는 것이 주인을 향한 바른 태도이다.

하나님은 마가복음 11장 1절에서 6절 말씀을 통해 우리의 주인이 누구인지를 분명하게 깨닫게 되기를 원하셨던 것 같다. 도둑맞은 일과 잃어버린 것에 초점을 맞추고 있던 우리에게 주님께서 찾아오셨다. 모든 것의 주인 되시는 주님보다 이 도둑맞은 일이 더 크게 역사하지 않기를 원하셨다.

어지럽혀진 집 안을 하나하나 정리하며 계속해서 억울함과 분노가 올라오고 있는 나의 모습 가운데 주님이 "성금아, 만약 이 물건들을 내가 꼭 쓸데가 있어 쓰겠다고 하면 너는 나에게 내어줄 수 있니?"라고 물으시는 음성으로 들렸다. "주님! 주님이 쓰시겠다고 하시면 당연히 기쁨으로 내어드리지요."라고 나는 마음으로 즉각 대답했다. 그 말을 뱉는 순간 도둑맞은 일로 억울해하며 분노하고 있는 나의 마음이 진정되었다. 모든 것을 주신 분이 주님이시고, 우리의 삶의 주인 되신 분이 바로 주님이심을 다시 확인시켜 주셨다. 도둑맞은 일로 인해 마음의 분을 품고 미움과 증오를 가지고 모든 물건의 주인이 나인 양 주인행세 하려 하는 부족한 모습을 보며

162 오늘도 묵묵히: 여성 선교사들의 삶과 신앙 일기

부끄러움이 올라왔다.

 얼마 되지 않아 우리 가족은 널브러져 있는 거실 중앙을 정리하고 무릎을 꿇고 모여 앉았다. 우리 삶의 주인 되신 주님을 잊고 마음을 지키지 못하고 분노하며 잠시나마 이 땅과 이웃들을 의심하고 미워했던 것을 회개했다. 우리의 부족함과 죄를 자백하며 주님 앞으로 나아가 용서를 구했다. 사단은 늘 우리의 연약함을 노리고 있다. 종족 마을에서 기적과 같은 하나님의 큰 역사를 경험한 지 얼마 되지 않아 작은 풍파에도 사정없이 흔들리는 연약함을 고백하며 우리의 마음을 붙들어 달라고 간절히 기도했다.

 이후 우리 가족의 마음 가운데 기적과 같이 다시 평안이 찾아왔다. 하나님은 이후로 도둑맞은 사건이 우리의 마음을 지배하지 못하도록 굳게 붙들어 주셨다. 그리고 다시 주님께서 허락하신 기쁨을 누리며 부르신 땅을 섬기고 사랑하며 살아갈 수 있도록 힘을 더해주셨다. 할렐루야!!

6. 재난, 모래땅에 이런 일이!

코리안 돔 오픈

　2005년 8월 서부 아프리카의 유일한 MK 스쿨인 DA 학교가 개학하게 되었다. 종족 마을에서 사역하는 선교사들을 위해 코리안 돔-일종의 기숙사-을 오픈하게 되었다. 돔 페어런츠로 섬기게 된 우리 부부는 5명의 한국 여자 MK 아이들 초등 1학년 한 명, 2학년 한 명, 3학년 두 명, 4학년 한 명을 돌보게 되었다. 우리를 포함해 돔 헬퍼 역할로 미국에서 온 2세 싱글 자매인 정민 자매도 합류하게 되면서 코리안 돔의 식구는 모두 8명이 되었다. 모두가 처음이라 잠시 어색함이 있었지만 조잘조잘 대며 잡기 놀이를 하며 뛰어다니는 아이들로 인해 어색함의 공기는 휘휘 날아가 버렸다.
　아이들은 우리에게 삼촌(남편), 큰이모(나), 작은이모(정민 자매)라 불렀고 우리는 그런 아이들을 정말 친조카처럼 대하며 생활했다. 아이들이 학교에 갔다 오면 제일 먼저 찾는 게 바로 큰 이모인 나였다. 왜냐하면 허기진 배를 채워줄 이가 바로 나였기 때문이다. 아이들은 늘 내가 만들어주는 음식을 맛있어하며 최고의 감탄 메시지를 보내주었다. 나 역시 아이들의 응원에 힘입어 낯선 조리 기구들과 부족한 솜씨에도 불구하고 혼신의 힘을 다해 아이들이 좋아하는 메뉴들을 만들었다.

어떻게 이런 일이

　금요일 오후. 남편은 집세와 공과금을 내러 잠시 집을 나가고 정민 자매와 나는 하교한 아이들과 재미있는 놀이를 하며 즐겁게 놀고 있을 때였다. 갑자기 현관문 쪽에서 물이 찰랑찰랑 부딪히는 물소리가 들리고 신발이 둥둥 떠다니고 있지 않은가? 무슨 일인지 확인하려고 문밖을 나갔다.

　우선 물에 젖은 신발들을 부랴부랴 집어 신발장 위로 올리고 있는데 순식간에 물이 무릎까지 올라왔다. 얼마 되지 않아 물은 허리춤까지 올라오고 다급해진 나는 정민 자매를 소리쳐 불렀다. "정민 자매, 나 좀 도와줘. 여기 물이 차고 있어. 지금 현관문이 안 열려…!" 정민 자매가 급하게 뛰어나와 문을 열려고 안간힘을 썼다. 바깥 물의 수압이 너무 높아진 상태라 그런지 현관문은 도통 열리지 않았다. 들이찬 물은 문틈 사이로 비집고 집 안으로도 흘러 들어갔다.

　일단 정민 자매에게 무서워하는 아이들을 진정시키고 2층으로 빨리 올라가라고 소리쳤다. 물은 순식간에 가슴 위로 차올랐다. 현관에 혼자 갇혀 버린 나는 더는 까치발로도 몸을 지탱하기 힘들었다. 조금씩 죽을지도 모른다는 공포가 올라왔다. 집세 내러 간 남편은 왜 이리 안 돌아오는지 야속한 마음과 함께 두려움 앞에서 말 문이 막혔다. 나는 머리를 절레절레 세차게 흔들며 다시 정신을 차리려 애를 썼다. 더 높은 곳을 찾지 않으면 안 되겠다는 판단이 서면서 우선 콩콩 발을 뛰며 가까스로 대문까지 나아갔다.

　현관에서 대문까지는 3m 정도 되었다. 나는 대문의 가장 높은 부분을 있는 힘을 다해 꽉 움켜쥐었다. 죽기 살기로 대문의 윗부분을 의지하고 버티고 있었다. 눈물과 콧물 그리고 공포가 계속해서 나를 덮쳐 대고 할퀴어 댔다. 온 힘을 팔에 주고 있었지만 이미 팔은 부르르 떨리기 시작했다.

4장 양성금 선교사

#세네갈#회상#아쉬움#분노#용기#초점#재난#사명

생사의 기로에서

얼마 정도 지났을까? 굉장히 오랜 시간을 버티고 있었던 것 같다. 아마 30~40분 정도가 지나고 있었던 것 같다. 팔에 감각이 서서히 없어지고 물속에 잠긴 몸으로 인해 저 체온 증상으로 온몸이 부르르 떨리고 있을 때였다.

저 멀리서 한 선교사의 음성이 들렸다. 대문에 온 힘을 다해 버티고 있는 나를 발견하곤 작은 튜브로 된 배를 대고 곧장 담장을 넘어 들어왔다. 생사의 기로에 있던 나는 그분으로 인해 담장 위로 올라가 목숨을 건질 수 있었다.

담장에 올라와 떨리는 몸을 다시 가다듬고 정신을 차렸다. 그러나 긴급한 상황은 계속되었다. 계속해서 들이치는 물은 집 안을 사정없이 어지럽혔다. 모든 물건이 둥둥 떠올랐다. 2층 계단까지 물이 차오르고 있기에 아이들과 정민 자매가 위험한 상태였다. 나는 집 안에 있는 아이들과 정민 자매를 도와 달라고 소리쳤다.

2층 창문을 통해 함께 집 안으로 들어간 나는 공포에 떠는 아이들을 안고 다독이며 안심을 시켰다. 얼마 되지 않아 남편과 다른 선교사님들도 구조하러 들어오게 되면서 아이들을 마을 어귀까지 이동시킬 대책을 마련했다. 안전하기도 하고 물에 잘 뜨는 게 어떤 게 있을까 생각하던 중 원통형 쓰레기통이 생각났다. 모두가 좋은 생각이라고 동의하며 아이들을 하나하나 쓰레기통에 태워 이동하게 되었다.

선교사님들이 2인 1조가 되어 물의 수심이 가장 낮은 곳을 발로 확인하며 쓰레기통 양쪽 귀를 잡고 조금씩 이동했다. 이동하는 데 오랜 시간 몇 차례의 수고를 감당해야 했지만 감사하게도 아이들과 우리는 아무런 사고 없이 안전하게 마을 어귀까지 도착할 수 있었다.

그 당시 이웃의 미국 선교사가 쓰레기통을 타고 구조되는 코리안 돔 아이들의 모습을 고스란히 사진으로 기록했다. 이 사진을 통해 코리안 돔의 상황이 전 세계에 알려지게 되었고, 많은 분의 기도와 후원을 통해 코리안 돔을 재정비하는 데 큰 힘이 되었다.

후유증보다 큰 은혜

위급할 때는 보이지 않았던 홍수 상황을 두 눈으로 보며 한숨이 절로 나왔다. 온갖 종류의 쓰레기와 오물들이 뒤섞여 서로 부딪히며 출렁거리고 있었다. 그 당시 현지엔 여전히 재래식 화장실이 많았다. 홍수로 인해 화장실에서 올라온 배변과 구더기, 도마뱀, 이구아나, 큰 쥐들도 둥둥 떠다니고 있었다. 코를 찌르는 악취가 가득한 홍수의 현장은 그 옆을 지나가기만 해도 헛구역질을 해야 했다.

아프리카에서… 특히 모래땅이 가득한 세네갈에서 홍수라니 상상도 해 보지 못했다. 선교사들도 홍수는 처음 겪어 보는 일이라고 했다. 아프리카에서 우기가 시작되어 한 번씩 비가 내리면 하늘이 뚫린 것처럼 무섭게 비가 올 때가 많다. 그러나 그동안의 비는 억수같이 한번 내리더라도 모래땅과 강한 햇빛으로 인해 물이 이내 말랐다. 2005년의 우기는 유난히도 비가 자주 그리고 억수같이 내리면서 물의 순환이 어려워졌던 것 같다. 특히 그때까지 그 지역이 저지대였는지도 몰랐는데, 홍수를 겪으며 이 지역이 다른 곳보다 지대가 낮은 곳임을 그제야 알게 되었다.

홍수 이후의 후유증은 생각보다 컸다. 구조를 위해 물에 들어갔던 사람들은 이름 모를 피부병이 생겨 긴 시간을 고통스러워 했다. 또한 차고나 마을 길가에 차를 세워 놓았던 사람들도 물에 잠긴 차를 빼내고 수리하는 데만 엄청난 돈과 시간을 들여야 했다. 순식간에 들이찬 물로 인해 생활

가전은 물론 추억의 물건이나 자료, 그리고 사역 물품들도 하나도 건지지 못한 상태로 손실이 이만저만이 아니었다.

　우리 부부 역시 입을 옷가지부터 시작하여 사역을 위해 준비해 온 많은 것들이 물에 잠겨 여러 가지의 어려움을 겪어야 했다. 새로운 돔을 구하고 재정비하는 데 드는 수고와 에너지는 몇 배 이상으로 쏟아야만 했다. 나는 아이들 돌봄과 코리안 돔 재정비로 체력이 고갈되면서 병원 신세를 지기도 하고, 떨어진 면역력으로 인해 이름 모를 풍토병들을 앓으며 심리적인 어려움도 겪어야 했었다.

　이러한 어려운 상황에도 불구하고 가장 감사가 되는 것은 MK 아이들이 홍수로 인해 특별한 트라우마나 다친 곳이 없었다는 것과 모두가 다시 건강한 일상을 잘 회복하고 학교생활을 할 수 있다는 것이다. 돌아보면 모든 것이 하나님의 돌보심과 은혜였다. 때를 따라 돕는 손길들을 통해 위기의 순간과 어려움의 긴 터널의 시간을 잘 극복할 수 있었던 것 같다. 감사만이 남는다.

7. 사명, 소름 끼치는 악몽

계속되는 악몽

"아아악! 아아악!! 으흐흑… 으흐흑…" 굉음과 같은 소리를 지르며 눈을 떴다. 머리와 온몸에 땀이 범벅이다. 이번엔 쓰나미가 오는 꿈이었다. 사이렌 소리가 들리며 많은 사람이 우왕좌왕하며 정신없이 이리저리 뛰어다녔다. 어디서부턴지 모르지만 서서히 물이 차 올라오는 건물 안에서 사람들은 목숨을 부지하기 위해 높은 곳으로 정신없이 올라가고 있었다.

나 역시 이제 아장아장 걷기 시작한 첫째 하연이의 손을 잡고 높은 곳을 향하기 위해 계단으로 내리달았다. 간신히 계단으로 올라가는 대열에 합류하고 그 대열에서 벗어나지 않으려고 온 힘을 다해 앞으로 나갔다. 넓은 홀은 어느새 물이 흥건히 차 올라오고 있었다. 더 빨리 좀 더 높이 올라가야 한다는 생각으로 하연이의 손을 더 꽉 잡았다. 건물의 중간쯤 정신없이 계단에 오를 때였다.

뭔가 손이 허전했다. "아악…!." 그제야 하연이의 손을 놓쳤다는 것을 인지할 수 있었다. 얼마를 그렇게 정신없이 달려왔는지 알 수 없었다. 어디쯤에서 하연이를 잃어버렸는지도 알 수 없었다. 순간 심장이 멈추듯 모든 것들이 멈추었고 나는 사시나무 떨듯 떨고 있었다. 하연이를 잃어버렸다는 죄책감이 사정없이 올라왔다. 뒤로 돌아서려 하니 나의 의지와는 상관없이 사람들의 밀치는 압력에 의해 위쪽으로 떠밀려 올라갈 수밖에 없는 상황이었다. 어찌한단 말인가? 이 많은 사람 중에서 아주 작은 우리 하연이를 과연 무사히 찾을 수 있을까? 올라오고 있는 이 인파를 거슬러 다시 내려갈 수 있을까? 라는 생각과 죽음의 기로 앞에서 꿈이었지만 나는 걱정하고 또 절망했다.

현실에 부딪힌 사명

신혼 초 세네갈 1년의 단기선교를 위해 우리 부부는 온 힘과 정성과 시간과 재정을 올인했었다. 그러나 우리의 기대와는 다르게 선교지에서 많은 어려움을 겪으며 힘든 시간을 보내야 했다. 너무도 지치고 힘든 상태로 고국에 돌아왔지만, 그 어디에도 마음 편히 기댈 수 있는 곳은 없었다. 당장 먹고살아 갈 일이 망막한 상황이었기에 삶의 여유나 쉼은 우리에게 주어지지 않았다.

남편은 잠깐의 여유도 없이 가장으로서 가족을 위해 무엇이라도 하겠다고 공장 막노동 아르바이트를 했다. 체력이 바닥날 대로 바닥 난 나 역시 몸을 추스르지 않으면 안 되는 상황이었지만 힘든 내색 없이 일상을 살아야 했다. 우리는 그렇게 화려한 귀환이 아닌 아주 초라한 모습으로 일상에 파묻히게 되었다.

한국의 삶에 재적응하기 위해서 참으로 많은 시간과 노력이 필요했다. 선교지에서 타임머신을 타고 미래로 온 것처럼 1년이라는 공백이 크게 느껴졌다. 경제적으로나 가정적으로도 쉽지 않은 현실 가운데 허덕이며 우리 부부는 한동안 열심히 일을 하며 다시 안정을 찾으려 노력했다.

나이도 서른이 넘은 터라 주위에서 아이를 가지지 않냐고 물어왔다. 나 역시 아이를 갖고 싶었지만 체력이 바닥난 상태라서 그런지 아이도 쉽게 들어서지 않았다. 혹여나 아이를 못 가지는 게 아닌가 걱정이 되었다. 부모님들의 걱정 가운데 몸의 회복을 위해 한약을 지어 먹었다. 그런데도 아이는 들어서지 않았다. 아이를 위해 주님께 간절히 기도하는 시간을 가지게 되었다. 나중에야 알게 된 사실은 이런 환경과 형편으로 아이를 잘 키울 수 없다는 생각이 들어 아이를 갖는 것을 원치 않았다는 남편의 고백을 들을 수 있었다. 가장으로서 얼마나 부담이 되었으면 그런 생각을 할 수밖에 없었는지 충분히 이해되었다.

감사하게도 이듬해 하나님은 우리 부부의 마음을 하나 되게 하시며 하연이를 선물로 주셨다. 하연이를 가지고 입덧이 심해 어려움이 있었지만 하연이를 낳고 키우며 정말 행복한 시간을 보낼 수 있었다. 내 생명 내 모든 것을 주어도 아깝지 않다는 것이 무엇을 의미하는지 자식을 키우며 그 뜻을 더 깊이 알게 되었다.

둘째 하린이도 선물로 받게 되며 우리 부부는 가정과 아이들을 양육하는 것에 집중된 삶을 살게 되었다. 아이들을 더 잘 키우고 싶은 마음으로 아이들에게 더 좋은 환경을 만들어주고 싶은 소망이 생겼다. 우리에게 주신 사명에 대한 부분은 '국내에서 열심히 선교에 동원하는 일을 하자'는 마음으로 바뀌며 서서히 흐려졌다.

사명으로의 부르심

어느 날부터 계속되는 악몽에 시달리게 되면서 혼란스러웠다. 그냥 꿈이라고 넘겨 버리기에는 어떤 꿈들은 너무 생생했다. 너무 괴롭고 힘들었다. 특히 자녀와 관련된 꿈들이었기에 더 등골이 오싹했다. 남편도 나와 비슷한 시기에 비슷한 꿈을 꾸고 우리 부부의 마음은 더 심란했다. 아이를 잃어버리고 또 아이가 해코지를 당하는 꿈들이 이어졌기 때문이다. 아이를 어떻게 하면 잘 지킬 수 있을지 계속 고민에 고민을 거듭하게 되었다. 어디에도 안전한 곳이 없다는 것을 느끼며 답답함과 두려움이 나를 엄습했다.

하루는 한 선교사님 가족을 만나게 되는 기회가 있어서 조심스레 꿈 이야기를 꺼내게 되었다. 너무 괴롭고 힘든 마음을 나누고 기도라도 부탁하고 싶어서 말이다. 그런데 선교사님이 꿈에 관한 얘기를 들으시곤 "하연이는 어떤 존재야?"라고 물으셨다. 나는 일 초의 망설임도 없이 당연히 "하연이는 나에게 가장 소중한 존재지요."라고 대답했다. "그러면 하연이와 같은 소중한 무엇을 계속 잃고 있는 건 아닌가?"하고 툭 던지셨다. 그 말을 듣는 순간 나는 머리를 한 대 얻어맞은 듯 정신이 번쩍 들었다. 온몸에 소름이 돋는 것을 느낄 수 있었다. 그 말이 무엇을 의미하고 있는지 단번에 알 수 있었기 때문이다.

그렇다. 아무도 책임져 주지 않는 혹독한 현실 가운데 놓이게 되면서 우리는 정말 중요하고 소중한 것을 잃어버리고 있었다. 아주 당연한 것처럼 우리의 삶의 초점을 하나님이 아닌 세상적인 기준에 맞추어 살아가려 했다. 하나님의 음성보다 현실이 더 급하고 중요한 것처럼 여겼었다. 그 현실에 전전긍긍하며 우리는 악착같이 잘살아 보려 했다. 두려움의 공포와 삶의 억압 속에서 주님께서 주신 사명은 뒷전으로 밀어 놓고 말이다. 주님이 아니셨으면 아무것도 아닌 내 인생이었는데⋯⋯ 정말 위선자가 따로 없는 듯했다. 모든 것을 드려도 아깝지 않다고 앞으로의 삶을 주님을 사랑하며 살기를 원한다고 고백해 놓고서는 언제 그랬냐는 듯 생판 모르는 일처럼 주님 주신 사명을 외면하고 세상의 가치와 기준을 더 좋은 것으로 여기면서 지내고 있었다.

그 꿈으로 인한 깨달음이 없었다면 우리는 어떻게 살고 있을지 생각한다. 꿈을 통해 삶의 의문이 모두 풀리며 주님의 음성을 듣고 다시 그분 앞으로 나아가게 되었다. 주님은 신실하시고 여전히 우리를 포기하지 않고 계셨다. 지난날의 어리석음을 내려놓게 하시고 그분의 부르심에 순종하며 이 길을 걸어갈 수 있도록 도우시고 붙들어 주심을 생각하면 참으로 감사가 크다. 우리에게 온전한 평안을 더하시고 좌우로 치우치지 않도록 이끄신 그분의 놀라운 인도 하심에 다시 한번 그분의 이름을 높여 드린다.

훗날 아이들이 훌쩍 자라 내게 할 질문을 상상해 본다. "엄마는 무엇을 가장 소중히 여기며 살아가나요? 엄마는 누구를 가장 사랑하시나요?" 나는 아이들에게 다시 질문한다. "엄마가 무엇을 가장 소중히 여기는 것 같고 누구를 가장 사랑하는 것 같니?" 나의 자녀가 "엄마는 주님 주신 사명을 가장 소중히 여기고 주님을 가장 사랑하시잖아요." 하며 주저 없이 대답한다. 내 삶의 여정이 그렇게 마무리되길 바란다. 많은 말보다 나의 삶을 통해 아이들이 주님을 바라보고 찾게 되길, 그리고 나의 삶을 통해 가장 값진 것이 무엇인지 깨닫고 그것을 위해 자신의 삶을 드리며 살아가는 아이들이 되길 바란다.

#세네갈#회상#아쉬움#분노#용기#초점#재난#사명

5장

원로이스 선교사

1. 뜻하지 않은 사건, '손'에 붙들려

여호와이레

  오십이 훌쩍 넘은 나이에 이례적으로 러시아 어학 코스를 밟게 된 것은 우리 부부가 '연해주에서 처음'이라고 했다. 러시아 우수리스크 안에서 마흔여섯 살 이후 러시아 학생비자를 받은 선교사는 없었다는 말을 들었다.
  2016년 5월 러시아에 처음으로 방문했다. 15일 동안 머물 계획을 세웠다. 지인의 소개로 러시아 선교사님 댁에서 묵게 되었다. 전혀 계획을 잡지 않은 일정이었다. 그런데 기다렸다는 듯 주님의 손이 우리 부부를 이끌고 계셨다. 고국으로 돌아오기까지 다양한 윗동네 사람들을 만나는 인연과 러시아 비자를 받는 뜻밖의 상황이 전개되었다.
  한국으로 돌아갈 날을 이틀 남겨놓았을 때의 일이다. 우리 부부를 안내해 주시던 선교사님은 극동연방 대학교 '데베페우'를 가리키며 저곳이 국제 대학교 건물이니까 한국 가기 전 한 바퀴 산책할 겸 돌아보라고 하셨다.
  국제학교 건물 앞에서 길을 걷던 학생들에게 물어 사무실을 찾게 되었다. 노크와 함께 문을 열었다. 두 분의 여성이 우리를 보고 일어났다. 우리를 향해 무슨 말을 했지만, 러시아어를 알아듣지 못하자 와이셔츠 차림의 남자 한 분이 우리 앞에 나타났다. 우리를 데리고 무작정 건물 뒤 4층으로 올라갔다. 도착한 문 앞에 이르자 노크 소리에 한 러시아 여성분이 나왔다.

자신은 이 대학교 한국어 강사라며 통역할 터이니 말하라고 했다.

우리를 데리고 온 신사분은 우리에게 몇 가지 질문을 했다. 이곳에 왜 왔으며, 우리는 누구인지, 아이들은 어디 있으며 원하는 것이 무엇인지를 물었다. 우리의 솔직한 답변에 내일 오전 시간에 아는 사람과 함께 오라는 말을 통역에게 전해왔다. 우리 부부는 얼떨떨했다. 러시아 국제대학교 건물에서 나와 함께 하신 선교사님께 자초지종을 말했더니 그분은 그 대학교 디렉터라고 했다.

다음 날 함께 오전 9시를 지나 국제학교 사무실을 찾았다. 문을 여니 디렉터가 우리를 기다리고 있었다. 더는 묻지 않고 서류가 왔고 사인을 했다. 기대치 않았던 러시아 학생비자와 기숙사까지 약속받게 되었다. 그리고 석 달 후 이곳 러시아에 학생 신분으로 8월 30일까지 들어 와야 했다.

갑작스럽게 열린 선교의 길

선교를 위해 10년 전부터 준비를 해왔지만 갑작스럽게 열리는 상황에 당황하며 적잖이 놀랬다. 남편의 "러시아에 방문해 보자"라는 말에 관광할 겸 옮긴 나의 러시아 첫 발걸음이었다. 앞으로 두 달 후면 러시아에서 학생비자로 들어와야 한다. 빠른 결정에 "난 러시아를 생각해 보지 않았으니 생각할 시간을 줘!"라고 러시아 공항을 벗어나기 전 남편에게 말했다. 이미 러시아로의 모든 일이 두드리기만 하면 열리는 상황이 되고 있었다. 결국 무릎 꿇는 기도를 하며 주님의 뜨거운 눈물을 알게 되었다. 모든 것을 내려놓았다. 파송 절차가 어려운 상황이었지만 우리 부부는 계획된 일정 안에 연해주 러시아 우수리스크 대학 '데베페우' 학생기숙사에 도착했다.

그러나……. 가족과의 이별이 쉽지만은 않았다. 특히 부모님의 노여움과 언성이 높았다. "자식을 두고…", "에미가 안 간다고 하면 쟤가 간다고 안

할 텐데."라며 극구 말리셨다. 정작 세 자녀는 담담해 보였다. 고등학교 시절부터 각각 기숙사 생활과 우리의 선교 여정으로 떠남이 익숙해진 탓이리라 생각했다. 아이들은 아무 말 없었다.

그날을 손꼽아 기다리며

  남편은 나이 50이 넘어 목회자가 되었다. 교회를 섬기는 10년 동안 우리 부부는 고양시에서 5년 동안 밭을 빌려 농협기술센터에서 배운 자연농업을 실행했다. 더욱이 1년 동안 원당농협 직거래로 매대를 받아 수확물을 아침에 팔기도 했다. 병아리를 사다 닭이 되기까지 혹한 겨울을 지나면서도 자연 양계 방식으로 튼튼히 닭을 키우기도 했다. 나는 상담 치료의 자격 및 경험과 한식, 양식, 중식, 일식, 제과제빵까지 기초적인 음식을 배우는 기회도 가졌다. 양식 조리사 자격과 바리스타 자격을 취득하고 카페 매니저 경험도 했다. 머리를 손질하는 기술도 배웠다. 그렇게 수많은 기술을 익히며 선교지에 갈 수 있는 날만을 기다렸다.

  실제로 선교지에 간다는 사실 앞에 당황했지만, 돌아보니 이젠 떠날 때가 된 것임을 비로소 깨달았다. 다행이라고 할까? 자녀 셋이 모두 고등학교를 졸업하고 막내도 이제 대학생이 되었다. 모두 국가 장학금 제도의 혜택으로 대학에 다닐 수 있었다.

  아이들은 각각 기숙사와 할머니 댁으로 거처를 옮겼다. 내가 살고 있었던 임대 아파트의 살림은 작은딸이 인터넷으로 중고 처분하며 짐을 정리했다. 급히 오느라 학생비자에 관한 정보를 정확히 몰랐다. 일 년의 학비를 선불로 내고 나니 살림의 여비가 바닥났다. 집을 팔고 처분한 남은 돈으로 경제적으로 어려웠던 선교지의 생활비를 충당할 수 있었다.

러시아 학생기숙사로 첫발을

2016년 연방 대학교 기숙사는 150년 전 지어진 벽돌 건축물로 내부는 목재였다. 나무로 된 실내와 침대, 책상이 나란히 따스한 햇살을 받고 있었다. 방 안이 훈훈했는데 작지 않은 커다란 라디에이터가 창 밑으로 놓여있었다. 기숙사 밖은 시베리아 바람으로 오싹했으나 실내는 따뜻하고 정겨웠다. 우리 부부의 방은 2인용으로 우리가 오기 전에도 한국인이 사용했었다고 들었다. 우리 방에는 다른 방에 없는 책장과 커튼이 있었다.

기숙사비는 저렴하지만 불편한 점도 있었다. 식당 및 샤워장의 공동이용과 바퀴벌레의 출현이다. 당시는 개별적 세탁기 사용이 금지되었기 때문에 개인적으로 빨래를 해결해야 했다. 이미 새로운 생활을 받아들이기로 마음을 단단히 먹었던 터라, 온갖 바퀴벌레가 보이면 두드려서 패고 잡았다. 한국에서는 어떠한 벌레라도 잡는 그 느낌이 싫었다. 그래서 어쩌다 눈에 띄게 되어도 그냥 내버려두었던 벌레들이었는데 이곳에서는 넘어갈 수 없었다. 그리고 큰 빨래는 모아서 다른 분의 집 세탁기 신세를 졌다.

기숙사에서의 첫날, 마트에서 냉동된 작은 닭 한 마리를 사 들고 기숙사로 왔다. 한국서 가져온 압력밥솥에 닭을 삶았다. 그릇에 삶은 닭을 놓고 티테이블에서 소금을 찍어 러시아에서의 첫 저녁을 먹었다. 일련의 삶 가운데서 전혀 뜻밖의 이곳까지 오게 된 그때, 그 맛은 왕궁에서 만찬도 부럽지 않을 감격이자 잊지 못할 러시아 기숙사의 첫 저녁 만찬이었다.

러시아어를 배우는 학생으로 살기

러시아어는 어렵기로 유명하다. 기초적인 문법만 꼬박 일 년이 걸린다. 수업은 평일 아침 8시 30분부터 오후 2시가 넘어서야 마쳤다. 점심시간이 따로 없어 학교의 배려로 점심시간을 10분 얻어 도시락을 먹었다. 한국인들로 채워진 우리 반은 한 명이 도시락을 싸 오자 모두 도시락을 가져왔다.

2교시가 끝나자마자 책상을 붙여 모두 도시락을 나누어 먹었다. 책상 위의 점심은 '힐링' 그 자체였다.

학생으로 살며, 9월 가을이 왔나 하는 순간, 느낌을 만끽하기도 전에 연해주 우수리스크 시내는 겨울로 들어섰다. 감사한 것은 가는 곳마다 나이 든 한국인 학생을 선대하며 친절하게 맞아주는 시민들이 있었다. 그들은 길을 물으면 가던 길을 멈추고 우리와 함께 직접 길을 동행해 주곤 했다.

기숙사 학생 신분에서 영주권자로 살기

학생기숙사에서 생활한 지 한 달이 지났다. 생활의 어려움을 듣고, 현지 선교사 한 분이 하나님의 감동이라며 아파트 한 달 분을 우리에게 건네주며 아파트를 소개해 주었다. 집을 구할 수도 없고, 돈도 마련이 안 되었는데 주님의 도우시는 손으로 울컥했다. 나를 아시는 주의 은혜로 말미암아 세련된 원룸 연립아파트로 이사할 수 있었다. 그 이후 지금까지 주님은 점차 나은 생활과 집세를 책임지셨다. 자녀들도 자신의 생활을 스스로 용감하게 헤쳐 나갔고 나름 안정적인 삶 가운데 가정을 꾸려나가게 되었다. 순종이 축복임을 깨달으며 아브라함의 은혜를 경험하고 있다.

이후 2024년 현재 살고 있는 '우사꼬바'의 집에 이르기까지 우리 부부는 일곱 번 집을 옮겨 다녔다. 학생비자 후 비자 관련하여 순적한 길을 걸을 수 있었다. 처음 연방 대학 어학연수 코스에 들어간 지 4개월 후 3년 영주권 시험을 통과하였다. 연해주 내에서 일할 수 있는 자격을 얻었으며, 3년 영주권을 받은 지 2년 후에는 5년 영주권을 받는 은혜를 얻게 되었다. 영주권을 받은 지 몇 달이 지나자 새로운 영구영주권의 제도가 생겼다. 우리 부부는 주변의 도움으로 '러시아 영구영주권'을 받게 되어 영구영주권 소지자로서 현재 러시아 연해주 내에서 살고 있다.

그러나 코로나 팬데믹 이후 갑자기 비자가 어려워지는 상황이 되었다. 게다가 영사관으로부터 반드시 러시아 면허증을 취득해야 한다는 말을 듣게 되었다. 우리는 자동차 보험 만료일이 얼마 남지 않아서 바로 면허층을 취득하려고 노력했다. 언제나 우리가 모르는 도움을 주는 천사가 우리의 걸음에 예비되어 있었다. 우리 부부는 도움을 받아 러시아 면허증까지 받게 되는 은혜를 가질 수 있었다.

우리에게는 러시아에서 삶이 은혜의 증거였다. 살아 계시고 선하신 주의 손이 어린아이와 같은 우리와 늘 함께하셨다.

2. 관계, 동시성 운명

10월 러시아 양수리에서

　10월 가을의 끝자락. 동료 3가정이 가까스로 날을 벼르다 두만강 가까운 '크라스키노'에서 함께 하루를 보내자고 했다. 평소처럼 차만 마실 것이 아니라, 함께 뜻을 모을 수 있을까 싶어 간신히 조율된 1박 2일 일정이었다. 마침 그곳에 기도의 집을 운영하고 있는 분에게 집을 하루를 빌렸다.
　세 가정은 아침 일찍 함께 출발했다. 우수리스크에서 3시간 더 남쪽으로 가니 듬성듬성 집들이 보였다. 가는 길에 음식점이 거의 없기에 길에서 간단히 싸 온 것으로 아침 겸 점심을 해결했다. 도착해보니 11시가 넘었다. 모두 시장한 듯 보이자 한 분이 "요즘은 연어 철이라 낚시를 해서 점심 겸, 저녁을 먹읍시다."라며 제안했다. 낚싯대를 준비한 남성들은 이내 기다렸다는 듯 '하산역'으로 통하는 다리를 향해 출발했다.

뜻 모으기는 연어 낚시까지만

　두만강이 보이는 하산역으로 들어가는 곳은 바다와 강이 함께 만난다. 그래서 하산 다리 아래에는 낚시꾼들이 모인다고 한다. 연어를 낚는 낚시터로 손꼽힌다고 한다. 동해와 강물이 만나는 다리 위에 낚시꾼들이 보였다. 강둑 주변 아래위로는 풀숲이 다리와 연결되어 있었다. 역시나 명당 자

리다 싶은 강어귀에는 이미 낚싯대를 던져 놓은 몇몇 낚시꾼들이 보였다. 가끔 다리 위를 지나가는 자동차 외에는 아무 소리가 나지 않았다. 고요했다. 산과 바다와 강을 비추는 따스한 햇살이 파랗고 청명한 하늘과 어울려 열기를 띤 낚시꾼들과 조화를 이루는 듯했다.

우리 일행은 사람들이 모인 다리 위에 차를 세웠다. 바람 없는 깨끗한 공기가 상쾌하였다. 따스한 온기를 느꼈다. 다리 위쪽에는 이미 낚싯대를 길게 강물 아래로 드리운 챙을 쓴 세 명의 낚시꾼이 흘러 내려오는 강을 마주 보며 서 있었다. 다리 아래 강물 풀숲에서는 돌다리를 지지대로 삼는 낚시꾼들이 열기로 보아 뭔가 커다란 연어라도 잡힌 듯 보였다.

다리 난간 위에 있는 한 분에게 "여기 연어가 있나요? 이곳에서 연어가 잡히는가요?" 물었더니 그렇다며 고개만 끄덕였다. 바로 몸집이 크신 한 분이 돌멩이를 들고 다리 위를 걸어가며 들고 있던 돌을 강 물속에 내리치는 모습을 보았다. 다리 난간 밑, 흐르는 강 속에서 팔뚝만 한 빨간 점박이 물고기가 튀어 등을 굽히며 솟아올랐다가 이내 물살과 함께 내리달으며 지나갔다. "앗~!" 우리 일행은 연어를 잡을 수 있다는 희망으로 바로 밑밥을 바늘에 꿰면서 가슴이 벅차올랐다.

멀리 푸른 동해 위 강물에는 시커먼 물고기 떼가 출렁이는 물살과 함께 넘실거렸다. 우리는 강물 속으로 낚싯대를 던지며 찬찬히 물속을 들여다보았다. 바다 쪽으로 유입되는 강물은 하도 물이 맑아 크고 작은 자갈의 색이 비쳐 예쁘기까지 했다. 빠르게 유입되는 물의 유속에도 많은 물고기의 형체들이 눈앞에 펼쳐 보였다. "우~아!" 탄성이 절로 나온다.

30분이 지났을까? 남편도 질세라 물가에 튀어 오르는 물고기를 향해 돌을 몇 번 던져 보더니 낚싯대를 강물 가운데로 내리었다. 나는 남편에게 "물고기가 가장자리에서 튀어 올랐는데, 왜 튀는 오른 곳에 낚싯대를 내리지 않고 강물 가운데로 낚시를 던져?"라고 물었다. "연어가 강가 쪽에서 내려오며 가운데로 갈 거 아니야."라고 남편이 답한다. 순간 어이가 없었다. 보이는 곳이 아닌, 있을 곳에 던지는 낚싯대라니 이해할 수 없었다. 역시 남편과 일행은 점심시간이 지나도록 새끼 한 마리조차 잡지 못했다.

이에 부녀자 세 명이 흥정하기 위해 양동이 가득한 연어를 들고 돌아서서 가려는 낚시꾼을 향해 뛰어갔다. 흥정에 성공해서는 귀한 연어를 손질했다. 세 가정은 생각지 못한 흥겨운 저녁 식사를 했다. 밤에는 집 주변에 버려진 나무를 모아 마당에 캠프파이어를 했다. 들뜬 마음을 가라앉히고 조용히 함께 찬양을 불렀다. 추억이 있는 시간이었지만 함께 마음을 모으기에는 뭔가 역부족이었다는 느낌이 가시지 않았다.

그 밤 내 안에 "각자 자기의 길을 간다."라는 주님의 마음이 들렸다. 이해할 수 없었다. 코드가 맞고 함께 하기에 좋은 형편의 사람들이라서 공동체를 같이 하고 싶어 이곳까지 왔는데 말이다. 함께 하고 싶은 우리의 마음과 다르게 아직 주님의 때라고는 확신할 수 없었다. 그날 이후, 끝내 세 가정은 함께 하지 못했다.

다시 꿈꾸기

핸드폰 전화벨이 울렸다. 이름이 떴다. 순간, 누구지? 아~! 미하일로프까 교회 사모님. 지난주 처음 만나 헤어질 때 급히 저장한 번호였다. 사모님의 남편인 목사님의 목소리가 들렸다. "저 누군지 아시겠어요? H 목사입니다. 사모님, 이번 주에 우리 교회에서 예배드리시겠어요? 이번 주에는 제가 먼저 말씀 전하고 그다음은 목사님이 하든지, 아니면 목사님이 먼저 하셔도 되고요." 나는 대번에 "네, 목사님. 마침 기다리던 중 제일 좋은 소식이네요. 목사님 먼저 하세요."라고 남편과 함께 기쁨으로 응했다. 놀라웠다.

처음 미하일로프가 교회를 방문한 것은 목사님 내외가 번 아웃이 되었다는 소식을 접한 뒤였다. 공동체를 사모하는 나와 남편은 마음에 감동이 왔다. 그래서 그곳을 아는 지인과 함께 방문했다. 이곳에서 우리 부부와 함께 예배드리는 것은 어떤지 생각해 보시고 연락 달라는 말을 남기고 돌아왔다.

한 주일 동안 궁금하던 중, 화장실 벽에 붙여진 말씀 달력을 보고 있던 참이었다. 이번 달 말씀은 내가 제일 사모하는 시편 27편 4절 말씀 구절이었다. "내가 여호와께 바라는 한 가지 일 그것을 구하리니 곧 내가 내 평생에 여호와의 아름다움을 바라보며 그의 성전에서 사모하는 그것이라." 러시아어 말씀 구절을 사모하는 마음으로 읽고 또 외우며 소망을 담아 속으로 "아멘!" 하고 돌아선 후 들려온 전화벨 속의 소리였다.

주님은 품 안의 젖 뗀 아이의 소리도 들으시는 분이시다. 기적같이 달력의 말씀이 현실로 나타났다고 생각했다. 언뜻 오늘 저녁에 사 온 귀한 토종닭이 생각났다. 첫 예배에 함께 나누는 것이 더 기쁜 일인 것 같아 바로 사모님께 전화했다. "사모님, 내가 토종닭이 있는데 삶아서 가져갈게요. 그것으로 사모님이 준비한 국수 말아먹어요."라고 말하자 "그래요." 하며 굵고 털털한 말로 응대하는 수화기 속 사모님 목소리가 들려왔다. 기도의 소원이 바로 응답되는 것 같았다.

공동체의 삶을 사모하여

우리 부부는 몇 가정이 함께하는 예배공동체를 사모한다. 그래서 스치는 가정마다 같은 마음으로 함께 할 수 있는지를 확인하려 했다. 그런데 어느 날 저녁, 차를 타고 가다가 무심코 "네가 가르쳐 줘라."라는 마음의 음성이 있었다. 성령님의 마음으로 받았다. 공동체를 모르는 가정에게 내가 먼저 보여주라는 말씀으로 생각했다.

 우리가 원하는 공동체는, 성령의 코이노니아가 흐르는 예배공동체, 주님이 주인이시다. 각 가정은 은사대로 섬기며 가난한 자와 나그네 된 자와 삶을 같이한다. 유기적이며 독립적인 같은 방향의 공동체이다. 또한 독립된 가정과 필요한 물질은 주님께 구한다. 자립을 어느 정도는 할 수 있는 비즈니스가 있다. 물질에 대한 원칙은 필요한 사람에게 흘러가도록 나눌 수 있어야 하고, 티를 내지 말아야 한다. 받아도 주어도 상대가 부끄럽게 느끼지 않도록 하기 위해서이다. 특히 주는 이가 으스대지 않는다. 서로의 짐을 함께 진다. 감사의 마음을 갖는다. '하나님의 나라와 의'를 구하며 주 안에서 고백하는 삶에 몇 가정이 함께 하길 원한다. 각 가정의 독립성을 존중하며 온 맘을 다해 함께 주를 섬긴다.

 주일에 우리 부부가 미하일로브까 교회 문 앞에 들어서기 전부터 개 짖는 소리가 요란하다. 차량이 집 안으로 들어가면 꼬리를 흔들며 묶여 있는 긴 사슬 끝까지 달려온다. 어찌나 좋은지 꼬리를 흔들며 펄쩍 뛰었다가는 뱅뱅 돌며 "멍멍" 소리만 연거푸 짖어댄다. 우리는 교회 멍멍이를 생각하며 일주일 동안 닭 뼈, 비계, 잡뼈 등을 모아 냉장고에 넣어 두고, 주일이 되면 멍멍이에게 주었다. 옆을 스치는 것만으로도 반가워하는 멍멍이. 그토록 좋아하는 먹이를 가져오지 않은 날에는 "미안하다"라는 말이 절로 나올 정도다. 평소 개를 무서워하여 가까이하지 못하지만, 생명이 기뻐하는 것을 보니 나의 마음에도 기쁨이 왔다.

 미하일로브까에서 예배를 드린 지 거반 일 년이 되었다. 이제 계속 함께 할 수 있을지 결정해야 했다. 결국 두 가정은 서로 다른 비전을 향하고 있었다. 같은 방향이 아니었다. 미하일로브까의 교회는 센터의 비전을 따라 사용되기를 원한다고 했다. 우리는 짐을 쌌다. 그러나 서로를 존중하며 격려하였다. 주 안에서 언제든 서로 만나자고도 하였다.

　가난한 자의 마음을 외면하지 않으시는 주님. 처음 이들 부부가 너무 지쳐있다는 소식을 접하며 달려왔었다. 함께 예배드리며 주님의 나라를 꿈꿨었다. 1년이 다 가도록 주일마다 함께 했지만 이분들의 소망은 학교를 꿈꾸는 비전센터였다. 우리와 달랐다. 아무리 좋아도 뜻이 다르니 계속 함께할 수 없었다. 주님의 은혜를 사모하며 여러 날 기도했었다. 결국 우리 부부는 서로에게 주어진 뜻을 확인하며 이곳 부부와 함께 예배드리는 것을 멈추게 되었다. 우리는 공동체로, 이분들은 센터로, 각자에게 주신 걸음을 서로 격려하며 이웃하게 되었다. 이곳 목사님은 우리와 예배드리는 동안 가정 안에 햇빛이 비치는 환한 예배당을 완공하셨다. 가정에서 드리던 예배를 교회에서 드리게 되었다. 우리가 있는 동안 교회가 지어지고 함께 예배드릴 기회와 섬김을 하게 되어 감사했다.

시골집으로

　하루는 선배가 뜬금없이 점심을 사 주겠다고 전화를 했다. 반가운 미소를 지으며 비자 문제로 잠시 한국에 갔다 와야 하는데 우리 집에 며칠 와 줄 수 있냐며 Y 사모님이 부탁을 해왔다. 들으며 어떻게 할까? 고민하는 동안 "해 줘라."라는 주님의 마음이 왔다. 우리 부부는 가려는 곳에 무엇이 있고 어떤 것이 필요한지 생각하지 않고 그냥 몇 가지 짐을 꾸렸다. 그분들이 떠나는 날, 집에서부터 북쪽으로 한 시간 반 거리를 달려 Y 사모님의 가정에 도착했다.

　집에 들어서니 잘 정리된 빈집에 A4 용지 두 장이 놓여있었다. 종이에 빼곡히 알아야 하는 이 집의 규칙들이 적혀 있었다. 쓰레기는 화요일에 내놓기, 보일러실을 이용하여 닭에게 물 주는 방법, 닭들에게 모이 주는 방법

등등. 이 집 냉장고와 냉동고의 식품은 마음껏 드시라는 글과 함께 별장에 왔다고 생각하고 쉼이 되시는 시간 되시길 바란다는 문구가 말미에 적혀 있었다.

시골살이

　러시아 연해주의 봄은 바람이 세차다. 한랭한 공기가 밀려가기까지 불어대고 있어 차가운 느낌이 있다. 이곳 '이바노브까'는 내가 사는 우수리스크 지역에서 자동차로 한 시간이나 넘는 곳이지만, 우수리스크보다 기온이 3도 이상 떨어져 더 춥게 느껴진다. 개나리가 만발한 3월의 우수리스크에 비해 여기는 이제야 서서히 눈이 녹아내리기 시작했다. 개나리는 꽃봉오리가 터지기를 기다리듯 꽃망울이 부풀어 올랐다. 이곳에도 봄은 오고 있었다. 그러나 그늘진 안뜰에는 아직도 고인 물이 살얼음으로, 흙더미에는 쌓인 눈이 보였다. 얼었던 땅에 햇살이 쏟아지는 곳마다 군데군데 질펀해서 종종걸음으로 걸어야 했다. 신기한 것은 무엇보다 컴컴하고 맑은 공기 속 밤하늘에 금방이라도 쏟아질 듯 반짝이는 황금색 별빛의 무더기였다. 북두칠성, 카시오페이아 등이 별들의 펼쳐진 족보 같다. 도시에서는 볼 수 없는 장관이다. 캄캄하고 서늘한 밤공기에도 집 안팎이 환했다. 밤길을 걷는데도 전등이 필요치 않았다.

　대문 뒤 한편에는 줄을 단 누런 개 한 마리가 길옆을 지날 때마다 꼬리를 흔든다. 이상하다. 처음부터 우리 부부에게 짖어대지 않았다. 낮에는 남편이 먹이를 양동이에 넣어 개에게 주곤 했다. 아마도 주인이 없으니 누가 밥 줄 사람인지 아는 것 같았다.

　주일에는 집 안뜰의 교회에 예배드리러 오는 성도 몇이 있다. 주일에는 평소 함께 예배드리던 동료와 함께 차량 봉사와 말씀으로 섬겼다. 이곳 성도들이 찬양을 좋아하여 예배 때마다 특송을 불렀다. 우리도 찬양으로 화답하며 나누는 기쁨이 있었다. 잠깐이지만 러시아교회를 직접 섬기는 기회와 만남을 주셔서 감사했다. 기쁨이었다.

시골 공기는 한낮에도 시원하고 상쾌하다. 우리 부부는 날마다 동네를 한 바퀴 돌았다. 끼니때마다 냉동고에 넣어 둔 토종닭과 시골 냉장고 안의 반찬거리를 꺼내 먹었다. 시골 체험해 보는 TV 프로처럼 흥미로운 느낌이었다. 이웃을 돌봐주는 것이 주 안에 가치 있는 일이었으나 역시 만만치 않았다. 그저 하루하루 내 집 돌보듯 할 뿐이었다.

제일 중요한 일

이바노브까의 집을 보는 중요한 일 중의 하나는 닭을 돌보는 일이다. 이 집에는 닭이 400마리 정도 있다. 아침 해가 뜨기 전 닭장 비닐 창문을 열어주고 오후에는 달걀을 꺼내어 달걀을 검수한다. 6개 큰 통의 사료를 각각 잘 섞어 닭장 안에 있는 모이통에 사료를 넣어 주어야 한다. 닭장에는 물통이 따로 있어서 어느 정도 물을 채워 놓아야 했다. 밤사이 수탉한테 쪼여 상태가 안 좋아 보이는 암탉은 분리해 놓지 않으면 위험했다. 해뜨기 전에 열어 둔 닭장의 창문은 해 지기 전 반드시 닫아야 한다. 산란 통에도 청소하여 깨끗함이 유지되어야 함은 물론 반드시 닫아 놓아야 한다. 이는 닭이 산란 통에 들어가 똥을 싸놓을 수 있기 때문이란다.

한 날은 밤에 바람이 몹시 불었다. 아침까지 나뭇가지가 바람에 흔들리고 있었다. 비바람이 몰아치는 기상 변화로 인해 아침에 나가 보니 지붕이 일어나고 덮였던 비닐이 뜯겨 나풀거렸다. 이곳에 오는 일꾼이 남편과 함께 지붕을 수선하느라 애를 먹었다. 남편은 부엌문을 열어 무언가 급한 듯 나를 부르며 테이프와 연장을 찾았다. 남의 살림이라 눈에 익숙지 않은 듯했다.

언제부터인지 계사 안에서 날마다 닭 한 마리씩 원인 모르게 죽어 나갔다. 원인을 몰라 주인에게 전화를 걸어 자초지종을 알렸다. 한국에서 우리 부부는 일 년 동안 자연농법으로 닭을 몇 마리 키운 적이 있었다. 그런데도 닭이 죽는 게 어리둥절할 뿐 그 까닭은 알지 못했다. 생명을 키우는 것, 그것은 귀하지만 쉽지 않다는 것을 실감했다.

나만의 밀린 숙제 시간

집을 봐주면서 가장 좋았던 나의 시간은 오전 오후 아무도 없는 빈 교회에 나만의 시간을 갖는 일이었다. 마음껏 주 앞에 오롯이 교제하는 그 시간이 좋았다. 하루 두 번 겨울모자와 외투를 걸치고 보온병과 성경책을 끼고 교회 안으로 들어갔다. 내가 임의로 정해 놓은 자리에 앉아 거의 온기가 느껴지지 않는 작은 난방 기구를 켜서 발 옆에 두고, 홀로 찬양과 기도를 목청껏 외쳤다. 마음 가는 대로 몸 찬양을 했다. 휘적휘적, 휘휘 팔과 다리를 그어대며 십여 분쯤 공기를 가르고 나면 가슴이 뻥 뚫리는 기쁨이 있었다. 추위에 움츠러진 가슴을 활짝 폈다. 교회에서 시간을 보내다 돌아오면 왠지 밀린 숙제를 했던 것 같아 좋았다.

나에게 숙제라면 "그의 나라와 의"였다. 이 땅에 주의 나라와 의가 편만이 펼쳐지며 더 위쪽을 향해 그분의 사랑이 흐르길 원한다. 자유를 누리지 못하는 자들에게 주님의 안타까움과 사랑의 눈물이 어떤 방법으로 전해질는지 모르지만, 그 눈물이 있는 곳을 향해 나도 날마다 그곳에 복음이 흘러가기를 기도했다.

주님은 누구나 완전한 걸작품을 만드셨다. 이 말은 누구나 그 자체로 완벽하다는 말로 들린다. 차별하는 세상에서 나는 누구든 주 앞에 귀한 존재이고 완벽하다는 것을 말해주고 싶다. 내가 받은 은혜이기도 했다. 기도하다 보면 마음 한쪽에 있는 공동체에 대한 기도가 간절했다. 여태껏 땅 집은 춥다는 생각에서 벗어나지 못했었다. 그래서 땅 집 형태의 공동체를 위해 적극적으로 기도하는데 망설여지곤 했다. 이 시골에 와서야 그런 춥고 불편함의 묶임에서 벗어날 수 있었다. 자유할 수 있음을 배우게 되었다. 용기를 얻었다. 주 안에 있는 자에게 주님의 인도하심에는 분명한 목적이 있음을 깨닫는다.

일꾼을 위한 기도

저녁노을이 붉게 내려앉을 무렵, 여느 때처럼 기도한다고 교회로 향하고 있었다. 그런데 교회에 들어가려다가 순간 고개를 돌려 뒤를 보았다. 아직도 겨울 잠바를 머리에서부터 덮어쓴 이 집의 일꾼이 들어오고 있었다. 내가 돌아보자 먼저 나에게 "즈드라스트브이쩨" 인사를 처음 건넸다. 나도 이어 같은 인사를 했다. 개인적으로 나눈 첫인사였다. 일꾼은 근처에 혼자 사는 30대쯤 되어 보이는 젊은이로 매일 자전거를 타고 이 집을 들어온다. 늘 차고 한쪽에 자전거를 세워 놓았다.

그에게는 평소 주어진 일이 있었다. 닭장을 돌보며 달걀을 수거하는 것과 정리하는 일을 맡았다. Y 사모님은 "일은 잘하는데, 때론 술을 먹고 몇 날씩 안 오는 때가 있어."라며 그를 안타까워했다. 그는 이가 다 빠져서 잘 먹지도 못하니 교회 올 때마다 달걀을 담아서 주라고 부탁하셨다.

일꾼은 일하면서 힐긋힐긋 몇 번 교회를 쳐다보았다. 내가 교회로 들어가는 모습을 몇 번 보는 것 같았다. 이상하리만큼 내가 교회에 들어서는 모습이나 나올 때 쳐다보는 듯했다. 우연은 아닌 듯했다. 어느 날은 교회 바닥에 흙덩이가 있었다. 교회 안의 흙을 빗자루로 쓸었다. 그러나 치웠어도

여전히 흙이 계속 보였다. 나는 호기심으로라도 일군이 들어왔을까? 라는 생각을 해 보았다,

  이 교회 문은 언제나 열려있다. 조각구름이 비가 되듯, 호기심이 변하여 주를 향한 일꾼이 되기를 소망한다. 그 은혜를 구하며 고개를 숙인다.

가난한 자에 대한 그분의 사랑

  주님이 내게 오신 후, 나는 가난한 자를 멀리서도 유심히 본다. 마음이 가기 때문이다. 20대 시절 주님을 알기 위해 금식하며 기도하던 중, 주님은 사람들이 보기 싫어하는 연약하고 가난한 여자의 모습으로 나에게 나타나 보이셨다. 그 이후로 나는 가난한 자를 보면 그냥 지나칠 수 없다. "혹시 주님이실까?" 하는 생각에 잠깐 시선을 멈춘다.

  주님은 보이지 않는 곳에서 일하는 이곳의 나그네들을 사랑하셨다. 가난한 자에 대한 그분의 사랑은 이곳 나그네들을 불쌍히 여기실 뿐만 아니라, 피눈물 나게 사랑하셨고 아파하셨다. 역시나 내게도 그 사랑이 부어졌다. 그 사랑의 열망이 타올라 가슴을 태웠다. 그래서 지나가는 남자든 여자든 상관치 않고 주님의 마음을 보이고 싶어 쫓아가서 말을 붙였다. 하나님의 사랑을 보여주고 싶었다.

  어떤 때는 지나가는 낯선 나그네에게 다짜고짜 필요한 것이 있느냐며 사주고 싶어 했다. 사랑을 전하고 싶어 그저 가슴으로 껴안았다. "주님이 당신을 사랑하세요."라고 마음 깊이 전하고 싶어서이다. 그 불타는 마음을 나도 어찌할 수 없었다. 나의 행동을 대부분의 나그네는 웃으며 받아주었다. 나의 낯선 행동을 받아준 그들에게 주님의 마음이 전해지기를 두 손 모은다. 우리는 한동안 주님의 사랑을 따라 그들이 찾는 거리를 헤매곤 했다.

한 번은 낙지 고추장볶음 반찬을 한국에서 가져왔다. 흰 밥에 낙지 하나 턱 놓고 먹어도 꿀맛이었을 낙지 고추장볶음. 여기에 채소 다짐과 참기름, 매실 효소와 기본양념을 더해 낙지비빔밥을 만들었다. 낯선 손님에게 건넨 한국산 비빔밥 요리. 그 맛이 구미에 당길 리 있겠는가마는, 한국의 귀한 음식이라는 말에 "그래요?" 하며 눈을 크게 뜨고 반가워했던 모습이 눈에 선하다.

섬김에는 기쁨이 있다. 나그네는 정성이 담긴 음식을 맛나게 먹어 주었고, 나는 마음을 나눴다. 한 번 두 번 작은 소소한 찬이 형제의 우정을 돈독게 하였다. 가장 귀한 그분을 소개할 수도 있었다. 그분의 향기는 우리에게 주님의 향기와 같아 늘 기쁨이 되었다. 만남이 기쁨이었고, 주님이 보내신 보석이었다.

> "가난한 자를 불쌍히 여기는 것은 여호와께 꾸어 드리는 것이니 그의 선행을 그에게 갚아 주시리라"
> [잠언 19:17]

3. 공동체, 하나님 나라와 의

생일 드라이브

　내 생일날이다. 어제 미역국 대신 고깃국과 시래기 두부찌개를 한 솥 끓여 놓았다. 평소 아침에는 간단하게 요기를 한다. 그런데 오늘은 생일이라 모처럼 손질된 가자미를 구워 아침밥을 해서 남편과 먹었다. 여느 때처럼 시편과 구약, 신약의 말씀을 읽고 나눴다. 러시아인들을 위한 예배를 위해 러시아 찬송가를 함께 연습했다.

　그리고 차를 탔다. 3월에도 아직 얼어붙은 '라즈돌나야강'을 휘돌아 고즈넉이 한가운데 서 있는 이상설 유허비의 팻말이 눈에 들어온다. 여느 때 같으면 한 번쯤 들어갔다가 나오는 곳이다. 그런데 들어서자니 얼음물이 군데군데 질편했다. 땅이 녹아 질척거려 보였다. 순간 포기하고 광활한 옛 발해 영토를 향해 계속 차를 몰고 나갔다. 두어 번 굽이를 지나자 평평한 언덕길 아래에 남편은 차를 세운다. 마음먹고 5분 정도 걸어 올라가면 막다른 언덕, 내가 가보고 싶은 그곳이다. 탁 트인 평야가 한눈에 펼쳐지는 그 언덕, 발아래 펼쳐지는 발해 시절 말을 타고 달렸을 드넓은 평야, 그 뻥 뚫린 공간에 들어오는 시야를 눈으로 경험하게 된다. 모든 이의 마음을 쓸어주기에 충분한 곳이다.

　그러나 봄의 이곳은 얼음이 녹고 비가 오는 탓에 흙바닥 길이 질척거린다.

언덕에 오르고 싶어도 길바닥은 마른풀과 얼음이 섞여 땅을 디디기 어렵다. 가고 싶은 마음에 몇 발짝 가보았는데 그만 신발에 진흙을 묻힌 체 쭉 미끄러진다. "풀이 있는 곳은 괜찮겠지."하고 주위를 보며 얼음에 붙어있는 풀 위를 밟았다. 딛자마자 "우지직!" 꺼내 신은 등산화 밑창의 진흙이 더 엉겨 붙었다. 오르려는 길을 포기한 듯, 남편은 먼저 차에 올랐다. 그래도 나는 몇 발짝 디뎌 보았으나, 눈으로만 한번 휙 오르고는 차로 갔다.

남편은 차를 몰아 계속 갔다. 옛 고구려 땅이었던 넓은 대지는 눈이 녹아 촉촉해 보였다. 터진 공간에 대지와 하늘이 맞닿은 곳 한가운데 신작로 길이 쭉 뻗어 있었다. 길 양편에는 혹독한 겨울을 맞아 빛바랜 갈대가 키 높이만큼 컸다. 자동차가 달리는 바람에 갈대가 흩날리듯 움직였다. 4 킬로미터 거리만큼 가니 집이 한 채, 두 채 듬성듬성 보이자 작은 동네로 여겨지는 입구가 보였다. 이어지는 비포장도로 길. 20여 분쯤 지나니 반대편 차선의 노란 스쿨 버스가 외딴곳에 두 번이나 스쳐 지나간다. 그런데 어쩌다 달리는 승용차도 보게 되었다. 동네로 이어지는 길이다. 이 동네에 아이들이 제법 있겠다고 생각했는데, 과연 가방을 멘 십 대 학생들이 두세 명씩 걷고 있었다. 학교와 아파트가 보이며 길은 뚝방으로 연결되었다.

양쪽 커다란 가로수 길이 그림을 펼쳐놓은 듯 시원했다. 힐링이 된다. 옛 고구려 길을 돌아 동네를 지나 신작로 길로 빠져나오는 데 한 시간쯤 걸렸다. 집을 나와 한 시간 이어지는 곳으로 온 게 생일 선물을 받은 듯하다.

앞으로 가야 할 길에 대한 꿈

차를 타고 눈으로 보며, 지금까지 왔던 길보다 앞으로 가야 할 길에 대한 꿈을 그리게 되었다. 러시아에 오기 전 나는 어떤 상담사의 말에 따라

#러시아#뜻하지 않은 사건#관계#공동체#정체성#시험

백지 위에 그림을 그린 적이 있다. 나무를 그렸다. 큰 나무 기둥에 나뭇가지가 길게 뻗은 단면을 그렸다. 이 나무에 그네를 타는 사람, 그 아래에서 몇 무리가 모여 빙 둘러 있는 모습, 그 그늘에서 여러 사람이 함께 즐거워하는 그림을 그렸다. 그리고 보니 실상 내가 놀랐다. '내 안에 많은 사람이 있구나~'하는 생각이 들었다. 내 마음의 그림은 '내가 원하는 삶'이었다.

차를 타고 마을을 돌아 나오며, 평소 가졌던 공동체에 대한 한 가지를 더 그렸다. 내가 사는 공동체 그곳에는 '치유함'이 있는 곳이길 소망했다.

하나님의 나라와 의'를 향한 공동체.
그곳은…….

주를 찬양하며 삶과 전심으로 예배드리는 집
아침마다 시편을 서로 주고받으며 노래하듯 낭송하는 집
담 넘어 이웃에서도 함께 하는 발걸음이 올라오고
날마다 소소한 정성으로 채워지는 풍성한 식탁의 기쁨들이 있는 집
몇몇 가정이 늘 이곳에 머물러 있어 예배와 섬김이 한마음이 되어
하모니를 이루는 공동체
독립된 가정과 각기 주신 은사로 이웃을 섬기며,
주신 능력 안에서 서로 이해하며 예배하는 삶의 공동체
더불어 삶을 함께하는 코이노니아 공동체

공동체의 처음을 열어준 러시아 면허증

지금까지는 한국 면허증만 있어도 러시아에서 운전하는 데 문제가 없었다. 그러나 2024년 4월부터 러시아 자동차 면허증을 갱신해야 한다는 러

시아 정부의 통보가 있었다. 1년의 유예기간이 주어졌다. 면허증을 받은 후 보험을 갱신하는 절차가 있기 때문에 우리는 자동차 보험 만료일이 얼마 남지 않아 러시아 면허증 절차를 서둘렀다. 우수리스크 내 자동차 면허증발급 기관을 찾아가 확인하였지만 한국인에게는 열려있지 않아 다른 방법을 찾아야 했다.

우선 필요한 건강검진과 기존 한국 면허증 공증으로 하루 종일 바쁘게 움직였다. 두 병원을 오가며 오전에 4명의 의사로부터 안과, 정신과, 마약 등의 검진 확인 도장을 받고, 오후에는 면허증 공증을 찾았다. 그러나 새로 제시한 견본대로 해줄 수 없다고 하여 공증비만 날렸다. 기존의 형식에서 변형되어 새 형태로 해야 했다.

무엇보다 '고슬로기'(국가 공공기관)앱을 핸드폰에 깔아야 한다. 이곳을 통해 면허증을 발급받기 때문이다. 앱에는 건강검진과 여권번호, 국가 이름, 차량 이름, 차 종목 및 건강보험의 번호와 코드 등이 정확히 기재되어 있어야 했다. 그렇지 않으면 다음 칸으로 넘어가지 않았다. 그 때문에 몇 번이고 확인을 거듭하며 눌렀다. 서류전형 기관인 모이 다큐에 가서 도움을 청했다. 간신히 나의 앱이 설치되었다. 직원이 도와주어 설치하는 데 한 시간이 족히 걸렸다. 직원은 더 이상 도움을 줄 수 없고 자신의 소관이 아니라며 거절했다. 남편의 앱에서는 모두 손사래를 쳤다. 결국 혼자 고슬로기 앱에 들어가서 로그인하지 못했다.

제일 먼저 러시아 면허증을 발급받았다는 C 대표의 전화를 받고 찾아갔다. 왕래가 없어 불편한 마음이 있었지만 자동차 면허로 한계를 느낀 남편은 가서 도움을 받아야 할 것 같다며 서둘러 한 시간가량 걸려 C 대표 집을 찾아갔다. 반갑게 맞는 C 대표는 적극적으로 문제를 도와주었다. 그러나 남편의 스마트폰에 고슬로기(관공서 앱)를 까는 작업이 쉽지 않았다. 한국 국회의원 22대 선거 개표를 눈으로 보며 점심이 지나 저녁때가 되어도 문제가 풀리지 않았다. 배가 고파 저녁을 먹고 내일 '모이다큐멘트'에 가서 도움을 받아야 할 것 같다며, 자기 집에서 자고 내일 모이다큐에 가자고 말한다. 남의 집에서 잔다는 것이 준비도 안 되었지만 편치 않았다. 하지만 다른 방법이 없었다.

저녁을 먹고 함께 TV를 본 후 쓰지 않은 건넛방에서 잠을 청했다. 전기장판과 얇은 이불 하나를 받아 들고 어설픈 밤을 보냈다. 둘이 자기에 좁은 이불은 불편하고 어려웠다. 화장실은 재래식. 겨울에는 집 안에 들고 다니는 변기를 밤에 사용하라며 집에서 사용하는 러시아식 이동 변기를 주었다. 하는 수 없이 이곳에서의 원칙을 지키기로 마음먹고는 시키는 대로 했다.

더 불편한 것은 수도시설이 아직 안 되어있었다. 물통에 우물물을 받아서 사용하고 있었다. 우물은 팠는데 시설비 마련이 안 되어 2년 동안 수도시설 없이 부부가 살고 있었다. 세탁기 냉장고 등의 다른 가전은 이사하면서 갖추어 있었다. 왜 수도시설 설치를 못 했는지 묻지 않았다. 골방 기도가 필요했다.

다음날 얻어먹는 아침은 꿀맛이었다. 자고 난 후의 찌뿌둥함을 아침밥을 먹고는 잊었다. 양치는 대충 개수대에서 바가지로 물을 떠서 하면서 불편함에 적응했다. 서류를 위해 모이다큐멘트로 향했다. 읍 단위 동네라서인지 C 대표와 직원이 친했다. 여직원은 친절하게 맞아주었고 바로 도움을 주었다. '스닐스'(건강보험증)에 문제가 있다며 해결을 위한 안내를 해 주었다. 안내를 받지 않았으면 도저히 풀 수 없었던 부분이었다. 그곳에서도 간신히 문제를 풀 수 있었다.

다시 모이 다큐멘트로 가서 여직원의 도움을 받아 마침내 남편도 고슬로기 앱에 로그인하게 되었다. 이제 반 이상 문제를 풀게 된 것이다. 무척 감사했다. 쉽지 않지만 자연스러운 흐름 속에 문제가 풀려갔다. 결국 앱에서 정보를 입력한 후 자동차 면허증발급 장소로 들어가 서류를 제출할 수 있었다. 제출하면 거의 일은 다 끝나는 것. 남편은 면허증발급 장소, 시간을 나와 같은 날로 입력하였다.

그러나 남편 예약 시간이 다르게 나왔다. 다를 뿐 아니라 하루 이상 차이가 났다. 나는 11일 남편은 15일로 지정되었다. 이러면 거리상 두 번 가야 한다. 가는 거리보다 두 번을 함께 움직여야 했기에 나의 발급일을 다시 취소하기로 했다. 다시 새롭게 고슬로기 앱으로 들어갔다. 그런데 기록하다 보니 잘못 적은 부분이 있다는 것을 새롭게 발견했다. 언제부터 운전했는지를 알지 못해서 대충 한국 면허증 발급받은 날로 썼는데, 러시아의 표기 방식이 달랐다. 이 순간 실수도 "주의 은혜~!"라는 마음이 드는 것은 당연했다.

수정하고 면허증발급 날짜를 받으려니 면허증 발급 장소로 들어가지 않았다. 기기 작동에 어려움이 있다는 내용만 반복해서 떴다. 메일이나 고슬로기앱에서는 먼저 받았던 발급 날짜가 취소되었다는 글만 핸드폰에 떴다. 나는 헛수고만 한 것인가? 하는 생각에 발을 동동 구르며 계속 시간 예약 칸을 눌러댔으나 아무것도 뜨지 않았다. 기다렸다. 결국 3시간 후에 다시 시도하라는 메시지가 떴다.

다행히 3시간 이 지나서 운전면허 신청 시간 예약을 받을 수 있었다. 천신만고 끝에 받는 눈물겨운 감동이다. 감사뿐 더는 뭐라고 표현할 수 없다. 원하던 대로 같은 날 남편의 시간은 오전 11시 30분, 나는 오후 1시 30분으로 면허증을 신청할 수 있었다.

마지막으로 C 대표 집에 와서 예약 날짜 잡힌 것을 프린트하고 나니 마음이 편안해졌다. 그제야 우리는 그동안의 삶을 나누며 함께 마음을 터놓는 시간을 갖게 되었다. 그들 부부는 여러 해 동안 마음의 아픔이 있었다. 사모는 화병으로 고혈압까지 생겼다며 토로했다. 남편은 집으로 가면서 사모가 자신의 이야기를 하는 것을 어제 처음 봤다고 한다. 늘 말없이 남편 말에만 대답하고 자신의 감정을 표출하지 않던 그녀였다. 두 부부의 진심 어린 대화와 만남에서 그동안 이들 부부와 어색했던 부분이 허물어지는 기회의 시간이 되었다. 주님의 은혜로 여러 가지 문제를 풀며 합한 마음을 갖게 되는 터닝 포인트를 갖게 되었다.

C 대표는 집 옆의 땅을 사라고 권했다. 훈다멘트(기초)도 되어있고 싸게 나왔다며 옆집에서 땅을 싸게 내놓았고, 교통도 좋으니 이곳을 사서 집을 지으라고 권한다. 또한 교회도 자신이 지을 수 있으니 우리가 평소 원하던 공동체를 이곳에서 하자는 제안을 해왔다. 요즘 외국인에게 다른 곳은 안 되는데 이 집은 러시아 이름으로 되어있고, 옆 땅을 사면 우리가 원하는 공동명의로 공동체를 법적으로 할 수도 있다며 권유하였다. 또한 볶은 땅콩이 습기가 없이 바싹하다고 손으로 내보인다. 이 집은 습기도 없고 옆에는 교회를 세우기 위해 기둥도 박아놓았고, 지리적인 위치도 시내나 공항과도 가까우니 이곳에서 공동체 하는 것을 놓고 생각해 보라고 했다. 우리는 기도해 보겠다고 했지만 주님의 도움 아니면 감히 생각지 못하는 액수였다.

C 대표 집은 수도와 벽체 등이 아직 해결되지 않은 집이었다. 내가 돈이 있으면 돕고 싶다는 마음을 안고 집으로 돌아왔다. 집에 도착하자마자 K 장로님의 전화를 받았다. 내일 자동차 면허를 위한 절차로 건강검진을 병원에서 받아야 하는 데 도와 달라는 전화였다. 우리가 자동차 면허를 위한 절차를 밟았다는 소식이 벌써 들어간 것이다. 남편은 도와줄 수는 있지만

혼자서 하려면 어렵다며 함께 하는 다른 분이 있으면 좋겠다는 말을 건네며 우리가 도움받은 이야기를 했다.

자동차 면허 문제를 해결하기 위해 이틀 동안 뛰어다녔다. 마음과 몸의 긴장이 풀렸다. 더욱 주님의 뜻 안에 그분의 인도하심과 그분의 은혜 안으로 들어가고 싶었다. 집에 돌아와 마침 온라인 강의 '희년'을 들었다. 공동체에 대한 꿈을 더 확인하게 되었다. 일주일 후. 러시아에서 한국인은 러시아 면허증을 위해 시험을 보라는 공고를 봤다. 연해주에서 결국 먼저 서두른 두 가정만 서류 양식 방식의 러시아 면허증을 발급받게 되었다. 여러 연유가 있었지만 다른 가정들은 시험을 봐야 했다. 안타깝지만 개인적으로는 놀라운 은혜였다.

연해주 예수원 아둘람 공동체

러시아에 와서 여러 사람과 관계를 맺으며 8년이 지났다. 앞으로 8년을 향한 전환점을 맞는 시기다. 우리 가정은 주님의 마음으로 결국 한 가정(C 대표 가정)과 함께 '연해주 예수원 아둘람 공동체'를 세우기로 했다. 두 가정이 시작하여 연해주에서 주님이 일하시는 공동체를 함께 만들어 가기로 서로 마음을 같이 하게 되었다.

함께 하는 C 가정은 우리가 연해주에 왔던 시기와 비슷하며 처음부터 인연이 있었다. 처음 연해주에 왔을 때 같은 반에서 언어 공부를 했고 서로 가깝게 지냈었다. 또한 우리 가정은 3년 영주권을 위해 '슬라비얀카' 지역에서 여행사를 했던 C 가정을 잠시 도왔다. 여행객들을 안내해 주며 한 회사에서 가깝게 지내기도 했다. 서로 바라보는 기도의 대상도 같았다. 그리고 보면 어려울 때 서로 도와주어 사랑의 빚을 지는 사이이기도 하다.

올겨울 우리 다차에서 키운 배추와 무가 처음으로 예쁘고 잘 자라 밭에 가득했다. 여름에 한국에서 돌아온 후 파, 갓, 배추, 무 등 김장거리가 되는 모든 것을 심었다. 자연농법으로 집에서 김칫국물과 야채 삶은 물, 쌀뜨물에 EM(살아있는 천연 미생물)을 통에 담아 와 정성껏 가꿨다. 이에 더해 하늘의 도움이 있었다.

천수답이라고 불리는 '다차' 밭에서는 사흘에 한 번 비가 오는 바람에 풍성한 수확으로 이웃과 함께하는 기쁨을 갖게 되었다. 필요한 이웃 6가정에 나누고 남는 배추와 무로 두 가정이 함께 김장하였다.

C 가정은 4년 동안 한 번도 한국에 들어가지 않아 김장에 필요한 재료가 부족해 보였다. 우리에게는 아파트에서 배추와 무를 다듬고 씻고 배추 절이기를 하는 데 어려움이 있었다. 그렇게 서로 부족한 상황에서 함께 하는 김장은 공동체를 세워가기로 마음을 같이 하는데 더욱 큰 밑거름이 되었다. 김장을 하며 두 가정은 함께 공동체에 대한 마음을 같이 하며, '하나님 나라와 의'를 향한 공동체를 설계하였다. 알고 보니 C 가정도 공동체를 하려는 뜻이 처음부터 있었다고 했다. 서로의 장단점을 많이 알았기에 더 존중하려 했다.

공동체 짓기

두 가정은 바로 실천하기로 마음을 같이 했다. 허락되는 대로 주신 만큼 집을 세워가기로 하였다. 장소는 우수리스크와 블라디보스토크 사이, 북한에서 오는 철도가 블라디보스토크로 합류되는 곳에서 가깝다. 공항이 근접해서 교통이 쉬운 곳. 그곳에는 뒤에 야산이 둘러쳐 있다. 사이에 개울이 지나 산책하며 묵상하기에 좋고, 집 주변 대지가 넓어 청소년 캠프를 하려 해도 문제가 없어 보였다.

C 가정이 먼저 2년 전 손수 자신의 집을 지어 여기서 살고 있다. 앞으

로 그 옆에 교회를 지을 양으로 박아놓았던 주춧돌 터가 놓여있었다. 그 곳 위에 우리 가정과 이웃을 1층으로, 2층은 교회 공동체를 짓기로 의견을 모았다. 두 가정은 공동체 건축을 위한 모든 설계와 시공을 함께 짓기로 했다.

공동체의 이름은 삼상 22장 1~2절 말씀처럼 다윗이 아둘람 동굴에서 피신하였을 때 가난한 자, 원통한 자, 빚진 자 등 피난처이며 삶이 되었던 '아둘람' 동굴의 이름을 본받아 지었다. 우리를 필요로 하는 나그네와 함께 예배하며, 성령의 코이노니아를 경험하는 '연해주 예수원 아둘람 공동체'를 발족했다. 주님의 은혜 안에서 함께 지어져 가고자 한다. 기초공사는 생활비로 시작했다. 한 발 한 발 연해주에서 하나님과 의를 위해 이곳에 '길을 닦는 자들'로 기쁘고 감사한 마음을 나누며, 날마다 두 가정이 밥을 해 먹고 손수 집을 짓고 있다.

우리 부부는 날마다 아침에 '끼빠리소바'로 떠난다. 점심과 간식을 위해 찬거리와 음료수를 싣는다. C 가정이 대문을 열면 커다란 개가 짖는다. 아침부터 기초 작업을 위해 일하고 있는 C 부부를 본다. 공동체를 위해 우리 집을 먼저 건축하기로 했다. 먼저 일하는 모습을 보며 고맙고 숙연해진다. 비용이 넉넉지 않아 자재도 그때그때 있는 만큼 사야 했다. 조금이라도 자신의 마음에 어두움이나 의문이 있으면 함께 나누며 풀어나가자고 한다. 늘 점심과 저녁을 함께하며, 돌아가며 감사의 기도를 올린다. 오늘도 기쁨과 감사함을 나누며 하루하루 '연해주 예수원 아둘람 공동체'를 4명이 함께 지어나간다.

4. 정체성, '나는 누구인가'

은혜받은 자

구세군교회 느낌의 아치형 건물에서 한 아이가 나에게 말했다. "이곳에서 금방 집회가 있었어요. 간증 집회요. 사람들에게 인기가 있었는데 지금은 그분이 떠났습니다." 긴 머리의 까만 파마 컬, 꽃무늬 원피스를 입었고 풍기는 외모가 괜찮은 젊은 여성이었다. 아이는 계속해서 내게 말한다. "그 여성은 알다시피 우울증을 앓고 있었는데 하나님께서 고쳐주셔서 이렇게 간증 집회를 다닌다고 하네요." 이 말에 나는 바로 내가 찾고 싶어 하던 그 여성임을 직감했지만 만나지는 못했다. 휑한 아쉬움으로 건물만 휙 바라보고는 밖으로 나왔다.

뒤쪽 구릉진 야산 쪽으로 가는데 좌변기가 놓인 화장실이 있었다. 놀랍게도 좌변기 화장실의 변기 안에 칸이 나누어진 뚜껑이 덮여 있었고 뚜껑과 손잡이도 나무로 반듯이 다듬어져 있었다. 뚜껑은 위로 미닫이처럼 밀려, 열어보니 변기 안이 핏물이 차 있었다. 순간 놀라서 닫고는 다시 열어보았다. 핏물 밑으로 싱그럽고 다 자란 씻어놓은 듯 열무 잎처럼 보이는 초록 채소가 변기 안에 꽉 차 있었다.

아침에 화들짝 놀라 일어나 보니 꿈이었다. 꿈을 해몽할 수 있었다. 그 여자의 상처가 생명처럼 변화된 것으로 생각했다. 예수원 시절, 새벽 예배를 드리러 집에서 계단을 내려오다가 비탈길 위에 쌓인 눈을 보았다. 가로등이 비추고 있었다. 흰 눈이 불빛으로 인해 더욱 눈이 부셨다. 그런데 내 마음 안에서 '네 죄가 이 하얀 눈처럼 깨끗하게 되었다'라고 말씀하시는 것 같았다. 지금도 그 순간이 잊히지 않는다. 은혜받은 자로 나를 부르시는 모습을 꿈으로 비춰주었다는 생각이 든다.

#러시아#뜻하지 않은 사건#관계#공동체#정체성#시험

5. 시험, 내가 하는 것이 아니라는 고백

남편에게서 오는 서운함

　러시아. 이곳은 우리의 첫 선교지다. 이곳에 오자마자 우리 부부는 각자 가지고 있던 쓴뿌리를 그대로 드러냈다. 원룸에서 함께 생활하는 것뿐 아니라 공부하는 스타일에서 나는 남편과 아주 달랐다. 그래서 서로에게 피해를 주었고 말다툼이 생겼다. 학과 그룹에서도 남편의 도드라짐은 나에게 힘들었다. 그룹의 수준보다 빨리 이해하고는 바로 넘어가기에 다른 사람들에게 피해가 될 지경이었다. 힘겨웠다.
　1년 이상의 다음 단계 수업은 이 대학에서 그만하자고 남편에게 제안했다. 우리 부부는 중급반으로 올라가는 것을 멈췄다. 단계별 언어 공부를 더는 진행하지 않았다. 얼마 후 다른 반과 함께 단기 6개월 동안 그룹으로 러시아 언어를 배웠지만 맞춤 진행이 아니어서 그다지 도움 되지는 않았다. 이후 개인적으로 문법책을 보며 그 이상 배우지 못한 문법 체계는 독학하게 되었다. 러시아 언어는 세계에서 어렵기로 유명한데, 그나마 1년 꼬박 열심히 남편과 함께 수업을 같이한 덕분인지 기초 문법을 잘 배웠다고 생각한다. 시험받았다고 생각되었으나 그 이후 더 이상의 큰 충돌은 없었다. 돌아보면 모든 것이 은혜이다.
　언제부터인지 잠을 자면서도 몇 번을 뒤척이며 왼쪽의 목 주변 아픈 어깨를 들썩거렸다. 아침에 일어나면 샤워를 해야 했다. 통증 부위를 따뜻한 물로 마사지하듯 두드리고 손으로 문지르며 이사야 53장 5~6절의 말씀을 암송하곤 했다. 주의 보혈과 치유의 광선을 구한다. 더불어 떠오르는 환우들. 그들에게도 주의 은혜가 있기를 구했다.

특히 폐경기를 전후해서 몸이 약해지며 생각에서부터 시험이 왔다. 목이 아프고 어깨가 아파서 예전보다 남편에게 소홀하게 되었다. 내가 불평할 때 남편이 속마음을 알아주길 바랐다. "힘든 것 있으면 말해. 내가 도와줄게!"라며 나를 위로하며 괜찮은지 어떠한지 좀 살펴주길 원했다. 그러나 지금까지 하지 않던 행동을 기대하다가 더 서운함으로 시험이 왔다.

'쁘라흐라드나'에서의 어려움

영주권 신청으로 '쁘라흐라드나'에서 러시아 단독 주택의 샌드위치 패널을 덧붙인 집에 세로 살게 되었다. 인근에 블라디로 가는 길이 가까워 시골집 월세라도 도시 아파트보다 비쌌다. 아파트는 거주지 등록이 어려웠다.

그러나 광고를 보고 온 이곳에서는 거주지를 등록해 주며 한국인에 대해 특별한 마음이 있었다. 실내가 아름다워 보였다. 유럽형 모양으로 광고되어 있었다. 여름에 와서 보고 계약해서인지, 실제 이토록 추운 줄은 몰랐다. 본채에 덧붙여진 패널로 된 셋집이었다. 그래도 보랏빛 싱크대와 포근한 소파가 마음에 좋았다.

그리고 공동체를 그리워했기에 이곳에 사는 본채 러시아인과 잘 지낼 마음으로 들어간 곳이었다. 본채에는 아저씨가 환자여서 우리의 손길이 조금 필요했었다. 두 집은 서로 잘 지냈으나, 나에게는 추위에 약할 뿐 아니라 환경에서 오는 여러 어려움이 겹쳐 당시 몹시 스트레스를 받았었다.

영하 30도를 웃도는 겨울에 주인집에서 흘러나오는 온수관만 의지해야 했다. 창틀 밑 벽에 붙어있는 작은 난방장치(라디에이터) 두 개로는 방 안의 공기가 훈훈해지지 않았다. 우리는 따로 전기를 사용한 보조 난방기기를 함께 사용하며 두 번의 겨울을 지냈다.

11월, 낮부터 굵은 빗방울이 후드득 떨어지는가 싶더니 이내 커다란 함박눈이 쏟아졌다. 이어 비와 함께 쏟아지듯 내리고 있었다. 처음 보는 아름다운 진풍경이었다. 낮에는 햇빛에 반짝이며 뚝뚝 물이 떨어지는가 싶었다.

문제는 밤이었다. 저녁이 되며 이내 나뭇가지 여기저기에 커다란 수정 고드름이 주렁주렁 달렸다. 기온이 더 떨어지며 나무마다 고드름으로 무게를 견디지 못해 가지마다 부러졌다. 심지어 커다란 나무 기둥이 뿌리째 뽑혀 땅과 거리 여기저기에 쓰러져 있었다. 쓰러지며 온 동네의 전선이 끊겼다. 통신과 전기설비가 동시에 마비가 왔다.

엄동설한 영하의 날씨에 전기로 난방과 음식을 해 먹는데 전기를 쓸 수 없었다. 문제를 만나니 무척 당혹스러웠다. 이 상태로 며칠 동안 계속되었다. 다행히 밥은 가스버너가 있어 끼니를 해결했다. 그러나 냉골은 견디기 힘들었다. 파카를 입고 자는 것도 하루 이틀. 일주일 동안이나 복구가 안 되었다. 매일 컴퓨터를 들고 차를 몰아 자가 전기를 사용하는 카페나 교회를 찾아갔다. 반나절씩 배터리 충전을 하고 집으로 돌아오며 어려운 시간을 보냈었다.

스트레스

어느 날, 아침 식사 준비로 불쑥 부엌에 들어갔다가 까만 생쥐와 마주쳤다. 나와 생쥐는 서로 놀라서 도망갔는데, 나는 비명에 가까운 소리를 지르고 생쥐는 어디론가 사라져 버렸다. 아침마다 이런 일들이 반복되니 부엌에 들어가기가 겁났다. 관자놀이 신경이 압박되면서 머리까지 지근거렸다.

"으악 꺅~!" 하는 내 소리에 남편이 부엌으로 뛰어 들어오곤 했지만, 생쥐는 자취를 감췄다. 그때마다 남편은 환상을 봤느니 하는 핀잔만 주곤 했다. 생쥐를 잡기 위해 시장과 마트에서 파는 쥐 잡는 끈끈이를 사서 놓으니 잡혔다.

이때쯤 나를 더욱 아프게 하는 일이 있었다. 한 형제를 만나 복음을 전했는데 그가 거부했다. 전혀 말이 안 통했다. 같은 말로 대화해도 이렇게 힘든 일인지 몰랐다. 사랑으로 전해줄 수밖에 없었다. 서로 처한 환경이 달라 헤어지게 되었다. 전하지 못했던 복음으로 인해 스스로 자책하며 한동안 가슴앓이를 했었다. 환경에서 받는 스트레스보다 생명을 향한 구원을 얻지 못했다는 압박감을 스스로 가졌다.

마음이 아프니 몸에 영향이 갔다. 위가 아주 아팠다. 그러나 적게나마 하나님의 사랑을 들려주고 알게 한 것을 스스로 위로해 보려고 노력했다. 결국 나의 능력은 거기까지였다. 다음을 위해 마음으로 기도했다. 심는 이도 물주는 이도 한가지니 자라나게 하시는 이를 의지하며, 내가 하는 것이 아님을 고백했다. 사랑하며 마지막까지 사랑으로 안아 주었던 기억이 어제 일 같다. 주님의 마음이 그 사랑 위에 전해지길 간절히 소망한다.

"여호와여 내 마음이 교만하지 아니하고 내 눈이 오만하지 아니하오며
내가 큰 일과 감당하지 못할 놀라운 일을 하려고 힘쓰지 아니하나이다
실로 내가 내 영혼으로 고요하고 평온하게 하기를
젖 뗀 아이가 그의 어머니 품에 있음 같게 하였나니
내 영혼이 젖 뗀 아이와 같도다" [시편 131편 1~2절]

#러시아#뜻하지 않은 사건#관계#공동체#정체성#시험

6장

박혜정 선교사

1. 부르심, 언제나 대기 상태

예측 불가의 여정
중국과 태국. 다시 한국. 또, 다시 알바니아.
다음은 어디가 될까.

    20대의 나를 받아준 곳은 중국이었다. 그 땅에서 나는 학생에서 사모로, 불신자에서 신자로, 급변하는 삶의 형태를 경험했다. 30대의 나에게 선교사라는 정체성과 엄마라는 이름을 달아준 곳은 태국이었다. 40대의 나에게 멈추지 않는 성장판을 선사한 곳은 지금 있는 알바니아다.
    길면 길고 짧으면 짧은 사십여 년간의 삶 속에서 참 많은 나라를 거쳤다. 내 삶이 이렇게 펼쳐지리라고는 상상도 못 했다. 비행기를 타고 외국에서 사는 삶을 동경했지만 이렇게 어느 땅에도 깊은 뿌리를 내리지 못한 채 방랑자처럼 떠돌아다닐 줄은 꿈에도 몰랐다. 뼈를 묻을 줄 알았던 나라 태국에서 떠나오면서 내 삶은 좀 더 담대하게, 떠나라 하시면 바로 떠날 수 있게 되었다. 정체 상태에서 언제나 대기 상태로 전환되었다.

중국 상하이에서의 특별한 만남

나는 대학만 7년 반을 다녔다. 2년은 한국에서, 5년 반은 중국의 베이징과 상하이에서. 중국 상하이에서 다시 대학교 1학년에 입학하기 바로 몇 달 전, 예수님을 믿었다. 그때 상하이한인연합교회에는 담임 목사님과 인연이 깊은 전도사님 두 분이 새로 오셔서 대학부를 꾸려 주셨다. 막 예수님을 믿었던 나는 그분들께 성경을 배우고, 치유학교, 선교학교 등 많은 훈련을 받았다. 믿음이 자라면서 주님을 전하고 싶은 마음도 함께 커졌다.

화동 사범대학교 중어 중문과 4년 동안 8번의 방학이 있었다. 나는 모두 태국이라는 나라에 쏟아부었다. 한국에서 태국어과 2학년까지 재학했던 경험은 나를 자연스럽게 태국으로 이끌었다. 그러다 2001년 중국에서 사스(SARS)가 발생했다. 중국 내륙으로는 단기 팀을 보내지 않겠다는 교회의 방침이 떨어졌고, 우리는 어쩔 수 없이 단기 선교를 위해 해외로 눈을 돌릴 수밖에 없었다. 대학부 목사님의 동생이 코이카 단원으로 태국의 남쪽에 있었다. 첫 번째 단기 선교를 준비하던 대학부는 그 지역으로 단기 선교를 오면 어떻겠냐는 제안을 받게 되었다. 마침 나는 하나님께서 세우신 사역자의 말에 순종하는 연습을 하고 있던 터였다.

"혜정아, 태국 가자."

"네."

전도사님의 권유에 그냥 아무 생각 없이 "네."라고 대답했다. 장학금 받으면서 잘 다니던 태국어과를 접고, 왜 중국으로 왔는지를 잊었다. 죽어도 여행으로라도 절대 태국에는 가지 않겠다는 나의 이를 갈던 다짐을 그새 잊어버리고는 덥석 단기 선교팀에 합류했다.

그렇게 시작된 태국 단기 선교에 "우리를 잊지 마세요. 또 오세요."라는 아이들의 부탁에 이끌려 대학 생활의 모든 방학을 할애했다. 우리의 그리움과 그 땅에 대한 감사함과 주님께서 하실 일에 대한 기대로 태국 단기 선교는 계속되었다. 다른 나라를 경험하고 싶은 마음도 있었다. 그러나 영어로, 중국어로, 태국어로, 한국어로, 피부색도 문화도 언어도 다른 사람들이 한 마음으로 한 분뿐이신 주님께 예배드리는 그 광경을 또 경험해 보고 싶은 마음이 더 컸다.

태국의 남쪽 '뜨랑'이라는 도시에 있는 작은 어촌 마을 '깐땅'에서 주님께서 오시는 마지막 때의 모습이 이렇겠구나 싶은 예배를 드렸다. 그곳은 전혀 알려지지 않은 작은 도시, 시골 마을이었다. 외국인도, 선교사도 없는 그 지역이 나에게 주신 사명이라고 믿고 나는 해마다, 때마다 열심히 그 땅을 밟았다.

남편도 잘 다니던 대기업을 그만두고 사업을 하겠다는 큰 꿈을 안고 중국에 왔다. 하지만 대학부의 성경 공부 모임을 통해 신앙이 깊어지면서 무급 간사로, 전도사로 헌신하며 태국 단기 선교에 동참했다. 남편은 태국 단기팀의 팀장으로 10번의 단기 선교를 섬겼고, 나는 태국팀의 마이크로, 율동 선생으로, 통역으로 열정적으로 즐겁게 섬겼다.

오랜 기간 한 곳으로만 단기 선교를 하던 나와 남편은 인생의 중대한 갈림길에 서게 되었다. 장기 선교사로 태국에 가야 하나 말아야 하나를 두고 각자 기도했다. 남편은 하나님께서 때마다 보여주셨던 무지개의 언약을 통해, 나는 "딸아, 네 아비 집을 떠나라"라는 말씀을 통해 태국으로 가야 한다는 확신을 가졌다. 우리는 목사안수와 선교 훈련, 파송식을 거쳐 23개월 된 아들과 함께 방콕으로 첫발을 내디뎠다.

태국에 뼈를 묻겠다는 마음으로

언어연수를 위해 방콕에서 1년을 머물렀다. 남편과 2교대로 열심히 학원에서 네 시간씩 치열하게 공부했다. 뱃속에 둘째가 있는지도 모르는 채, 심한 입덧으로 계속되는 구토가 역류성 식도염 때문인 줄 알고 힘들게 힘들게 언어 학원에 다녔다. 그렇게 우여곡절 끝에 둘째를 낳았다. 8개월 된 아기와 37개월 된 첫째를 데리고 우리가 가려던 최종 목적지 태국 남부의 깐땅이라는 마을로 내려갔다. 8번, 10번의 단기 선교를 통해서 알게 된 마을 주민들과 아이들이 우리를 반겨줬다. 나의 태국 엄마, 아빠라고 생각했던 교회의 장로님과 사모님, 장로님의 연로하신 어머님 등 태국인 가족들이 우리의 새로운 시작을 축하해 주었다. 우리는 외국인 한 명 찾지 않는 태국의 자그마한 어촌 마을에서 두 아들을 잘 키워보자고, 종교색이 강한 현지 학교에 안 보내고 홈스쿨로 잘 키워보자고 다짐했다.

이곳에서 뼈를 묻자는 생각으로 왔다. 그리고 그렇게 될 줄 알았다. 그런데 이상한 점들이 속속 드러났다. 우리가 부부라고 알고 있었던 장로님과 사모님은 사실은 교회 유지를 위한 계약 결혼 상태라는 것을 알게 되었다. 마을의 재력가였던 장로님의 어머님이 고(故) 조용기 목사님의 "여자도 하나님의 일에 헌신할 수 있다"라는 설교를 들은 후에 이 교회를 짓게 되었다고 했다. 그런데 아들인 장로님이 교회 일에는 전혀 관심이 없고 자신의 팜 농장 사업과 레저스포츠에만 관심이 있자, 어머님은 그 마을에서 학력이 제일 높은 사모님에게 며느리 자리를 제안했다. 그 대신 평생 교회를 돌보는 것과 장로님과는 부부관계 및 어떤 이해관계도 없음을 전제조건으로 붙였다.

미국과 대만에서 유학하고 박사학위까지 갖고 있던 사모님은 몸에 암이 있다는 것을 알게 되었고, 마흔의 나이에 장로님과 계약 결혼을 하게 되었다. 장로님과 사모님 사이에 자녀가 없었던 것은 이런 이유에서였다. 우리가 10번의 단기 선교를 통해서 잉꼬부부라고 칭송했던 장로님과 사모님은 사실은 쇼윈도 부부였다는 것에 충격을 받았다. 14일씩 10번, 적어도 140일을 곁에서 그들을 보아서 잘 안다고 생각했는데, 사실은 그들의 진짜 사연을 하나도 몰랐다.

특이한 이야기

뭐, 그렇다 하더라도 장로님 부부의 관계가 우리의 선교 사역과 무슨 관계가 있으랴. 그렇게 생각하고 넘어갔다. 태국은 참 이상한 문화가 있구나. 그렇게 억지로 이해했다.

그런데 두 번째 충격을 겪게 되었다. 우리가 월세로 얻은 집은 아무것도 없는 빈집이었다. 아이들 물건도 정리할 겸, 사모님이 빌려주신 차를 타고 뜨랑 시내로 나가서 플라스틱 서랍장 두 개를 사 왔다. 그 후에는 일주일에 한 번씩은 시내로 나와서 아이들 이유식 재료와 식료품 등을 사 왔다.

그러던 어느 날, 사모님은 우리를 불러서는 왜 허락을 받지 않고 마음대로 나가냐고 따지기 시작했다. 사모님과 우리는 서로에게 더 유창한 언어, 중국어로 소통을 했다. 그때 그 말이 들려오던 순간을 떠올려보면 너무 어이가 없었다. '지금 이분이 무슨 말을 하고 있지?'라는 생각에 그 공간 안의 시간이 딱 멈춘 것 같은 그런 느낌이었다. 그렇게 나의 모국어가 아닌 다른 언어로 외국인과 아주 이상한 이야기를 하는 상황이 비현실적으로 느껴졌다.

사모님은 우리가 하는 모든 일에 자신의 허락을 받기 원하셨다. 사모님은 우리를 자신의 하인으로 생각하고 있었다. 그 당시, 장로님의 어머님은 매우 편찮으셨다. 연로하신 어머님 곁에는 마흔이 넘도록 결혼도 안 한 채 어머님을 보살피는 한 남자가 있었다. 그는 어머님의 수족이 되어 어머님을 24시간 동안 돌봤다. 알고 보니 그는 어머님에게 귀속된 몸종이라고 했다.

그는 장로님과 어머님을 돌보는 대가로 평생 입을 것, 먹을 것 걱정 없이 살 수 있었다.

그렇게 우리도 사모님의 몸종이었다. 그래서 아픈 자신 대신에 교회의 이곳저곳 고장 난 곳을 고쳐야 했고, 밖에 나갈 때는 허락을 받고 나가야 한다고 생각했다. 우리가 10번의 단기 팀을 데리고 왔을 때를 언급하면서 밥을 왜 그렇게 많이 먹었냐고 하실 때는 기가 찼다. 우리 대학생들이 어떤 때는 너무 많이 먹는 게 죄송해서 중국에서 태국까지 쌀 20kg, 라면 몇 상자씩을 꼭 챙겨 가기도 했기 때문이다. 사모님은 당시 학생들이 너무 잘 먹어서 좋다고 엄마처럼 흐뭇해하셨는데 말이다.

충격적인 사실은 계속해서 드러났다. 열 번의 단기 선교 동안 그 교회에서는 우리가 올 때마다 성경 캠프를 진행했다. 매회 수백 명의 아이가 함께했다. 우리 단기 팀은 지역 유지인 사모님과 함께 주변의 초, 중, 고등학교를 빠짐없이 방문했다. 우리는 간증했고, 말씀을 나눴고, 드라마와 CCD 등을 보여주었다. 아이들은 교회로 찾아왔다. 늘 아이들로 붐볐다.

그런데 막상 깐땅에 들어가서 살아보니, 교회는 텅 비어 있었다. 마을 아이들은 우리가 아예 살러 왔다는 소식을 듣고서는 다시 교회로 모여들었다. 어느 주일 오후, 아이들과 예배를 드리고 예배 후 활동을 하고 있었다. 암송, 미술, 게임 등 흔히 선교지에서 볼 수 있는 어린이 예배 후의 모습이었다.

그런데 갑자기 사모님이 들어오시더니 아이들을 한 명 한 명 호명해 밖으로 불러내셨다. 밖에 불려 나간 아이들은 사모님께 호되게 혼이 났다. 멀리서 듣는 나도 심장이 쪼그라들었다. 아이들은 사모님 앞에서 얼어붙어 있었다. 훈계의 내용은 그동안 왜 교회에 나오지 않았냐는 것이었다.

마음이 아팠다. 사랑이 없는 사모님 때문에 우리를 이 교회로 부르셨나

#알바니아#부르심#오해#기회#고독#노트#분노#두려움

하는 생각이 들었다. 그래서 더욱 힘을 내어 이 교회를 섬기고 마을을 섬겨야겠다고 다짐했다. 깐땅에서 뼈를 묻고 싶은 마음을 다잡았다.

그런데 그 다짐은 지켜지지 못했다. 3개월 만에 산산조각으로 깨졌다. 돌도 안 된 둘째는 교회 이곳저곳을 혼자 탐색하며 시골 생활에 익숙해지고 있었다. 우리가 현지인 아이들과 이런저런 활동을 하는 사이, 아이는 방치되어 죽은 잠자리를 집어 먹기도 했다. 소고기 이유식 한 번 만들어주지 못해서 그냥 묽은 쌀죽을 사다가 먹인 적도 허다했다. 사역 때문에 아이를 잘 못 챙기는 것 같아서 늘 아이에게 미안한 마음을 가지고 있었다.

그러던 어느 날, 사모님은 나에게 왜 우는 아이를 안아 주냐고 물었다. 이 질문의 의도는 무엇일지를 계속 생각했다. 의구심을 잔뜩 가지고 어린 아이가 우는데 안아 주고 달래는 것은 당연한 것 아니냐고 되물었다. 사모님은 하나님께서 아이를 돌봐주실 것이니 아이가 울어도 내버려두라고 했다.

그 지역에서, 그 사람의 손아귀에서 하루라도 빨리 빠져나와야겠다고 결심한 것은 그 소리를 들었던 때였다. 허락을 받고 시내에 나갔다 오는 것, 교회의 험한 일을 우리가 도맡아 하는 것, 교회에 올 때마다 한바탕 혼나고 가는 아이들을 보듬는 것. 우리가 다 할 수 있는 일이었다.

그런데 내 아이, 돌도 안 된 어린아이가 우는데 달래지 말고, 내버려두고 하나님께 맡기라는 말에는 따를 수가 없었다. 주님께 아무리 기도해도 답이 나오지 않았다.

버티기

우리는 철수했다. 그곳에서 차로 7시간 정도 떨어진 곳에 같은 단체 선교사들이 있는 지역으로 옮기기로 했다. 이곳에 오려고 그렇게 열심을 내어 준비했고, 이 땅에 뼈를 묻겠다고 생각하며 왔는데, 떠나야 했다.

이삿짐 트럭의 앞자리에 쪼르륵 앉은 우리 가족은 텔레비전 프로그램인 인생극장의 한 장면에 나오는 사람들 같았다. 이런저런 사정을 모르는 선교사들은 우리가 문화 적응을 못 해서 실패하고 그 지역을 떠나왔다고 뒤에서 수군거렸다.

새로 정착하게 된 지역에서도 마음의 어려움이 쉽사리 진정되지 않았다. 우리는 태국에서 완전히 철수해야 하는 것 아닌가 주님의 사인을 기다리면서 하루하루를 힘겹게 버텼다. 실패한 사람 같았다. 하나님의 부름을 받았는데 어려움 앞에서 바로 도망쳐 버린 비겁한 자들 같았다. 선교라는 큰 사명 앞에서 자녀 양육을 선택한 믿음 없고 자격 없는 사역자가 된 것 같았다. 주님의 사인을 기다렸지만, 하나님께서는 아무 말씀도 해주시지 않았다. 그곳을 지켜야 했다. 우리는 실패와 실망 등의 감정을 꾹 누르고 태국에서 5년 반의 시간을 보냈다.

다시 부르심 따라

허락된 안식년을 마치고 다시 태국으로 돌아가려고 했지만 비자 등의 문제로 재입국이 좌절되었다. 한국에서의 거주 시간이 길어지면서 '선교사'라는 타이틀을 내려놓아야 하는 것은 아닌가 깊은 고민에 빠지게 되었다.

그러나 주님께서는 우리를 태국 선교사가 아닌 '선교사'로 부르셨음을, 언제든지 주님께서 떠나라고 하시면 떠날 수 있는 우리로 부르셨음을 깨닫게 되었다. 그것을 깨달으니 주님은 다시 한번, 우리를 알바니아의 티라나로 인도하셨다. 전혀 새로운 땅, 한 번도 들어보지 못한 땅, 가 보지도 못하고 경험하지 못한 땅으로 우리를 인도하셨다.

알바니아에 가겠냐고 남편이 물었을 때, 어떤 주저함도 고민도 없이 가겠다고 했다. 내 삶을 인도하실 주님이 너무 기대되어서 안 갈 수가 없었다. 미지의 땅, 나의 의지가 담기지 않은 그 땅에서 과연 주님은 어떻게 '나'라는 개인과 내 가족, 또 우리를 통해 주님을 알게 되는 사람들의 삶을 인도하실까. 그 신실하신 주님을 경험하기 위해서는 또 한 발을 떼어야 했다.

> "사람이 마음으로 자기의 길을 계획할지라도
> 그의 걸음을 인도하시는 이는 여호와시니라" [잠언 16:9]

아무리 나의 뼈를 그곳에 묻겠다고 다짐했더라도 주님께서 허락하지 않으시면 그 다짐을 이룰 수 없다. 주님께서 가라 하시면 언제든지, 어느 땅으로든지, 어느 사람에게든지 갈 수 있는 항시 대기 상태로 오늘을 산다.

2. 오해, 피겨 스케이트

최고의 성탄절 선물

  김연아 씨가 피겨 스케이트 선수로 은반 위에서 아름다운 모습을 보여줄 때마다 나는 생각했다. 한 번도 신어보지 못한 나의 피겨 스케이트화에 대해서.

  지금도 몇 년 전, 김연아 씨로 시작된 피겨 열풍에 작은 발에 피겨 스케이트를 신고 세계적인 선수로 비상할 자신을 꿈꾸는 아이들을 쉽게 볼 수 있다. 나는 30여 년이나 빨리 피겨 스케이트화를 신을 수 있었다. 만약 그랬다면 나도 김연아 씨 못지않은 멋진 선수가 될 수 있지 않았을까 하는 망상에 잠겨본다.

  피겨 스케이트화를 사 주고도 한 번도 스케이트장에 데리고 가지 않았던 엄마 아빠가 원망스러웠다. 부모님은 수학 학원을 운영하셨다. 부모님은 늘 자기 자녀들보다 학원생들을 먼저 챙기셨다. 계절마다 학원생들을 데리고 소풍을 가셨다. 여름이면 몇 박 며칠 동안 학원생들을 데리고 여름 캠프를 진행하셨다. 겨울이면 학원생들을 데리고 눈썰매를 타러 가셨다. 여름 방학도, 겨울 방학도, 어린이날도, 성탄절도 매번 학원생들이 나와 여동생보다 먼저였다. 학원 아이들 틈에 껴서 따라간 소풍에서 찍은 사진에서 나의 표정은 늘 불만이 가득했다.

그렇게 불만이 쌓이고 쌓여가던 어느 성탄절에, 부모님은 나와 동생에게 정말 깜짝 놀랄 만한 선물을 해 주셨다. 바로 새하얀 피겨 스케이트화였다. 비싼 가격은 물론이거니와 그 당시만 해도 그렇게 귀한 스케이트화는 있는 집 자식들 아니고서는 만져볼 수도 없는 희귀한 선물이었다.

'엄마 아빠가 그렇게도 열심히 학원 일을 하시더니, 우리에게 이렇게 좋은 선물을 해주시는구나. 매번 우리는 학원에 다니는 아이들보다 뒷전이라고 생각했는데 아니었구나. 실은 우리를 제일 먼저 생각하고 계셨구나. 우리를 다른 아이들보다도 귀하게 여기시는구나!'

종이 상자 안에서 매끈한 아름다움을 뽐내는 피겨스케이트화를 바라보며 나는 수많은 생각을 했다.

물거품같이 사라진 꿈

그런데 나와 동생의 스케이트에 대한 로망은 며칠 가지 않아 끝이 났다. 아니 아예 이룰 수 없는 꿈이 되었다. 엄마 아빠는 결국 바쁘다는 이유로 우리를 스케이트장에 한 번도 데리고 가지 않았다. 나와 동생은 불쌍하게도 집 안에서 스케이트에 칼집을 껴서는 벽을 잡고 한 발 한 발 걸어 다녔다. 피겨 스케이트화를 선물 받고 한 일은 고작 그게 전부였다. 엄마 아빠는 비싼 선물만 사 주면 다 된다고 생각하셨나 보다.

겨울 방학 동안 매일매일 벽을 붙잡고 스케이트화를 신고 집 안을 걸어 다녔다. 작은 빌라 안의 이 방 저 방을 걸어 다니다 보면 금세 흥미가 떨어졌다. 이렇게 새하얗고 아름다운 스케이트화를 신고 걸어 다녀야 한다니…. 차라리 다른 걸 선물해 주시지…. 결국 피겨 스케이트화는 상자에 담겨서 어디 있는지도 모르게 처박혀야 했다.

일부러 만들어서 키운 오해

피겨 스케이트화를 선물 받은 지 30여 년이 지났다. 그날을 기억하면서 글을 쓰는 데 놀라운 사실을 발견했다. 열 살밖에 되지 않았던 나는 30년이 넘도록 부모님을 오해하고 있었다. 그동안 나는 엄마 아빠가 집 근처에 생긴 과천 스케이트장에 우리를 한 번도 데리고 가지 않을 정도로 아주 나빴다고 기억하고 있었다. 버스로 20분도 안 걸리는 곳에 실내 스케이트장이 있는데도 우리를 데리고 가지 않았던 부모님을 30년 동안이나 원망하고 있었다. 그리고 너무하다고, 나는 그런 부모는 되지 않을 거라고 다짐하고 있었다.

글을 쓰기 위해서는 부풀려지지 않은 사실, 진실이 필요했다. 나는 내 기억을 철석같이 믿고 의지해 글을 쓰려고 하다가 이내 마음을 고쳐먹었다. 인터넷을 열어 과천 실내 빙상장이 언제 문을 열었는지 검색해 보았다. 검색 결과를 보는 순간 놀라서 입을 다물지 못했다.

내가 피겨 스케이트화를 선물로 받았던 그 성탄절은 1990년이었다. 과천 실내 빙상장의 개관 연도는 그로부터 5년 후인 1995년 아니겠는가. 나는 어안이 벙벙하여 1990년에 왜 부모님이 우리를 데리고 스케이트를 타러 가지 못했는지에 대해서 찾기 시작했다.

그해의 겨울 온도는 예년보다 훨씬 높아서 주변의 논두렁에 얼음이 얼지 못했다. 부모님은 날씨 때문에 우리에게 스케이트화를 사 주시고도 스케이트를 타러 데리고 갈 수가 없었다. 게다가 우리가 사는 동네 주변에는 실내 빙상장은 애초에 존재하지 않았다. 실내 빙상장에 가려면 서울에나 가야 했다.

나는 왜 애꿎은 부모님에게 없는 사실까지 덧씌워서 미워하고 원망하고 있었을까? 나의 부모님을 자녀에게 피겨 스케이트화를 사 주고도 빙상장

#알바니아#부르심#오해#기회#고독#노트#분노#두려움

에 데리고 가지 않았던 몰인정한 부모님으로 기억하고 싶었던 것은 아닐까? 사실이 아닌 것까지 부풀려서 갖다 붙여서는 내 기억이 마치 사실인 양 그렇게 견고하게 믿고 있었다. 그러고는 30년이 넘도록 부모님은 우리에게 너무했다며 판단하고 있었다.

 민망해진 나는 그 즉시 엄마에게 영상통화를 걸었다. 30여 년 전의 피겨 스케이트화 선물에 대해서 엄마에게 물었다. 엄마는 그때 겨울 날씨가 봄 날씨처럼 따뜻해서 얼음이 얼지 않았다고, 그래서 스케이트를 타러 한 번도 가지 못했다고 아쉬움을 한가득 담아서 말씀하셨다.

 엄마한테 한번 물어보기라고 했으면 됐을 것을. 그러면 오해하지 않았을 텐데. 오해가 이렇게 두꺼워지지는 않았을 텐데. 참, 사람의 마음이 무섭다. 자기가 생각하고 싶은 대로, 믿고 싶은 대로 생각하고 믿을 수 있다는 것이 무섭다. 이제라도 오해가 풀려서 다행이다.

 엄마, 아빠, 제멋대로 생각하고 믿어서 죄송해요!
 오해해서 죄송해요!
 그 옛날 새하얀 피겨 스케이트화를 선물해 주셔서 감사해요!

3. 기회, 엉망의 다른 말

보상받고 싶은 마음

장기 선교사가 되어 첫 번째 기간을 마친 후, 우리는 당당하게 두 어깨를 쫙 펴고 안식년을 위해 한국으로 들어왔다. 지난 4년간, 나는 단 하루도 빠짐없이 어린 두 자녀를 키웠다. 친정엄마의 도움을 받지 않고 아이를 키웠다는 것에 대한 자부심도 있었고, 그간 정말 수고 많았다고 생각되어 그에 대한 작은 보상을 자신에게 주고 싶은 마음도 있었다.

안식년을 맞이하여 한국에 들어왔는데, 때마침 아이는 초등학교 1학년에 입학하는 시기였다. 큰아이를 학교에 보내놓고, 둘째를 어린이집에 보내면 육아 6년에 대한 상으로 나만의 시간을 갖게 될 것을 기대했다.

정상과 비정상

부푼 기대감을 잠깐 미뤄두었다. 안식년으로 들어왔으니 이것저것 할 검사도 많았다. '우리는 꽤 괜찮은 사람들이고 열린 사람들이니 당연히 상담을 받아야지.'라는 호기로운 마음으로 아이들과 부부의 정신 건강 상담을 받아보기로 했다. 그때만 해도 상담을 받는 것은 문제가 심각한 사람들이나 하는 것이라는 생각이 사회 전반적으로 있었던 때였다.

우리는 스스로 가정이나 부부간에는 아무런 문제가 없다고 여겼다. 그도 그런 것이 남편과 나는 한 번도 목청을 높여 싸운 적이 없었다. 어린 자녀를 키우면서도 부부가 서로 다투는 모습을 보인 적이 없다. 열 살의 나이 차가 나는 우리는 적정선으로 서로의 인격을 존중하면서 그럭저럭 성경 말씀에 순종하려고 노력하면서 결혼생활을 하고 있다고 생각했다.

예약한 상담 날이 되었다. 나이가 어려 자신의 의견을 잘 표현하는데 서툰 둘째는 상담에서 제외됐다. 우리 부부와 이제 막 초등학교 1학년이 된 큰아들을 데리고 가벼운 마음으로 상담실로 들어갔다. 아이는 상담사 선생님과 놀이방 벽을 가득 메우고 있는 작은 동물들, 공룡들, 아기자기한 소품들, 사람 모형들의 피규어를 가지고 이런저런 놀이를 했다. 평소에도 나와 함께 레고로 역할놀이를 많이 했던 터라 아이는 종알종알 말도 많이 하면서 처음 보는 선생님과 잘 놀았다.

다음으로 아이는 상담 선생님과 형이상학적인 모양으로 프린트된 그림들을 보면서 이 그림이 어떻게 느껴지는지, 무엇으로 보이는지를 열심히 얘기했다. 나는 그 자리에서는 아이의 대답을 듣지 못했다. 상담 공간은 서로 구분되어 있었다. 나와 남편은 질문지를 풀기에 바빴고, 아이는 아이가 수행해야 할 것들에 집중해야 했다. 그렇게 두세 시간의 시간이 흘렀다.

나는 그날 받았던 상담이 평소에 교회에서 하던 MBTI 검사, 기질 검사, 선교훈련원에 들어가기 전에 했던 심리 검사와 비슷하다고 느꼈다. 아이에게 어땠냐고 물어보니 재미있었다는 대답이 돌아왔다. 아이는 들떠서 어떤 그림을 보고 스파이더맨이 던진 폭탄이 터지는 모양 같다고 말했다고 했다. 우리는 대수롭지 않게 하하 웃어넘겼다. 그 당시 아이는 스파이더맨에 한참 빠져들어 있었다. 마인크래프트 게임 등을 통해서 네모난 폭탄을 어떻게 설치하고 터뜨리는지에 대해서도 관심이 있었다. 앵그리 버드 게임을 통해서 어떻게 하면 빨간 새가 돼지 더미를 잘 부서뜨릴까를 연구하던 때였다.

　대수롭지 않게 여긴 후, 일주일, 이 주일이 흘렀다. 검사 결과가 나왔다고 했다. 우리는 다시 서울 나들이하는 겸, 둘째를 친정엄마에게 맡겨놓고 룰루랄라 서울 바람을 쐈다.

　그런데 검사 결과는 처참했다. 우리 부부는 정상(?)이였지만, 큰아이는 문제가 심각한 것으로 나왔다. 결과를 수긍하기 힘들었다. 우리 눈에는 지극히 정상적이고 창의력도 좋고, 똑똑했고 마음도 여린 착한 아이였다. 상담사는 우리에게 1년이라는 시간의 놀이 치료를 권했다. 아이는 또래 아이들보다 생각하는 것이 비정상적이라고 했다. 예를 들면 "여기에 뭐가 보이니?"라고 물었을 때, 일반 사람들은 "펜이 보여요."라고 한다면 우리 애는 펜에 그려진 그림을 보고 그 그림으로 다른 것을 연관 지어 딴소리한다는 거였다.

서로를 다시 돌아보게 해준 기회

　남편과 나는 겉으로 보기에는 아무 문제가 될 것이 없는 초중고 학창 시절을 보냈다. 선생님들로부터 문제가 있다는 말을 들어본 적이 없었다. 그런데 우리 자녀에게 지각과 감정에 대해 큰 문제가 있다는 말을 들으니 하늘이 무너지는 것 같았다.

　존재 자체만으로도 빛나던 아이는 한순간에 문제아가 되었다. 6년의 세월을 다른 이의 손에 아이를 맡기지 않고 직접 아이를 키웠다고 자부하고 있던 나는 잘못된 육아 방법으로 아이를 망친 사람이 되었다. 사랑이 많았고, 헌신된 가장이었던 남편은 선교지에서 자기 애 하나 어찌 되는지 눈치 못 챘던 둔감한 사람으로 전락했다.

　상담 결과지 한 장에 우리 가정은 쑥대밭이 되었다. 화가 났다. 검사 결과를 부인하고 싶었다. 그런데 문제를 회피할 수는 없었다. 아이가 잘못되었다는 것에는 결국 동의하지 않았지만, 우리 가정은 이 위기를 기회로 삼기로 했다. 폐쇄적이면서도 외부와의 관계를 맺을 기회가 적었던 선교지의 자녀 양육 환경 때문에 혹시라도 부모 된 우리가 잘못한 것이 있었는지 되짚어보는 시간을 가졌다. '나는 잘했고, 지금도 여전히 잘하고 있어.'라는 교만함을 내려놓았다. 곧은 목과 굳어진 어깨에서 힘을 빼니 자녀를 향해 행했던 실수와 과잉 행동들이 보였다.

우리는 서로에게 용서를 구했다. 어린 자녀이지만 어른을 대하는 것 같았던 마음에 진심을 담아 사과했다. 여덟 살, 다섯 살 된 아이들에게 다소 과해 보이는 사과와 용서의 과정은 다행히 우리 가족의 마음에 회복과 건강함을 더해주었다.

지금 생각해 보면 아찔했던 순간이었다. 순간의 창피와 분노는 겸손과 사랑으로 가는 또 다른 길이 되어주었다. 한국에만 들어오면 지난했던 육아의 시간에 대해 보상받을 것으로 생각했던 게 오산이었다. 상으로 주어질 자유 시간 앞에는 먼저 과거를 되돌아봐야 했다.

4. 고독, 나를 성장하는 시간

사람은 혼자야

중학교 2학년 어느 날 한 친구로부터 편지 한 통을 받았다. 국어 담당이 셨던 담임 선생님은 자신이 우체부 배달부가 되어 학생들 간의 비밀 편지를 전달해 주셨다. 나도 선생님을 통해 편지를 건네받았다. 편지에서 친구는 내가 자신의 '베스트 프렌드'라고 했다.

나는 그 말을 읽는 순간 마음이 싸늘하게 식는 것을 느꼈다. 평소에는 나도 그 친구를 나의 가장 친한 친구라고 생각하고 있었다. 하지만 그 말을 절대 입 밖으로는 내지 않았다. 그 단어로 그 사람을, 우리의 관계를 묶어 버리는 것이 갑갑했다. 소리 내어 정의 내리면 가벼워질 것만 같은 단어로 사람과의 관계를 유지할 수 없다고 생각했다. 나는 몇 달 동안 마음의 무거움을 털어버릴 수 없어서 힘들었다. 내가 힘들어하는 모습을 보면서 그저 단순하게 '우정'에 대해서 생각했던 그 친구도 힘들었다.

내 주변에는 항상 친구들이 많았다. 친구들이 보기에 나는 쾌활했고 시원시원했다. 하지만 친구들은 절대 알지 못하는 내면의 외로움이 있었다. 친구들의 이야기를 잘 들어주고 사람 좋은 것처럼 행동했지만, 그 어떤 친구도 마음에 진짜 들일 생각은 없었다. 사람은 언제나 '혼자'라고 생각했기 때문이다. 그 시절 어린 나는 인간관계의 덧없음에 대한 고민을 혼자 가득

#알바니아#부르심#오해#기회#고독#노트#분노#두려움

끌어안고 있었다.

고독 속에서의 방황

늘 많은 사람 속에 둘러싸여 있었다. 중국에서 공부할 때도 방학이면 한국에 들어왔는데 방학 때 부모님 얼굴 보기가 쉽지 않았다. 다시 중국으로 출국할 때면 엄마는 내게 말씀하셨다. "집에 왔는데 얼굴도 제대로 못 보고 이제 또 가니?!"

매일 사람들을 만나느라 바빴다. 중, 고등, 대학교 친구들뿐만이 아니라 대금 동호회에 가입까지 하면서 사람들을 만났다. 사람들을 만나도 채워지지 않는 무언가가 늘 있었다. 남자를 만날 때도 그랬다. 이 사람, 저 사람 만나봤지만 허무함만이 남을 뿐이었다.

나는 그것을 해결하기 위해 중국어에 열정을 쏟기도 했고, 부모님을 떠나 혼자 생활하기도 했다. 홀로 12시간 기차를 타면서 중국을 쏘다니기도 했다. 술에 기대 보기도 했고 자유연애를 선포하기도 했다. 그래도 마음속의 텅 빈 구멍은 커져만 갔다.

마침내 해결된 허전함

사람들로부터 채워지지 않았던 허전함은 나에 대한 확신과 사랑의 결핍으로 인한 것임을 알게 되었다. 나에 대해서 잘 알지 못하고 내가 누구인지에 대한 확신이 없으니 나도 타인도 사랑하고 인정하지 못했다.

예수님은 그런 나에게 내가 주님의 자녀임을 알게 해 주셨다. 나 대신에 예수님의 생명을 십자가 위에서 포기하셨을 정도로 내가 가치 있는 존재임을 알게 해 주셨다. 나는 주님을 만나고 그분과 교제하면서 나에 대해서 확신하게 되었다. 나를 있는 모습 그대로 인정해 주시는 그분의 눈으로 나

자신을 바라볼 수 있게 되었다.

팬데믹을 지나는 고독

그러다 팬데믹이 시작되었다. 알바니아 정부는 시민들에게 무시무시한 명령을 내렸다. 3개월 동안 각 가정에서 딱 한 명만 하루에 한 시간의 외출을 허락했다. 은행 업무나 환전, 먹거리를 사는 등의 행위는 남편이 담당했다. 나와 세 아이는 27평 남짓의 9층 아파트에서 한 발짝도 나갈 수 없었다. 3개월의 갑갑한 시간이 흐른 후에도 전염병의 위험은 우리를 움츠러들게 했고, 가족 외에는 그 어떤 만남도 허락되지 않았다.

그렇게 1년이 흘러 2년이 흘러갈 즈음 한국에서는 여전히 코로나로 인해 마스크를 쓰고 사회적 거리를 유지했다. 동유럽의 작은 나라 알바니아에서는 코로나라는 말이 언제 있었냐는 듯이 코로나 이전의 모습으로 빠르게 돌아갔다.

한국이나 미국은 코로나로 인해 변화된 삶을 살아가려는데 여념이 없었다면 알바니아는 아무 일도 없었다는 듯 예전과 똑같은 삶으로 돌아갔다. 커피숍은 사람들로 넘쳐났다. 나도 덩달아 한국인이든 현지인이든 매일매일 하루도 쉬지 않고 사람들을 만났다. 그동안 사람들을 만나지 못한 것에 한이 맺힌 사람처럼 열심히 사람들을 만났다. 그렇게 몇 달을 지냈더니 인간관계에 대한 괜한 오해와 실수가 생기기도 했다.

자발적 고독

이래서는 안 되겠다 싶어서 2021년 12월부터 자발적 고독에 들어가기로 했다. 사람들과 만남을 최대한으로 줄였다. 그동안 주님과의 관계보다 사람들과의 관계를 더 의지하고 소망했던 것 같아서 주님께 죄송했다. 주님께 더 가까이 다가가고자 성경을 읽기 시작했다.

　선교사님 한 분과 함께 하루에 22장씩 성경을 읽었는데, 그렇게 읽다 보니 핸드폰 볼 시간도 카톡 보낼 시간도 없었다. 그렇게 사람들과 관계의 목마름을 말씀으로 채워나갔다. 삶의 모습도 다시 중심을 잡아나갔다.

　사람들을 많이 만나지 않으니 쓸데없는 말을 하지 않아도 되었고, 현지인들에게 더욱 집중할 수 있었다. 사람들에게 괜한 기대를 하지 않으니 실망할 일도 없었다. 나를 비롯한 가족, 주님, 현지인들의 삼각형 관계가 잘 세워져 갔다.

　그러던 중에 김도인 목사님께서 알바니아로 오셔서 〈선교사의 글쓰기〉에 관한 강의를 해 주셨다. 글쓰기를 못 한다고 생각하고 개발하고자 했던 나는 다섯 살 된 막내의 손을 이끌고 그 강의에 들어갔다. 세상 누구보다도 초롱초롱 빛나는 눈으로 강의를 들었고, 김 목사님의 온라인 수업에도 참여하게 되었다.

남은 인생길의 좋은 벗 '고독'

　군중 속에서의 고독은 나를 주님과의 독대함으로 이끌었다. 그 시간의 끝은 나 자신과 대면하는 시간으로 발전되었다. 그동안 육아와 선교지에서의 삶 때문에 핑계를 대며 독서, 글쓰기와 담을 쌓고 살았다. 사람들을 만나지 않는 자발적 고독에 들어오고 나니 책을 읽을 수 있는 시간이 났다.

　주님과의 대화를 넘어서 나 자신과 대화할 수 있는 시간도 생겼다. 주님과의 대화 시간을 늘 최우선으로 두고 살았지만 정작 나는 나에 대해서는 잘 모르는 채 살아왔다. 책을 읽고 글을 쓰면서 나는 무엇을 생각하는지, 왜 그렇게 느끼는지, 어떻게 살아가고 싶은지를 알 수 있게 되었다. 이제야 비로소 나 자신과 대화하게 된 것이다.

사람을 만나지 않는다고 해서 무인도에서 사는 것처럼 산 것은 아니다. 모든 사람에게 사랑받고 인정받는 것을 내려놨다는 말이다. 모든 사람의 눈에 잘 보이지 않아도 된다는 것을 깨달았다. 내가 사랑을 줄 수 있는 사람들에게 충실하고, 나를 받아주고 나와 공명을 이룰 수 있는 몇몇 사람들만 곁에 있으면 충분하다는 것을 비로소 알게 되었다. 그전에도 이론적으로는 알고 있었지만, 지금은 내 삶 속에 앎을 뛰어넘어 삶의 모습으로 드러나고 있다.

고독의 시간이 있기에 한 문장을 가지고 씨름할 수 있는 나, '왜'와 '어떻게'로 몸살을 앓는 밤을 경험하는 나, 말을 아낄 줄 아는 나와 마주할 수 있었다. 예전의 나는 고독을 어떻게 다룰 줄 몰라서 자신을 괴롭혔다면 지금은 고독을 다루는 방법을 안다. '고독'은 앞으로도 나와 함께 읽고 쓰고 생각하는 길의 좋은 벗으로 함께 할 것이다.

5. 노트, 새롭게 쓰이는 주님의 은혜

마지막 짐 정리

태국에서의 마지막 날을 며칠 앞둔 날이다. 초등학교 2학년, 6살 된 두 아이는 방에서 조용히 아직 짐가방에 들어가지 않은 놀잇감을 가지고 놀고 있다. 남편과 나는 방 바로 옆 작은 마루에서 짐 가방을 펼쳐놓고는 어떤 것을 가지고 갈까, 어떤 것을 버리고 갈 지 고민에 고민을 더하고 있다.

열한 평 남짓한 작은 집은 어린아이들이 있는 우리 가족이 살기에 딱 좋았다. 예수님을 믿고 난 후부터 'Simple life'를 살겠다고 다짐했던 나였지만 아이들을 키우면서 짐이 하나둘 늘기 시작했다. 작은 집의 벽이 책으로, 아이들 장난감으로, 옷가지들과 세간 살림으로 채워졌다.

이 땅에서 뼈를 묻겠다는 각오로 왔는데 평생은커녕 10년도 못 채우고 이 나라를 떠나게 되었다. 왜 이렇게까지 상황이 치달았을까. 짐을 싸면서도 내가 왜 짐을 싸야 하는지, 이렇게 정말 끝나는 것인지 이해가 되지 않는다. 이 땅을 떠나는 것은 주님의 인도하심일까, 나의 결심일까, 사단의 방해일까, 확실한 분간이 서지 않았다. 혼란스러운 마음만 가득하다. 남편과 나, 어린아이 둘에게 허락된 짐가방은 백 킬로그램 정도이다. 무엇을 가지고 가야 할까? 무엇을 버려야 하나?

고르고 골라내기

아이들을 위해 배로 배송받았던 책들은 다른 선교사님들의 어린 자녀들에게 주기로 했다. 이렇게 빨리 다른 어린이들에게 물려줄 거라고는 생각하지 못했는데, 아쉬운 마음이 들면서도 다른 아이에게 물려줄 수 있어서 감사하다. 또 좋은 책들이라서 책을 보는 아이들에게는 미약한 도움이나마 될 수 있겠다는 생각에 마음 한편은 뿌듯하다.

살림살이는 하나도 가져갈 수 있는 게 없으니 생각할 필요도 없다. 이렇게 다 놔두고 떠나야 하는 건 줄 알았으면, 또 떠나야 하는 때가 내 마음대로 되지 않는다는 것을 알았더라면 플라스틱 컵 하나 사는 것도 신중하게 했을 텐데. 참 사람 일은 한 치 앞도 모른다는 말이 맞다.

아이들의 애착이 담긴 놀잇감 몇 가지들과 책 몇 권, 옷가지 등을 캐리어에 넣으니 벌써 가방에 여유 공간이 별로 없다. 남편과 나는 각자 어떤 것을 안 가져갈지에 대해서 서로의 생각을 나눴다.

남편은 GMTC에서 공부했던 자료들을 포기하기로 했다. 선교 훈련을 마치고 두세 달 후에 파송식을 거쳐 태국에 온 터라 선교훈련원에서 공부했던 모든 자료를 가지고 왔다. 장기 선교사로 첫발을 내디디면서 훈련원에서의 학습자료들이 많은 도움이 될 거라는 기대를 안고 여기까지 이고 지고 왔다.

그렇지만 생각과는 정반대로 한 번 들여다보지도 못했다. 선교지 적응과 언어 학습 기간, 사역지 이동, 사역과 어린 자녀 양육 등으로 한국어로 된 책 한 번 제대로 읽을 수 없었던 지난 5년 반의 시간이었다. 남편은 선교 학습자료들을 과감하게 버리고 가기로 한다. 5년 동안 한 번도 펴보지 않았으면 앞으로도 그럴 것 같다는 이유에서다. 자료를 모으고 수집하는데 큰 즐거움을 느끼는 남편에게는 중대한 결정이 아닐 수 없다. 남편은 아까움과 미련을 버리기로 한다. 남편의 중대 결정 앞에서 나는 어떻게 해야 하나 고민스러웠다.

GMTC 선교훈련원에 들어간 첫날부터 썼던 큐티, 기도 노트가 지금까지 몇 권으로 불어났다. 그 무엇에도 비할 수 없는 아주 소중한 노트다. 주님께 쓴 편지들, 말씀을 묵상하며 적어 놓은 것들, 주님께 올리는 기도들, 내 삶을 인도하신 주님의 흔적들, 은혜들. 몇 권이나 되는 노트들을 버리고 갈까, 가지고 갈까. 남편 앞에서 고민한다. 남편은 그 노트를 소중하게 여기는 내 마음을 알기에 가져가라고 말해줬다.

새 노트에 쓰일 은혜의 기록

가져갈 수 있는 짐의 총량도 문제지만, 태국을 떠나야 하는 그 마음에 여유가 없다. 노트를 가져가려면 가져갈 수 있다. 하지만 이 순간, 선교사로 훈련받고, 선교사로 파송 받고, 그렇게 원하던 사역지로 갔지만 큰 상처를 입고 다시 사역지를 이동했는데, 이제는 그 사역지마저 떠나야만 한다는 사실을 주님의 인도하심이라고 믿고 싶지가 않다. 부인하고 싶다. 후회와 원망이 차오른다. 주님, 정말 이것이 주님의 뜻입니까?

사역지에서 철수한다는 것은 선교사에게는 실패. 우리는, 나는 실패했다. 실패가 주님의 계획입니까? 제가 6년이 넘게 쓴 노트는 정말 저를 향한 주님의 이야기가 맞습니까? 다 부인하고 싶습니다. 다 버리고 싶습니다. 다 지우고 싶습니다. 아니라고 말하고 싶습니다. 주님, 새롭게 경험하고 싶습니다. 주님, 실패의 구렁텅이에 빠진 저를 건져내 주실 것입니까? 과거의 은혜에 메어있지 않겠습니다. 저희를 살려주세요. 저를 살려주세요…….

감사가 나오지 않는다. 범사에 감사하라, 하나님 나라와 그 나라의 의를 먼저 구하라, 두려워하지 말라……. 여러 가지 좋은 말씀들이 눈앞에서 연기처럼 사라지는 듯하다. 한없이 우울하고 슬프다.

 노트를 버리기 전에 드르륵 그간 썼던 글들을 읽어본다. 이건 진짜였는데, 실재였는데……. 매일매일의 순간에서 신실하게 나와 우리 가정을 인도하셨던 주님을 확인했다. 주님을 바라며 살아왔던 내가 틀리지 않음을, 실패하지 않았음을 확인했다.

 주님을 따르는 삶의 사전에 실패라는 단어는 존재하지 않는다는 것을 확인했다. 글 안에서 지금까지 나를 인도하셨던 그 주님과는 또 다른 주님을 경험하게 될 것이라는 작은 기대감이 보인다. 답을 찾았다.

 노트는 미련 없이 버리고 가기로 한다.
새로운 노트를 쓸 것이다.
새 노트에 새 은혜가 기록될 것이다.

6. 분노, 나는 엄마다

도전 과제 : 새 나라에서의 정착

  2019년 2월, 우리 가족은 긴장감과 설레는 마음을 안고 우리 가족에게 마지막 사역지가 될지도 모르는 알바니아로 왔다. 2020년 3월부터 코로나로 인한 나라 전체 셧다운이 시행되기 전까지 우리는 이 땅에서의 삶에 전투하듯이 달려들었다.

  각자의 자리에서 남편은 남편대로, 나는 나대로, 세 아이는 각자의 몫에 맞게 수행 과제들을 잘 헤쳐 나가는 중이었다. 아이들은 영어로 진행되는 학교 수업을 따라가기 위해 매일 밤 열두 시가 넘도록 엄마에게 붙들려 수학이며 사회며 과학을 달달 외워야 했다.

  남편과 나는 알바니아어를 배우고 익히기 위해 때로는 울기도 하면서 고군분투했다. 낮잠이 든 어린 막내를 팔에 안은 채로 언어 수업을 들으며 어렵게 어렵게 알바니아어 산을 넘었다. 중국어와 태국어, 이탈리아어를 할 줄 안다는 이유로 선교사님들 사이에서는 우리는 아주 쉽게 언어를 배우고 익힐 것이라는 편견이 있었다. 그 편견이 틀렸다고 증명하는 것보다는 역시 맞는 생각이었다고 느끼게 하는 것이 그들에게도 우리에게도 더 나았다.

  두 돌이 되지 않은 채 이국땅을 밟은 막내는 매일 현관문에 매달려 나가자고 울었다. 그런 아이를 데리고 나가면 아이는 두세 시간 동안 거리를 활보했다. 우리는 나중에는 거의 넋이 나간 상태로 아이와 동네를 걸었다. 지금에 와서 생각해 보면 아이는 할머니와 할아버지를 찾으러 나간 게 아닌가 하는 생각도 든다.

우리 다섯 명은 누구 하나 힘든 내색을 하지 않고 잘 지내는가 했지만 한 달에 한 번씩은 서로 부둥켜안고 울음을 터뜨리기도 했다. 너무 자주 힘들다고 하면 모두가 힘들까 봐 꾹꾹 참았다가 약속이라도 한 듯, 한 달에 꼭 한 번은 서로의 눈물을 허락했다.

집 안에 갇히다

갑자기 코로나로 인해 알바니아는 셧다운이 석 달 동안이나 실시되었다. 아이들 학교는 온라인 수업으로 전환되었다. 각 가정에서는 딱 한 명만 하루에 한 시간씩 외출할 수 있었다. 무슨 공산주의도 아니고 이런 조치가 있나 할 정도로 어색하고 억지스러운 일이었다. 에너지가 넘치는 아이들은 27평 남짓의 아파트에서 90일 동안 갇혀 지냈다. 베란다에도 나가보고 집 안에서 체조도 했지만, 아이들은 시들어 가는 꽃 같았다.

가뜩이나 학업을 따라가기도 어려운데 온라인 수업으로 듣는 수업은 더 집중할 수가 없었다. 스피커를 통해 들리는 불명확한 소리는 어른이 알아 듣기도 어려웠다. 매일 하루에 두세 시간씩 밖을 쏘다니던 막내의 갑갑함은 어떤 놀이를 해도 해소하기 어려웠다. 우리 모두 그저 버텨야 한다는 생각뿐이었다.

나는 계속 새로운 요리에 시도하기 위해 유튜브를 검색했다. 아이들의 에너지를 발산해 주기 위해 집 안에서 춤을 추는 등 여러 가지 시도도 해 보았다. 그러나 시간이 갈수록 답답함이 목을 죄어왔다. 아이들은 바깥의 시원한 공기를 마음껏 마시면서 한없이 달리고 축구공도 차고 킥보드를 탈 수 있는 날을 손꼽아 기다렸다.

드디어 가능해진 외출

 3개월간의 전국 격리가 드디어 풀렸다. 알바니아 정부는 표면적으로는 코로나의 위험으로부터 국민을 지키고 있다고 EU에 알리기 위해 전국 격리를 시행했다. 3개월이 지나고 여름 시즌이 시작되면서 알바니아는 전 세계 사람들에게 관광지로 자국을 전면 개방했다. 병으로 죽느니 일해서 하루라도 가족의 생계를 유지하게 해 달라는 사람들의 외침, 질병의 위험을 받아들여 인위적이 아니라 자연스러운 죽음을 허락해 달라고 시위했던 사람들이 이겼다. 보여주기식에 불과했던 한 나라의 셧다운은 우스운 촌극에 그쳤다.

 아이들을 데리고 나도 우리 아파트 앞에 있는 널찍한 마당으로 달려 나갔다. 킥보드와 축구공, 줄넘기, 그간 놀고 싶었던 모든 기구를 챙겨서 나갔다. 지중해성 기후인 이곳의 여름 날씨는 한국처럼 습도가 높지 않다. 그늘에 들어가면 선선한 바람에 시원한 청량감을 느낄 수 있다. 바깥 벤치에 앉아 있기만 해도 나도 모르게 깊은 숨을 내쉬게 되었다. 숨통이 트이는 기분이었다.

나는 엄마다

 아이들은 좀 놀다가 이내 숨이 찼는지 잠깐 앉아서 쉬었다. 그때 알바니아 초, 중학생 아이들 무리가 우리 아이들에게로 다가왔다. 알바니아 아이들은 이죽거리면서 세 아이를 향해 "코로나 비루시, 코로나 비루시"하고 놀려댔다. 세 아이는 어떻게 대처해야 할지 몰라서 당황한 표정으로 나를 바라보았다. 용케 그 말을 알아들은 막내는 "엄마, 우리가 코로나야?"라며 울먹거렸다.

알바니아 사람들은 동양 사람들에 대한 이해의 폭이 크지 않다. 동양인들을 보면 무조건 중국 사람이라고 생각하는 경향이 있다. 중국인들을 놀리고 비하하는 표현으로 옛날 홍콩 영화 무술 장면에서 칼 등의 무기가 부딪치는 소리인 '칭챙총'이라는 말을 쓰기도 한다. 우리도 가끔 길을 지나갈 때면 우리를 향해 '칭챙총'이라며 놀리는 소리를 종종 듣곤 했다. 그럴 때마다 "에이, 저 사람들 뭘 몰라서 그래."라며 저런 말에 상처받지 말자고 서로를 다독거렸다.

그런데 이번에는 칭챙총을 넘어선 '코로나 비루시'라는 말을 듣게 되었다. 삼 개월 동안 집에만 갇혀있던 아이들이 잠깐 사람 없는 시간을 찾아 바람을 쐬러 나왔는데 코로나바이러스라는 말을 들은 것이다.

그 당시 알바니아 사람들은 코로나에 대한 정보가 거의 없어서 무지했다. 동양인의 몸에만 코로나바이러스가 있다고 생각했다. 곧 '동양 사람 = 코로나바이러스'였다. 나는 그 순간, 엄마의 책임을 다해야 한다고 생각했다. 그때, 영화 자막을 통해 공부했던 알바니아어가 떠올랐다. "너, 미쳤어?" 혹은 "너, 뭐야?" 같은 뜻을 가진 문장이었다. 아주 간단하게 '무엇'과 '가지고 있다'라는 단어의 조합이었다. 열 받고 화나는 상황에 그 문장을 쓴다는 것이 새로웠다. '과연 이곳에서 살면서 이 말을 알바니아 현지인들에게 할 기회가 있을까? 에이, 아마 그럴 일은 없겠지.'라고도 생각하면서 이 문장을 공책에 적어 두었었다.

그런데 내 아이들이 코로나바이러스라는 말을 들은 그 순간, 이 말이 엄청나게 큰 목소리와 경직된 표정, 부릅뜬 눈, 분노로 상기된 얼굴과 함께 내 입에서 불같이 뿜어져 나왔다.

6장 박혜정 선교사 241

#알바니아#부르심#오해#기회#고독#노트#분노#두려움

"Cfare ke!" (츠팔 케)

아이들은 무섭게 노려보며 쏘아붙이는 내가 두려웠는지 순식간에 도망가 버렸다. 나는 내 아이들이 상처받지 않도록 다독이고는 집으로 돌아왔다. 며칠이 지나서 그때 일에 대해서 아이들과 함께 나눴다. 나는 아이들의 엄마로서 내가 대표로 화를 내야겠다고 생각해서 그렇게 행동했지만, 나중에 현지인 아이들에게 화를 냈다는 것에 대해서 회개하고 반성했다고 아이들에게 나눴다. 반면에 아이들은 엄마가 자기들을 대신해서 알바니아어로 화를 내주어서 너무너무 기쁘고 든든했다고 말했다.

때로는 자식들을 보호하기 위해서 선교지에서 화를 내야 하는 때도 있다고 합리화하면, 나는 나쁜 선교사일까? 나쁜 선교사, 현지인을 품지 못하는 선교사가 되더라도 때로는 내 자녀들을 보호하고 그들의 마음을 헤아리고 시원케 해주는 엄마이고도 싶다.

7. 두려움, 정체성의 야성을 찾아서

예밍아웃 하지 못했던 삶

성인이 된 후, 13년 정도를 나름 험한 곳에서 살았다. 공산주의 지배 체제하의 나라와 무슬림의 독립 주장으로 인해 폭탄 테러가 난무하는 곳에서 살았다. 중국에서 대외적으로 예수님을 믿는다고 말하는 순간 공산당에 속해 있던 친구들은 내 곁을 떠났다. 친구들은 행여라도 불순분자로 몰려서 학업이나 취업에 피해를 볼까 봐 나를 모르는 척했다.

나는 언어를 통해 적극적으로 예수님을 전하지 못했지만, 내 삶의 모습을 통해서 간접적으로 예수님을 드러낼 수밖에 없었다. 대학교 안에서 한국인 유학생 중 믿는 학생들만을 모아서 캠퍼스 모임을 했다.

그때 우리 모임에 내몽고에서 온 중국 학생 한 명이 친구를 따라온 적이 있다. 그녀는 어렸을 때부터 늘 사막의 하늘을 보면서 신에게 기도드리면서 신과 마음을 나누었다고 했다. 우리 모임에 나와서는 그 신이 예수님임을 알고 함께 예배드렸다.

또 나의 절친 팡팡이는 예수님을 믿는다고 공표하지는 않았지만, 공산당에는 가입하지 않는 것으로 자신의 믿음을 우회적으로 표현하기도 했다. 나는 늘 예수님으로 인해서 너무나도 기쁜 삶을 살면서도 정작 확실하게 전하지 못하는 나의 모습에 괴로웠다.

그러던 어느 날, 대학부에서 단기 선교 훈련을 받고 태국으로 가게 되었다. 태국의 남쪽은 무슬림들이 독립을 원해서 종종 폭탄 테러가 일어나고 있었다. 우리가 단기 선교로 갔던 지역의 교회는 의외로 무슬림보다는 불교도가 더 많았다. 마을의 대지주 격인 분들이 기독교인이었던 터라 쉽게 복음을 전할 수 있었다.

특히 인도네시아 쓰나미로 인해서 태국의 많은 섬이 큰 타격을 입은 직후에도 단기 선교를 하러 갔다. 우리는 무슬림들이 대부분이었던 섬들에 방문하였다. 어린아이들에게 영어 찬양을 가르쳤다. 병든 이들을 치료하고 복음을 전할 수 있었다.

그런데 정작 장기 선교사로 태국에 온 후에는 우여곡절 끝에 단기 선교 때 방문했던 교회가 아닌 GMP 선교사님들이 있는 도시로 옮겨야 했다. 그곳에서 우리는 '선교사'라는 호칭 대신에 '선생님'이라는 호칭을 써야 했다. 교회 사역이나 복음 사역이라는 단어는 사용할 수 없었다. 그런 단어들 대신에 '친구를 도와준다.' '중국어와 한국어를 가르친다.'라는 표현으로 우리의 정체성을 에둘러서 표현했다.

이와 더불어 태국으로 파송 받기 전에 받았던 GMTC 선교훈련원의 맨 마지막 교육의 주제는 '선교지에서 사는 것이 곧 선교다'였다. 그 주제는 선교지에서 정체성을 확실히 드러내지 못하는 나의 상황에 정당성을 부여했다. 복음을 전하는 데 소극적으로 되도록 촉진하는 역할도 했다. 물론 이 주제가 말하고 싶은 바와는 다르게 나의 삶에 잘못 적용해서 그런 소극적인 결과가 나왔을 지도 모른다. 적극적으로 복음을 전하고 많은 사역을 하지 않아도 선교지에서 '사는 것'이 선교 그 자체라는 억지스러운 해석으로 위안받고 싶었는지도 모른다. 그렇게 마음껏 복음을 전하지도 못하고 내가 지금 무얼 하는 것인지, 선교사로 이렇게 사는 것이 맞는지 고민하다가 한국에서 삶을 살게 되었다.

선교지보다 더 힘든 선교지 한국

한국은 보통 선교지보다 더 힘든 선교지이다. 기독교에 대한 인식은 바닥으로 떨어지고 있었다. 사람들은 목사나 선교사를 사기꾼 집단으로 인식했다. 큰아이가 학교에 입학하게 되면서 학부모들을 많이 알게 되었다. 나는 그 사이에서 '선교사'로서의 티를 최대한 내지 않으면서 그들에게 자연스럽게 예수님을 전하고 교회로 인도하려고 애썼다. 시간이 필요했다. 나에 대해 신뢰할 수 있는 사람이라는 믿음을 주기 위해 학교 섬김에서도 엄마들과의 관계에서도 최선을 다해야 했다. 친분이 쌓인 엄마들과 그들의 자녀들을 교회로 초대했다.

나의 아이들은 늘 교회에서 전도 왕이 되었다. 하지만 나는 늘 그들을 강하게 밀어붙여서는 안 된다, 거부감이 들지 않게 해야 한다, 너무 선교사 같은 티를 내면 안 된다고 생각하고 있었다. 이런 생각들은 나를 역시나 예전처럼 복음을 전하는 데 소극적이 되도록 이끌었다. 한국에서의 생활을 정리하고 다시 복음을 전하고 제자를 키우는 마지막 기회라는 소명을 안고 새로운 선교지로 나오게 되었다.

이제는 떳떳하게

알바니아에서 산 지 6년이나 되었다. 처음 1, 2년은 알바니아에 대해 배우느라 정신이 없었다. 여러 언어를 배운 경험이 있었지만 알바니아어는 너무 어려웠다. 내 힘으로 공부하던 나는 눈물도 여러 차례 흘렸다. 끝내 언어 공부의 주도권을 주님께 내어드렸다. 그리고 나니 즐겁게 알바니아어를 공부할 수 있었다. 그리고 그들의 말로 복음을 전할 수 있게 되었다.

#알바니아#부르심#오해#기회#고독#노트#분노#두려움

알바니아는 유럽에서 이슬람교도가 가장 많은 나라이지만 복음에 대해 열려있다. 복음을 전하는 것에 대해서 금하지 않는다. 강성 이슬람교보다는 다원주의를 믿는 이슬람교도들이 많은 것도 이런 열린 분위기에 한몫을 더한다.

나는 이곳에서 처음으로 내 정체성에 대하여 해방감과 자유를 느꼈다. 그동안 나는 중국에서도 태국에서도 그 지역의 상황 때문에 예수님 믿는 사람이라고 당당하고 확실하게 '예밍아웃' 할 수 없었다. 하지만 이곳에서는 누가 나에게 너의 직업이 뭐냐고 물어보면 미셔너리(선교사)라고 즉각 대답한다. 미셔너리가 뭐냐고 다시 물어오면, 예수님의 사랑과 가르침을 전하는 사람이라고 말하고 예수님에 대해서 알려준다. 그러면 사람들은 고개를 끄덕끄덕한다. 나는 이곳에서 한국어 교사도 하고 있지만, 한국어 교사보다는 선교사라고 꼭 먼저 말한다. '선교사'라는 단어가 내가 해야 할 일을 알려주기 때문이다.

선교사가 된 지 15년 만에 정체성을 확실히 밝힐 수 있게 되었다. 그렇지만 그동안 복음을 전하는 데에 소극적으로 살아왔던 탓에 지금도 여전히 주변의 눈치를 보고, 관계의 눈치를 보고, 상황의 눈치를 본다. 조금 더 관계가 무르익었을 때 전해야 이 사람이 예수님을 받아들이지 않을까, 내가 예수님을 전하면 이 사람이 나를 싫어하지 않을까, 그런 생각이 드는 것이 사실이다.

'조금만 더 있다가 전하자. 내 말을 받아들일 수 있을 정도의 관계가 되었을 때 전하자.' 이제는 그런 생각에서 벗어나려고 한다. 복음의 능력이 사람의 말에 있는 것이 아니라는 것을 믿는다. 내 안에 계시는 하나님께서 나에게 해야 할 말을 주실 것이다. 이것을 믿고 이제는 당당하고 떳떳하게, 두려워하지 않고 적극적으로 주님을 전하는 사람이 되고 싶다.

8. 위로, 나를 찾아가는 여행

실패해도 괜찮아

초등학교 4학년과 5학년, 2년이나 안양 음악제라는 피아노 콩쿠르에서 떨어졌다. 4학년 때는 처음이니까 그러려니 했다. 5학년 때는 연습도 많이 했는데 하필 1번을 배정받아서 쏟아지는 조명을 이겨내지 못하고 또 예선 탈락하고 말았다. 나름 초등학교 대표로 나간 것이었는데 말이다. 체르니 40번, 베토벤, 바흐 등을 연주했지만 더는 피아노를 칠 수 없었다. 한때는 베토벤 같은 피아니스트가 되는 것이 꿈이기도 했다. 그때의 실패를 딛고 일어날 힘이 나에게는 없었다. 내 주변 사람들도 나에게 응원이나 격려를 보내주기에는 서툴렀다.

그 이후부터인가 보다. 늘 어느 고지에 다가서면 바로 그만둬 버리곤 했다. 실패하는 것이 두려웠기 때문이다. 그걸 하지 않으면 실패는 없으니까, 실패를 경험하는 것보다는 최고의 자리 바로 밑에 안주하는 것이 더 낫다고 여겼다.

수학 단과 학원에서 좋은 성적이 나왔을 때도 나는 최고 반으로 진급하지 않고 그만두었다. 전교 회장 선거에서도 회장으로 나가면 실패할까 봐 부회장을 선택했다. 사랑하는 사람들을 다 놔두고 홀로 유학길에 올랐을 때도 그 어려운 공부를 다 마쳤지만 결국 내가 이루고 싶었던 꿈 앞에서 나는 실패가 두려웠다. '제일 높은 곳으로 가지 않아도 돼, 낮은 곳으로 내려가더라도 주님께서는 나를 사랑하고 나를 받아주셔.'라며 자신을 세뇌했다. 도전하지 않고 포기하는 것에 당위성을 부여했다. 그렇게 나는 계속 도망치면서 포기하면서 살아왔다. 그런데 이제는 주님께서 창조해 주신 나의 기질이 나에게 말한다. 이제는 포기하지 말라고.

독기가 아닌 강한 의지와 선한 마음으로

때때로 고지에 다다르기 직전에 포기했지만 내 안에는 나름의 독함이 있었다. 그 독기 때문에 피아노도 꼬박 7년을 칠 수 있었다. 중학교 2학년 때 영화 '패왕별희'를 보고서는 바로 서점으로 달려가 원작인 『사랑이여 안녕』을 읽고 독후감으로 200자 원고지 30장을 써내기도 했다. 그 독기 덕분에 고등학교 3학년 최악의 담임 선생님을 견뎌낼 수 있었다. 태국어과를 다니는 2년 동안 수석을 유지할 수 있었다. 또 그 독함으로 120명의 중국 학생 틈에서 유일한 유학생으로 4년 만에 졸업할 수 있었다.

독함은 끈질김에도 영향을 주어서 예수님을 만날 때까지 주일 예배 말씀을 듣기 위해 매주 교회에 나가기도 했다. 그렇게 나의 '독함'은 때로는 나 자신을 철저하게 고립시키기도 하고 자신을 학대하면서 아프게 했다.

예수님을 만나고 나서는 그 독함을 나쁜 것으로 생각했다. 어떻게 해서든 온유해지기 위해서 노력했다. 나 자신을 아프게 하고 상처 주던 독함은 말씀을 배우고 실천하는 중에 성령의 만져주심으로 점점 빠져나간 듯했다. 나는 눈부터 표정까지 유하게 변하기 시작했다. 나의 성격도 둥글둥글해졌다. 나의 이런 변화로 내 지인들은 사람이 이렇게 변할 수 있냐면서 놀라워하기도 했다.

그런데 나의 트레이드 마크라고 할 수 있었던 '독함'을 빼고 나니 나 자신의 원래 모습을 잃어버리는 것 같았다. 내가 사라지는 것 같았다. 독함을 버려야 하는 것으로 생각했다. 그리스도와 그를 따르는 삶에는 어울리지 않는 단어라고 생각했다. 공동체 안에서 나의 독함이 드러나지 않도록, 나의 독함은 사라지도록 훈련하고 또 훈련했다. 나는 독함이 예수님을 믿는 제자의 모습에 걸맞지 않는다고 생각했다.

그런데 나의 독함은 나 자신이 만든 것이 아니었다! 하나님께서 나를 창조하신 건, 누구와도 다른 나만의 고유함 때문이었다. 예수님을 믿고 지낸 지난 20년은 내가 주님 안에서 중심을 바로 잡을 수 있도록 단련 받는 시간이었다. 예수님을 만나고 20여 년이 지난 지금에서야 비로소 독해도 괜찮다는 것을 깨닫게 해주신다.

더불어 독하다는 말과 같은 뜻을 지닌 단어를 찾게 해 주셨다. 독함은 강한 의지와 선한 마음이다. 예수님 없이 독한 것은 말 그대로 독기를 내뿜는 것이지만 예수님 안에서의 독함은 강한 의지가 되고, 그 강한 의지는 주님 나라와 그 나라의 의를 위한 선한 마음으로 발현될 것이다. 나의 기질을 아시고, 나에게 '독기'라는 의미의 독함 대신에 새로운 단어를 주신 주님께 감사드린다. 나의 봉인된 자아가 풀려나는 것 같다. 이제는 나의 독함을, 강한 의지를 하나님 나라의 확장과 회복에, 나에게 주신 달란트를 더 갈고 닦는 데 써야 할 때다. 혜정아, 독해도 괜찮아! 그게 바로 너야!

#알바니아#부르심#오해#기회#고독#노트#분노#두려움

에필로그

 흔히 선교사는 강한 믿음을 가진 사람이라고 생각한다. 어떤 어려움이 있어도 절대 흔들리지 않을 것 같은 사람이 되어 버린다. 그런데 선교사도 사람이다. 때로는 좌절하고 때로는 실패하고 때로는 깊은 수렁에 빠진 것 같은 우울감도 느낀다. 그렇지만 선교사가 일반인과 다른 점은 아마도 힘에 부치는 순간마다 주님을 붙잡으려고 조금 더 애쓴다는 점일 것이다. 그 점 때문에 선교사라는 일을 하면서 살고 있는 게 아닌가 싶다.
 여성의 삶은 어느 한 명 예외 없이 굴곡이 있다. 특히 선교사로 사는 여성들은 선교사라는 이름표 때문에 자신의 아픔이나 힘듦을 다른 사람에게 쉽게 말하지 못한다. 아들로 태어나지 못했기 때문에 출생의 그 순간부터 부모의 기대에 미치지 못하는 삶을 살았을 때, 결혼이라는 제도를 거부하고 홀로 살아가는 삶을 선택했을 때, 자신이 가진 전문성이 있음에도 불구하고 여성이라는 이유로 펼쳐내지 못했을 때, 사역자의 삶, 특별히 선교사라는 특수성 때문에 편찮으신 부모님을 곁에서 모시지 못할 때, 사역지에서 만난 현지인들에게 헌신하면서도 자기 자녀는 잘 돌보지 못할 때, 늘 타인을 위하여 사랑과 관심의 레이더를 켜고 있지만 정작 자신이 누구인지 자신에 대해서는 잘 모를 때, 하나뿐인 내 편이라고 믿었던 남편도 내 편이 아님을 느낄 때, 여성 선교사들은 선교사가 가져서는 아니 느껴서는 안 될 것 같은 감정들에 시달린다.

  그런데도 참 다행이고 감사한 한 가지는, 글이라는 매개체를 통해 그 감정을 털어낼 수 있다는 사실이다. 더 감사한 일은 그런 갖가지 감정들에 휘말렸던 사건과 상황을 글로 풀어낼 때, 주님께서 함께하셨다는 사실이다. 그 순간에는 알지 못한 모호한 감정과 생각들이 글을 쓰면서 명확해졌다. 아픔이 더는 아픔이 아니고, 슬픔이 더는 슬픔이 아니다. 아픔과 슬픔과 어두움과 두려움이 어떻게 감사로 변했는지 함께 읽는 분들도 느끼셨을 것이다.

  여섯 명의 여성 선교사들의 삶은 지금도 계속되고 있다. 우리의 삶 속에서 글을 통해 삶의 모든 순간이 아름다운 노래가 되게 하시는 주님을 찬양한다. 삶이 계속되는 한, 우리의 글도 계속될 것이다.

2025년 1월
알바니아에서 박혜정 선교사